Kohlhammer

Annette Haußmann/Niklas Schleicher (Hrsg.)

Aktuelle Theologie

Zur Relevanz theologischer Forschung

Verlag W. Kohlhammer

1. Auflage 2021

Alle Rechte vorbehalten
© W. Kohlhammer GmbH, Stuttgart
Gesamtherstellung: W. Kohlhammer GmbH, Stuttgart

Print:
ISBN 978-3-17- 037054-8

E-Book-Formate:
pdf: ISBN 978-3-17- 037055-5

Für den Inhalt abgedruckter oder verlinkter Websites ist ausschließlich der jeweilige Betreiber verantwortlich. Die W. Kohlhammer GmbH hat keinen Einfluss auf die verknüpften Seiten und übernimmt hierfür keinerlei Haftung.
  Dieses Werk einschließlich aller seiner Teile ist urheberrechtlich geschützt. Jede Verwendung außerhalb der engen Grenzen des Urheberrechts ist ohne Zustimmung des Verlags unzulässig und strafbar. Das gilt insbesondere für Vervielfältigungen, Übersetzungen, Mikroverfilmungen und für die Einspeicherung und Verarbeitung in elektronischen Systemen.

Inhalt

Annette Haußmann / Niklas Schleicher
Vorwort 7

Daria Pezzoli-Olgiati
Interdisziplinarität in der Religionsforschung
Zur Verbindung von disziplinärer Zugehörigkeit und
wissenschaftlicher Vielfalt 15

Mario Berkefeld
„Sittlichkeit ist die Schönheit der Philosophie"
Dante und Kant über den Sinn der Moral 31

Megan Arndt
Vater, Schöpfer und „Over-Soul"
Gottesvorstellungen von Ralph Waldo Emerson 45

Maximilian Schalück
Theorie und Geist
Mögliche Aspekte einer neuen Theorie des Geistes 61

Frederice Charlotte Stasik
Der Protestantismus und die Frage nach der Debatte um den
„gerechten Krieg" in den Printmedien am Beispiel des
Afghanistaneinsatzes der Bundeswehr 77

Anne Friederike Hoffmann
Kirchliches Wächteramt heute
Reichen friedensethische Appelle? 99

Lukas David Meyer
Religion & Gewalt – zwei Seiten einer Medaille?
Monotheismuskritik, jüngere Gewaltexzesse & religiöse Lernprozesse ... 121

Estelle Kunad
Schulseelsorge
Vom hilfreichen Umgang mit Trauer in der Schule 137

Verena Marie Eberhardt
„Den Glauben der anderen besser kennen lernen"
Zugänge zu religiöser Pluralität in ausgewählten Kindermedien 157

Andrea Mele
Paratexte in den griechischen Handschriften der Bibel 177

Anna-Katharina Höpflinger
Risiken und Nebenwirkungen des akademischen Lebens
Ein Essay mit „vielen" Fußnoten 191

Annette Haußmann / Niklas Schleicher
Mut und Demut
Eine kleine Tugendlehre für die theologische Wissenschaft 209

Vorwort

Im Sommersemester 2018 und Wintersemester 2018/19 fand an der Evangelisch-Theologischen Fakultät der Ludwigs-Maximilians-Universität in München die Veranstaltung „Junge Akademie" statt. Als Vorbild diente eine gleichnamige Veranstaltungsreihe, die Philipp Stoltz, Wissenschaftlicher Mitarbeiter im Fachbereich Praktische Theologie, in Zusammenarbeit mit der St. Markus Kirche in München initiiert hatte. Aus der Beobachtung heraus, dass Nachwuchswissenschaftler*innen kaum eine Möglichkeit haben, sich über ihre Projekte fachübergreifend auszutauschen, entstand das wöchentlich stattfindende Format. Forschergruppen, Fachtagungen oder lehrstuhlbezogene Kolloquien eröffnen zwar Gelegenheiten zu Präsentation und Austausch, jedoch verbleiben diese Veranstaltungen fast ausschließlich fachspezifisch in den theologischen Einzeldisziplinen. So lag es nahe, eine Plattform im Rahmen der Fakultät zu etablieren, auf der Skizzen eigener Forschung oder Ergebnisse von Seminar- oder Abschlussarbeiten einem interessierten Publikum präsentiert und diskutiert werden konnten. Auch Studierende wurden bewusst einbezogen und konnten Ergebnisse ihrer Bachelor- oder Masterarbeiten vorstellen, die trotz ihres Mehrwerts für die theologische Forschung in der Schublade verschwinden würden.[1] Nicht selten dienen solche Arbeiten als Vorarbeit für die anschließende Qualifikationsphase und Nachwuchswissenschaftler*innen können insofern bereits in einer frühen Phase von der konstruktiven kollegialen Kritik profitieren.

Die forschungsbezogenen Themen zeigen eine außerordentliche Bandbreite. Bewusst haben wir keine inhaltlichen Vorgaben für die Beiträge gemacht, um den Forschenden die maximale Freiheit zu gewährleisten.[2] Jede und jeder sollte die Gelegenheit bekommen, über das zu sprechen, was sie oder ihn inhaltlich beschäftigte oder für das er oder sie sich weitere Impulse erhoffte. Die Resonanz auf das angebotene Format war so positiv, dass sich eine Wiederholung für ein weiteres Semester nahelegte. Nachwuchswissenschaftler*innen betonten im Austausch, dass sie die Diskussionen gerade im disziplinübergrei-

---

[1] Nur ein kleiner Teil von qualitativ hochwertigen Seminararbeiten wird tatsächlich veröffentlicht, ein Beispiel dafür ist die Examensarbeit des Münchner Theologen Lukas Meyer. Vgl. Lukas Meyer: Fremde Bürger. Ethische Überlegungen zu Migration, Flucht und Asyl (Theologische Studien Bd. 12), Zürich 2017.

[2] Ein bisschen orientiert haben wir uns dabei daran, wie Paul Feyerabend laut seiner Autobiographie seine Seminare gestaltete. Er hatte kein festes Thema, sondern ließ die Teilnehmende über Dinge reden, die sie interessierten. (Vgl. Paul Feyerabend: Zeitverschwendung, Frankfurt ^{4}2013, S. 217).

fenden Kontext durch die Vielfalt der Perspektiven als weiterführend und das Eindenken in andere Forschungskontexte als wertvoll erlebten.

Die gewinnbringenden Diskussionen im Anschluss an die Vorträge brachten aber dann noch ein anderes Desiderat: Den zwar nicht schmerzlich vermissten, aber doch fehlenden inhaltlichen roten Faden, den eine Kompilation der Vorträge doch irgendwie erfordert. Auf der Metaebene schließlich ergab sich ein solcher Diskussionsstrang, der sich durch die Vortragsreihe kontinuierlich entwickelte. In den Diskussionen wurde immer wieder die Frage nach der Bedeutung der einzelnen Forschungsergebnisse laut. Was genau begründet das Bedürfnis nach Bedeutung und Relevanz innerhalb der Forschung? Und welches Relevanzverständnis wird dabei vertreten? Man muss deshalb die Frage nach der Bedeutung von theologischer Forschung etwas präziser stellen.

Selbstredend hat jede Einzelforschung ihre Berechtigung im akademischen Kanon, denn sie entwickelt bereits bestehende Forschung weiter, zeigt neue Wege des Denkens auf und fördert bislang verborgene Erkenntnisse zutage. Insofern besteht die Relevanz der Wissenschaft in der Weiterentwicklung derselben. Eine weitere Antwort auf die Relevanzfrage kann pragmatischer mit dem Hinweis auf die Weiterqualifikation innerhalb der Wissenschaft gegeben werden. Für eine akademische Laufbahn, so sie denn angestrebt wird, ist es schlicht notwendig, eine der Disziplin entsprechende Forschungsarbeit vorzulegen, um sich des theologischen Denkens und der Methodik der Einzeldisziplin als fähig zu erweisen.[3]

Wir wollen in diesem Sammelband die Frage nach der Relevanz von Theologie anders stellen. Theologie, so die hier aufgestellte Behauptung, erweist sich insbesondere dann als relevant, wenn sie sich auf gegenwärtige Fragen bezieht, die in Gesellschaft, Kultur, Öffentlichkeit und Wissenschaft gestellt werden.

Nun könnte die Theologie mehrere Funktionen in diesem Gefüge einnehmen. Einmal könnte ihre Aufgabe sein, auf das Religiöse in den vielfältigsten Bezügen hinzuweisen und die Musikalität für das Transzendente zu reflektieren. Dies nun wäre eine enge Definition des Theologischen, zumal sich weite Teile der theologisch Forschenden nicht religiösen Phänomenen im engeren Sinne widmen. Hat die Theologie im Kanon der Wissenschaften, so zweitens, die Aufgabe, das restaurative Element zu sein, das Tradition und das historische Gewordensein der Gegenwart oder eben auch die Offenheit für die Grenzen der Vernunft[4] gleichermaßen verkörpert, so wie nach manchen Meinungen die Kirche solche Funktion in der Gesellschaft erfüllt?

Oder gibt es eine dritte Möglichkeit, die beide Aspekte einschließt?

---

[3] Vgl. zum Beruf der Akademiker*innen den Beitrag Anna-Katharina Höpflinger.
[4] So zum Beispiel Karl Barth in seinem Aufsatz zum Wort Gottes als Aufgabe der Theologie (Karl Barth: Das Wort Gottes als Aufgabe der Theologie, in: Jürgen Moltmann (Hg.): Anfänge der dialektischen Theologie (Teil I), München 1962, S. 197–218).

Während sich nun ein solcher Band der Fragestellung nach Relevanz in größerer Breite auf der Metaebene widmen könnte, wollen die Autoren und Autorinnen die Sache anders wenden. Indem sie an ihren konkreten Forschungsprojekten die Frage nach Relevanz nicht nur an das Ende in ein Ausblickskapitel stellen, gemäß der Frage, was nun mit diesen interessanten Ergebnissen anzufangen wäre, befassen Sie sich gezielt damit, in welcher Weise ihre Forschung für aktuelle Frage- und Problemstellungen weiterführende Gedanken, Impulse, Antwortversuche oder gar Lösungen bereithält. Die Blickrichtung kann dabei durchaus in unterschiedlicher Richtung erfolgen. Manche Projekte gehen aus von einer konkreten, in gesellschaftlicher, kirchlicher oder politischer Praxis auftretenden Problematik und ziehen von dort aus Linien zu theologischen Theorien und Konzepten. Oder sie befassen sich mit historischen oder philosophischen Beobachtungen, die im Laufe der Entfaltung ihre Bedeutung für gegenwärtiges Denken und Handeln offenlegen.

Dabei kommt dem interdisziplinären und bewusst enzyklopädischen Charakter des Bandes eine besondere Bedeutung zu. Im durch Themenvielfalt und Spezialexpertise gekennzeichneten Gespräch hat sich in unserem Nachwuchswissenschaftlerkreis besonders gezeigt, dass Relevanzfragen durch die Vernetzung und Diskussion unterschiedlicher Fachperspektiven in vielen Fällen auch erst gewonnen werden können. So wurde klar, dass sich viele Projekte mit übergeordneten Fragestellungen befassen. Etwa der Frage nach der Bedeutung von Religion in der heutigen Gesellschaft. Oder der Frage, wie historische und dogmatische Grundbestände christlichen Glaubens in die Kontexte von politischer Diskussion oder pädagogischen Einrichtungen vermittelt werden können.

Die Relevanz der einzelnen Beiträge kann in mehreren Funktionen der theologischen Forschung für die Gegenwart aufscheinen:

1. Als Erklärung und Beschreibung von Phänomenen, deren Beschreibung in systematischer, historischer oder empirischer Weise neue Perspektiven auf die Phänomene gewinnen lässt. Als solche erfüllt die Theologie die Funktion einer Reflexionswissenschaft, die neue Perspektiven aufzeigt, indem sie zunächst ein Problembewusstsein schafft.
2. Weiterhin können durch Forschung konkrete Lösungsideen für Praxisprobleme generiert werden, und beinhaltet so ein deutlich handlungsorientierteres Profil in ihrer Funktion. Diese Art der Unterscheidung zwischen Wahrnehmungs- und Handlungswissenschaft hat insbesondere in der Praktischen Theologie ihren Niederschlag gefunden.[5]

---

[5] Das rührt her aus ihrer historischen Entfaltung als Disziplin im Spannungsfeld zwischen Professionsbezug einerseits und religionstheoretischer Gegenwartshermeneutik andererseits. Dabei ist im aktuellen Diskurs der Praktischen Theologie nicht mehr von einer Trennung dieser beiden Perspektiven die Rede, vielmehr ist die Verflechtung von Wahrnehmung und Haltung als einer umfassenden Reflexion kirchlicher und christlicher Praxis und ihrer gesellschaftlichen Bedingungen zu entfalten. Dies gilt insbesondere im

Heute ist diese paradigmatische Trennung unter den Vorzeichen einer genaueren Kenntnis des Zusammenhangs zwischen Wahrnehmung, Reflexion und Handlung in ihrer Interaktion nicht zielführend, denn alle drei Funktionen bedingen und bereichern sich beständig gegenseitig, auch wenn auf der forschungstheoretischen Ebene methodisch die Trennung in historische und empirische Wissenschaftsmodelle noch länger beibehalten wird.[6] Eben aus diesem Grund scheint eine Verbindung unterschiedlicher methodischer Zugänge und ihr spezifischer Beitrag zur aktuellen Gegenwartsrelevanz von Mehrwert für den theologischen Diskurs, weil mit ihr auch die Forderung nach Problemorientierung und Theologizität verbunden ist.

Theoretisch kann diese Art theologischer Wissenschaft sich auf zwei Gewährsmänner berufen: Friedrich Schleiermacher und Ernst Troeltsch. Schleiermacher sah den Nutzen und Existenzgrund der Theologie als Wissenschaft darin, für die Praxis der Kirchenleitung eine problemlösende Funktion einzunehmen. Als positive Wissenschaft dient sie dazu, in der Praxis auftretende Fragestellungen in historischer, systematischer und exegetischer Hinsicht zu reflektieren und zu beantworten. Nicht etwa nur die Praktische Theologie, sondern auch die Theologie im gesamten ist damit der Praxis außerhalb der Wissenschaft grundlegend verpflichtet.[7]

Ernst Troeltsch[8] wiederum hat seiner Schrift zum Historismus verdeutlicht, dass historische Forschung auf ein gewisses Telos hinzielt und die geschichtliche Nachzeichnung von Umständen Fragen der Gegenwart bearbeiten kann. In jüngerer Zeit ist dieses Programm durch die Forschungen von Hans Joas[9] aufgenommen worden.

Gerade Schleiermacher bezieht sich vorwiegend auf den kirchlichen Kontext. Durch Prozesse der Individualisierung, Deinstitutionalisierung und Säkularisierung in der Moderne sind die Modelle heute insofern zu erweitern, als

---

Blick auf die Unhintergehbarkeit von Intra- und Interdisziplinarität der Praktischen Theologie. Vgl. zum Begriff aktueller Praktischer Theologie: Isolde Karle, Praktische Theologie (Lehrwerk Evangelische Theologie 7), Leipzig 2020, S. 14–31.

[6] Aus der Perspektive der Praxis hat die Debatte eine neue Zuspitzung erhalten. Vgl. Andreas Reckwitz: Grundelemente einer Theorie sozialer Praktiken. Eine sozialtheoretische Perspektive, in: Zeitschrift für Soziologie 32 (2003), S. 283–301. Aus praktisch-theologischer Perspektive wird hierbei die Verbindung von Theorie und Praxis besonders intensiv diskutiert, vgl. etwa zum Pfarrberuf: Christian Albrecht: Praxis für die Theorie. Zur Integration, praxeologischer Perspektiven für das Theologiestudium, in: Bernd Schröder (Hg.): Pfarrer oder Pfarrerin werden und sein. Herausforderungen für Beruf und theologische Bildung in Studium, Vikariat und Fortbildung, Leipzig 2020, S. 191–197.

[7] Vgl. hierzu: Friedrich Daniel Ernst Schleiermacher: Kurze Darstellung des theologischen Studiums (1811/1830), Berlin/New York 2002.

[8] In konzentrierter Form findet sich diese Idee in Ernst Troeltsch: Die Krisis des Historismus, in: Friedemann Voigt (Hg.): Ernst Troeltsch Lesebuch, Tübingen 2003, S, 246–265.

[9] So zum Beispiel in Hans Joas: Die Sakralität der Person. Eine neue Genealogie der Menschenrechte, Frankfurt 2011.

sich der zu betrachtende relevante Bereich der Theologie und Religionswissenschaften nicht lediglich auf den kirchlichen Bereich begrenzen kann, sondern eine gesamtgesellschaftliche Funktion zu berücksichtigen ist und auf dort auftretende Phänomene rekurriert werden muss.

Diskutiert wird also in jedem der Einzelbeiträge dieses Bandes, wo und inwieweit die konkreten Ergebnisse Relevanz für die gegenwärtige Praxis des religiösen Lebens, der Mitgestaltung von Gesellschaft und Öffentlichkeit haben können. Auch abgesehen von einer konkreten „Anwendbarkeit" der Forschung sind Relevanzen im Bereich der Erarbeitung von Grundlagenforschung möglich. Die Relevanzfrage stellt sich also in gewisser Weise in der pragmatischen Tradition[10]: Für welche Probleme, die sich dem (religiösen) Leben und der wissenschaftlichen Praxis stellen bietet die konkrete Forschung Antworten oder weiterführende Perspektiven? Oder auch: Welche als unproblematisch wahrgenommene Form der Praxis hinterfragt die Forschung, kurz welche Probleme und Fragestellungen wirft sie auf?

Sicherlich: Jede theologische Forschung würde für sich in Anspruch nehmen, relevant zu sein. Wahrscheinlich lässt sich auch beinahe jedes Ergebnis zu dieser Art der Relevanz befragen, aber: Ob man das dann auch tut ist eben eine andere Frage. Und wenn, dann ist immer noch die Frage inwieweit die einzelnen Ergebnisse das dann auch einlösen können.

Für vorliegende Beiträge ist jedenfalls unser Eindruck, dass das gelingt. Alle Artikel liefern ihren je eigenen, auch fachspezifischen Beitrag zu der Frage nach aktueller und relevanter Theologie und erproben damit die Sache der Forschung je im aufgegriffenen Themenfeld. Gleichzeitig wird im interdisziplinären Zugriff eine andere Angelegenheit neu angerissen: Nämlich die Frage nach der Zusammengehörigkeit der theologischen Disziplinen, also die enzyklopädische Frage. Auch diese wird pragmatisch aus drei Richtungen gestellt: der gelebten Interdisziplinarität, der Berufspraxis in der Wissenschaft sowie der wissenschaftlichen Haltung und Zusammenarbeit.

Kurz möchten wir die einzelnen Beiträge in ihrem Anliegen vorstellen:

Mario Berkefeld untersucht in seinem Beitrag den Zusammenhang von Kants Moral- und Religionsphilosophie. Dafür stellt er zunächst spielerisch eine Analogie zwischen Dantes und Kants Philosophie heraus, die als Interpretationsschlüssel herangezogen wird. So gelangt die Frage nach dem Sinn der Moral und seine theologische Reflexion ins Zentrum der Darstellung. Es zeigt sich, wie Theologie auch heute erlaubt Moralphilosophie existentiell zu vertiefen und Sinnimplikationen der eigenen Freiheitserfahrung zu explizieren.

Megan Arndt widmet sich einem religionsphilosophischen Thema, indem sie die Gottesvorstellungen des amerikanischen Religionsphilosophen Ralph Wal-

---

[10] Näheres dazu in unserem Beitrag am Ende des Buches.

do Emerson untersucht und dazu seine Predigten analysiert. In dessen teilweise radikalem Umbau der christlichen Überlieferung eröffnet er bereits im 19. Jahrhundert viele Fragestellungen, die in der Gegenwart wieder virulent werden.

Maximilian Schalück wiederum bedient sich neuster Forschung der theoretischen Philosophie, um über eine Theorie des menschlichen Geistes nachzudenken. Es gelingt ihm dabei zu zeigen, dass es Brücken der Vermittlung zwischen naturwissenschaftlicher Theoriebildung, Wissenschaftstheorie und christlicher Theologie geben kann.

Frederice Stasik bearbeitet ein Thema in der Schnittstelle von Ethik und Zeitgeschichte. Sie untersucht Zeitungsberichte zur Debatte um den gerechten Krieg im Rahmen des Bundeswehreinsatzes in Afghanistan. Mit ihrer Analyse kann sie zeigen, dass für ein ethisches Agendasetting gewisse repräsentative Figuren wichtig sind, dass dies aber gleichzeitig einem Selbstanspruch des Protestantismus entgegensteht.

Anne Friederike Hoffmann untersucht in ihrem Beitrag die Figur des „kirchlichen Wächteramts" und exemplifiziert diese Vorstellung anhand zweier unterschiedlicher kirchlicher Stellungnahmen zur Friedensfrage. Davon ausgehend stellt sie Überlegungen an, inwiefern die Kirchen auch unter den Bedingungen des 21. Jahrhunderts eine Wächterfunktion haben und worin diese bestehen könnte.

Lukas Meyer setzt sich in seinem Beitrag mit dem Verhältnis von Religion und Gewalt auseinander und rekonstruiert die Debatte um „Die Mosaische Unterscheidung" von Jan Assmann. Die daraus gewonnenen Erkenntnisse überträgt er auf Kontextbeispiele, anhand derer er zeigt, dass Religion Gewalt weder auslöst noch verhindert. Vielmehr kann Religion in konflikthaften Konstellationen zum Brandbeschleuniger werden – bei Ausrichtung auf das Recht kann sie aber auch besondere mediative Potenziale freisetzen.

Estelle Kunad widmet sich einem zwischen Poimenik und Religionspädagogik gelagerten praktisch-theologischen Thema, das erst in jüngerer Zeit zum Gegenstand der Forschung und der Entwicklung von Praxismodellen wird: Der Schulseelsorge. Anhand ihres Beitrags vermag sie zu zeigen, dass Schulseelsorge insbesondere in Krisensituationen sowohl für Prävention wie Intervention, gerade auch in Zeiten abnehmender Selbstverständlichkeit des Religionsunterrichts ein Thema ist, das die Bedeutung von christlicher Religion im Schulkontext neu unterstreichen kann.

Verena Marie Eberhardt zeigt ihn ihrem Beitrag aus religionswissenschaftlicher Perspektive, wie sich Prozesse des Otherings in Medien für Kinder herauskristallisieren, wie Menschen hinsichtlich religiöser und kultureller Zugehörigkeit als fremd dargestellt werden und dadurch Differenzen und Stereotypisierungen produziert und aufrecht erhalten werden. Sie diskutiert dabei auch, welche Probleme diese Othering-Prozesse mit sich bringen und wie sie durch sensible Forschung nicht nur aufgedeckt, sondern auch hinterfragt werden können.

Andrea Mele führt in seinem Beitrag in die Paratexte in der griechischen Bibel ein. Paratexte sind dabei Texte, Symbole oder Zeichen, die den biblischen Text rahmen und ihn damit gewissermaßen kommentieren. Beispielsweise können damit liturgische Anweisungen für den Gebrauch im Gottesdienst gemeint sein. Er kann damit zeigen, wie Texte schon immer im Kontext ihrer Zeit ausgelegt wurden und werden müssen und legt dar, dass dies auch heute anhand der Materialität des Bibelgebrauchs eine spannende Fragestellung ist.

Diese inhaltlichen Beiträge werden von drei Beiträgen gerahmt, die sich der Frage nach dem wissenschaftlichen Forschen und Lehren in der evangelischen Theologie im interdisziplinären Diskurs widmen. Sie berühren dabei Themen der kollegialen Zusammenarbeit, der Forschungsorganisation und der beruflichen Zukunft, die nicht nur, aber besonders für Nachwuchswissenschaftler*innen interessant waren und sind.

Daria Pezzoli-Olgiati liefert die theoretische Unterfütterung eines der Rahmenthemen und Anliegen unseres Projekts. Sie beschreibt in ihrem Beitrag die Arten der interdisziplinären Forschung und reflektiert ihre Bedeutung in der Theologie, Religionswissenschaft und weiteren angrenzenden Wissenschaften. Die enzyklopädische Frage wird ernsthaft gestellt, und mit dem gemeinsamen Forschen unterschiedlicher theologischer Subdisziplinen als einem nicht aufzugebenden Teil theologischer Wissenschaft beantwortet.

Anna-Katharina Höpflinger widmet sich in ihrem Beitrag dem akademischen Betrieb und beschreibt auf humorvolle Weise, was mit der akademischen Laufbahn in Studium und der Qualifikationszeit an Risiken und Nebenwirkungen einhergeht.

Annette Haußmann und Niklas Schleicher führen in ihrem Beitrag schließlich einen Dialog über die Frage des Verhältnisses von Mut und Demut, interdisziplinärer Zusammenarbeit und gemeinsamen Nachdenkens in aller fachlicher Verschiedenheit für die wissenschaftliche Forschung.

Der vorliegende Sammelband kann erscheinen, weil durch die Gleichstellungsmittel der Evangelisch-theologischen Fakultät der LMU München die Druckkosten des Bandes übernommen wurden. In diesem Rahmen gilt unser besonderer Dank Daria Pezzoli-Olgiati, die als Frauenbeauftragte der Evangelisch-theologischen Fakultät der LMU München das Projekt „Junge Akademie" als Plattform für Nachwuchswissenschaftler*innen sowie die nachfolgende Veröffentlichung der Vorträge ermutigt, unterstützt und begleitet hat. Zu danken haben wir auch Reiner Anselm und Christian Albrecht, die uns den Freiraum für dieses Projekt ermöglicht haben.

Unser Dank gilt weiterhin Frau stud. theol. Elisabeth Perschthaler und Frau stud. theol. Kristina Lallathin, die wesentliche Teile der Korrekturen des Bandes übernommen haben. Wir freuen uns, dass der Band im Programm des Kohlhammer-Verlages erscheinen kann und danken Sebastian Weigert für die konstruktive Begleitung im Publikationsprozess und Daniel Wünsch für das aufmerksame Lektorat.

Heidelberg und Asperg im April 2020

Annette Haußmann und Niklas Schleicher

Interdisziplinarität in der Religionsforschung

Zur Verbindung von disziplinärer Zugehörigkeit und wissenschaftlicher Vielfalt

Daria Pezzoli-Olgiati

Für viele Menschen ist Religion von zentraler Bedeutung, für andere gar nicht. Als kulturelles Phänomen, das Geschichte und Gesellschaft auf vielfältige Weise prägt, ist Religion jedoch für alle relevant. Es ist ein vielschichtiges Phänomen, das Religionstheorien herausfordert und sich immer nur auf begrenzte Weise, im Hinblick auf bestimmte Fragen, wissenschaftlich erforschen lässt. Zwischen den Phänomenen, die man unter „Religion" erfasst und den vielfältigen Konzepten von „Religion" besteht stets eine Differenz.

Das Konzept der „Religion", das sich aus dem lateinischen *religio* entwickelt hat, kann sinnbildlich als Ablagerung und Verdichtung unzähliger Schichten einer langen Entwicklung gesehen werden. Es enthält Spuren der Interaktion von vielfältigen antiken philosophischen und theologischen Reflexionen innerhalb unterschiedlicher Traditionen, ist durch den Austausch und den Konflikt zwischen andersartigen Religionen und Konfessionen geprägt und wurde im Übergang von zahlreichen Sprach- und Kulturwechseln geformt.

Religion – zugleich Alltags- und Fachbegriff – ist durch die Spannung zwischen medialen und wissenschaftlichen Auseinandersetzungen zuerst innerhalb der europäischen Religionsgeschichte und seit der frühen Neuzeit zunehmend auf globaler Ebene gekennzeichnet.[1] Bedenkt man die Komplexität von „Religion" aus emischer Perspektive,[2] in medialen Diskursen und innerhalb der

---

[1] Als erster Einstieg in die Debatten um das Konzept von Religion s. beispielsweise PETER ANTES: „Religion" einmal anders, in: Temenos – Nordic Journal of Comparative Religion 14 (1978), S. 184–197; DETLEF POLLACK: Was ist Religion? Probleme der Definition, in: Zeitschrift für Religionswissenschaft 3 (1995), S. 163–190; GREGOR AHN: Eurozentrismen als Erkenntnisbarrieren in der Religionswissenschaft, in: Zeitschrift für Religionswissenschaft 5 (1997), S. 41–58; GÜNTER KEHRER: Art. „Religion, Definition der", in: Handbuch religionswissenschaftlicher Grundbegriffe IV, hg. von HUBERT CANCIK / BURKHARD GLADIGOW / KARL-HEINZ KOHL, Stuttgart / Berlin / Köln 1998, S. 418–425; HANS G. KIPPENBERG / KOCKU VON STUCKRAD: Einführung in die Religionswissenschaft. Gegenstände und Begriffe, München 2003, S. 11–16; LINDA WOODHEAD: Five Concepts of Religion, in: International Review of Sociology 21/1 (2011), S. 121–143.

[2] Mit dem Fachbegriff „emisch" werden die persönlichen Meinungen von Menschen sowie die Perspektiven von Institutionen oder Gemeinschaften zusammengefasst. Dazu s. JOHN

wissenschaftlichen Debatten,³ dann ist es nicht verwunderlich, dass viele Disziplinen sich hierfür interessieren und Beiträge zur Erforschung dieses Phänomens und der Weiterentwicklung der theoretischen Reflexion darüber leisten.

An diesem Punkt setzt die Frage nach den Chancen und Grenzen, aber vor allem nach der Bedeutung von Interdisziplinarität in der Religionsforschung an. Im folgenden Beitrag werde ich unterschiedliche Formen des Austauschs zwischen verschiedenen wissenschaftlichen Fächern und Disziplinen⁴ mit Fokus auf die Religionsforschung vorstellen. Dabei gehe ich von der Perspektive der Religionswissenschaft aus, der Disziplin, die ich vertrete. Diese Verortung zu Beginn dieses Beitrags ist besonders relevant, weil sie einige wesentliche Linien von vornherein deutlich macht.

Erstens ist mein Blick auf interdisziplinäre Forschungspraxis von einer positiven Erfahrung innerhalb einer Disziplin geprägt, die von Anfang an stark vom Austausch mit anderen Richtungen auf der theoretischen und der methodischen Ebene profitiert hat und eigentlich daraus entstanden ist.⁵ Ein Blick in die Standardwerke der Religionswissenschaft illustriert diese These deutlich: Als sogenannte Klassiker der Religionswissenschaft werden Philosophen, Theologen, Soziologen, Ethnologen, Psychiater und Psychologen vorgestellt.⁶ Ähnliches gilt für das methodische Repertoire der Religionswissenschaft, die mit Instrumenten aus der Literatur-, Bild-, Musik-, Film-, Medienwissenschaft arbeitet und hermeneutisch-historische Vorgehen mit zahlreichen anderen geisteswissenschaftlichen und sozial-empirischen Methoden verbindet.

Zweitens ist Religionswissenschaft häufig an unterschiedlichen Fakultäten angesiedelt, was die Akzentuierung unterschiedlicher Fragen und Vorgehen fördert. Beispielsweise ist die Religionswissenschaft innerhalb einer theologischen Fakultät (in meinem Fall) im Gespräch mit den Disziplinen, die sich

---

W. BERRY: Emics and Etics: A Symbiotic Conception, in: Culture and Psychology 2/5 (1999), S. 165–171.

³ Zu diesen unterschiedlichen Diskursen zu Religion und deren Wechselwirkung s. DARIA PEZZOLI-OLGIATI: Religion in der Kultur erforschen. Ein Essay, Zürich 2019.

⁴ J. Mittelstraß zufolge können Fach und Disziplin folgendermaßen unterschieden werden: „Während sich Fächer im Sinne einer zunehmenden Spezialisierung beliebig differenzieren lassen, gilt dies für Disziplinen nicht in gleicher Weise, insofern diese nämlich unter anderem durch paradigmatische Theorien und Methoden bestimmt werden" (S. 10). JÜRGEN MITTELSTRASS: Stichwort Interdisziplinarität. Mit einem anschließenden Werkstattgespräch, in: Basler Schriften zur europäischen Integration 22, Basel 1996.

⁵ Dazu SARAH E. FREDERICKS: Religious Studies, in: The Oxford Handbook of Interdisciplinarity, hg. von ROBERT FRODEMAN, Oxford 2010, S. 161–173; ANN TAVES: „Religion" in the Humanities and the Humanities in the University, in: Journal of the American Academy of Religion 79/2 (2011), S. 287–314.

⁶ S. AXEL MICHAELS (Hg.): Klassiker der Religionswissenschaft. Von Friedrich Schleiermacher bis Mircea Eliade, München 1997; JACQUES WAARDENBURG: Classical Approaches to the Study of Religion. Aims, Methods, and Theories of Research. Introduction and Anthology, New York / Berlin (1999) ²2017.

unter anderem zeitgenössischen Fragen widmen (wie die Ethik, die Praktische Theologie, die Zeitgeschichte) und/oder mit den systematischen Fächern (beispielsweise der Dogmatik, der Fundamentaltheologie oder der Religionsphilosophie) und/oder mit den exegetischen und historischen Disziplinen. Religionswissenschaft kann in philosophischen, sozial- und kulturwissenschaftlichen oder historischen Fachbereichen angesiedelt sein. Die Erfahrung des Austausches mit vielen Fakultäten und Denkkulturen hat diese Disziplin im Laufe der Zeit bereichert.

In diesem Kontext ist es naheliegend, dass man sich Gedanken über die verschiedenen Aspekte und Formen interdisziplinärer Forschungspraxis macht. Diese werde ich entlang ausgewählter Grundfragen präsentieren.

1 Von der vermeintlichen Unverträglichkeit von Fachwissen und Interdisziplinarität

Kann man Fachwissen mit Interdisziplinarität auf kompetente Weise verbinden? Diese Frage beruht eigentlich auf einem Vorurteil, dem man an der Universität immer wieder begegnet. Meistens ohne dies deutlich auszusprechen, gehen geläufige Kritiken der Interdisziplinarität davon aus, dass interdisziplinäre Vorgehensweisen als Ersatz für disziplinäre Ansätze anzuwenden seien und dass man damit die Disziplinen auflösen würde. Die Forschung sei heute nur mit einer gezielten Spezialisierung und Professionalisierung möglich, die man sich nur disziplinär aneignen könne. Darüber hinaus seien die hochspezifischen Fachsprachen, Methoden und Theorien, welche die Disziplinen und Subdisziplinen charakterisieren, nicht unmittelbar zugänglich für Fachfremde und deswegen auch nicht austauschbar mit anderen Fachdiskursen. Darauf beruht die Skepsis gegenüber den Vorgängen, die aufgrund des Mangels an Spezialisierung und disziplinärem Vorgehen ein bisschen von allem aufnehmen, aber nach Meinung der Kritisierenden nichts Richtiges entwickeln würden.[7]

Es ist sinnvoll festzuhalten, dass Spezialisierung wichtige Impulse in den Disziplinen generiert und unverzichtbar ist. Dies gilt sowohl im Allgemeinen als auch im Hinblick auf die Erforschung von Religion. Die Sensibilität für die Komplexität in der Forschung hat jedoch zugenommen. Binäre, auf Kausalzusammenhänge zielende Vorgehensweisen können die Vielschichtigkeit eines

---

[7] ROBERT FRODEMAN: Introduction, in: The Oxford Handbook of Interdisciplinarity, Oxford 2010, S. xix–xxxix, hier: xix; ANTONIUS LIEDHEGENER / ANDREAS TUNGER-ZANETTI: Religion, Wirtschaft, Politik transdisziplinär – eine Herausforderung, in: Religion – Wirtschaft – Politik. Forschungszugänge zu einem aktuellen transdisziplinären Feld, hg. von ANTONIUS LIEDHEGENER / ANDREAS TUNGER-ZANETTI / STEPHAN WIRZ, Zürich 2011, S. 11–37, hier: S. 17–18.

kulturellen Phänomens wie Religion nicht mehr befriedigend untersuchen. Und dies gilt nicht nur in der Erforschung von religiösen Gemeinschaften und Traditionen in der Gegenwart, sondern auch für die Untersuchung religionshistorischer Felder.[8]

Nicht zuletzt die mit „turn" eingeführten Perspektiven auf Religion, die den starken Einfluss der Kulturwissenschaften bezeugen, haben die Mehrschichtigkeit des Forschungsgegenstandes „Religion" und der wissenschaftlichen und hermeneutischen Vorgehensweisen, die ihn untersuchen und formen, sichtbar gemacht. *Spatial turn, visual turn, material turn* – um nur wenige Beispiele zu erwähnen – haben die Entfaltung neuer Forschungsfragen angeregt, die Augen bezüglich Formen der Wirksamkeit, Diffusion, Tradierung von Religion geöffnet, die Rolle unterschiedlicher Akteure und Kommunikationsformen hervorgehoben.[9] Diese Öffnung des Blicks brachte die Einsicht, dass eine Disziplin alleine diese Komplexität theoretisch, methodisch und empirisch nicht bewältigen kann.

Daraus kann man schließen, dass wir in einer Zeit leben, in der sowohl die Aneignung fachspezifischer, spezialisierter Formen des Wissens und Methodologien, als auch die Fähigkeit mit anderen disziplinären Kulturen im Austausch zu sein, sehr wichtig sind. Spezialisierung ohne die Offenheit, Fachwissen zu vernetzen, verpasst die Möglichkeit, komplexe Zusammenhänge multiperspektivisch zu beschreiben und zu analysieren. Die zunehmende Beliebtheit von *mixed methods*-Zugängen ist eine konstruktive Antwort und eine gute Illustration dieser Entwicklung, die einerseits nach Spezialisierung, andererseits nach Vernetzung verlangt.[10] Interdisziplinarität neben Spezialisierung zuzulassen und zu fördern, bringt jedoch auch Veränderungen in den Arbeitsformen der Disziplinen mit sich. Das Ideal des Gelehrten, der für sich alleine Fragen vertieft und beantwortet, verliert an Attraktivität zugunsten von divers aufgestellten Netzwerken und Gruppen, in denen verschiedene Forschende aus ihren Spezia-

---

[8] Dazu FREDERICKS, Religious Studies, 2010, insbesondere S. 163–165.
[9] Weiterführende Betrachtungen findet man bei: BIRGIT NEUMANN / ANSGAR NÜNNING: Travelling Concepts as a Model for the Study of Culture, in: Travelling Concepts for the Study of Culture, Berlin / Boston 2012, S. 1–22, hier: S. 2: „The idea of locating the study of culture exclusively on the context of national and disciplinary constellations is surely losing plausibility in a world which is itself increasingly characterized by cultural exchange, globalization, transnationalisation and interdependence [...]."; vgl. auch MIEKE BAL: Travelling Concepts in the Humanities. A Rough Guide, Toronto / Buffalo / London 2002 und MIEKE BAL: Kulturanalyse, Frankfurt a.M. 2002.
[10] Dazu s. beispielsweise LAURA L. ELLINGSON: Engaging Crystallization in Qualitative Research: An Introduction, Los Angeles 2009 oder GILLIAN ROSE: Visual Methodologies. An Introduction to the Interpretation of Visual Materials, Los Angeles (2000) ²2007. Zur Verbindung unterschiedlicher Methoden in der Religionsforschung s. STEFAN KURTH / KARSTEN LEHMANN (Hg.): Religionen erforschen. Kulturwissenschaftliche Methoden in der Religionswissenschaft, Wiesbaden 2011; MICHAEL STAUSBERG / STEVEN ENGLER (Hg.): The Routledge Handbook of Research Methods in the Study of Religion, London / New York 2011.

lisierungen heraus intensiv zusammenarbeiten und sich austauschen. Daraus wird nicht nur ersichtlich, dass Disziplinarität die Grundlage jeder Interdisziplinarität darstellt, sondern auch, dass der Austausch jenseits der Grenzen eines stark profilierten Fachwissens disziplinäre Vorgehensweisen verändert und bereichert.[11]

2 Religionsforschung als interdisziplinäres Forschungsfeld

Bis jetzt habe ich die umfassende Bezeichnung „Religionsforschung" verwendet, weil ich denke, dass die konstruktive Spannung zwischen Spezialisierung und Vernetzung alle Disziplinen charakterisiert, die sich mit Religion beschäftigen. In diesem zweiten Punkt möchte ich diesen Weg fortsetzen und die zweite Grundfrage thematisieren: Wo findet eigentlich die Erforschung von Religion an der Universität statt? Welche sind die Fächer, die sich mit ihrem spezialisierten Wissen an einem interdisziplinären Austausch beteiligen könnten?

Als Religionswissenschaftlerin wäre es naheliegend zu behaupten, dass Religion in der Religionswissenschaft erforscht wird. Das ist zwar korrekt, aber trotzdem nicht ganz richtig. Wie eingangs bereits vermerkt, ist das Wort „Religion" in seiner historischen Entwicklung wenig geeignet, um einen Forschungsgegenstand deutlich zu umreißen. Passender scheint mir die Annahme, dass sich Religionswissenschaft mit der Vielfalt und der Vielschichtigkeit an Praktiken und Diskursen beschäftigt, die in der Auseinandersetzung mit Religion entstanden sind und immer noch entstehen.[12] Da „Religion" ein diskursiver Kristallisationspunkt ist, der viele gesellschaftliche Bereiche tangiert, ist es naheliegend, dass in vielen Disziplinen über Religion geforscht und nachgedacht wird. Religion ist ein wichtiges Forschungsfeld nicht nur von Philosophie, Soziologie, Psychologie, Geschichte, Literatur- oder Kunstwissenschaft (um bei einer kurzen Liste zu bleiben), von Bereichen, die sich schon lange mit Fragen und Quellen verschiedener religiöser Traditionen und Gemeinschaften auseinandersetzen. Religion beschäftigt auch die Politik- und die Wirtschaftswissenschaft, die durch die Rezeption der bisherigen Religionsforschung neue Perspektiven auf die Gesellschaft entfaltet haben, und damit auf die großen zeitgenössischen Fragen reagieren: Säkularisierung und Post-Säkularisierung, Kapitalismus, Finanzkrisen, Fundamentalismus und Migration sind einige der Felder, die durch interdisziplinäre Austauschprozesse zur Etablierung neuer Perspektiven in den Disziplinen geführt haben.[13]

---

[11] S. dazu MITTELSTRAß, Stichwort Interdisziplinarität, 1996, S. 9.
[12] KIPPENBERG / VON STUCKRAD, Einführung, 2003, S. 14; TAVES, „Religion", 2011, S. 290–293.
[13] Dazu LIEDHEGENER / TUNGER-ZANETTI, Religion, Wirtschaft, Politik, 2011, S. 11–37.

Und die Theologie? Angesichts der Frage nach dem Stellenwert von Interdisziplinarität in der Religionsforschung stellt die Theologie einen interessanten Fall dar. „Theologie" als Disziplinbezeichnung wird unter anderem in der Außenwahrnehmung verwendet. Zum Beispiel, wenn es darum geht, Differenzen entweder zu betonen oder zu relativieren. Dies kommt in den Debatten zur Beziehung von Theologie und Religionswissenschaft im deutschsprachigen Raum vor: Die verbreitete Aussage, Theologie behandle Religion von innen, Religionswissenschaft hingegen von außen, setzt voraus, dass Theologie und Religion irgendwie vergleichbare, miteinander konkurrierende Disziplinen seien.[14] Auch wenn man die unterschiedlichen theologischen Ausrichtungen in Aussagen wie christliche, evangelische, römisch-katholische, jüdische oder islamische Theologie benennt, präsentiert man Theologie wie ein einheitliches Ganzes. Theologie – und im Kontext dieses Buches verweise ich insbesondere auf evangelische Theologie – stellt aber eher eine Verbindung unterschiedlicher Disziplinen dar, die sich im Hinblick auf Fragestellungen und Forschungsgegenstände, Methoden, theoretische Ausrichtungen und Selbstreflexion erheblich unterscheiden, auch wenn sie alle in den Worten von Gerhard Ebeling einen Beitrag zur „denkenden Rechenschaft über den christlichen Glauben" leisten.[15] Natürlich kann diese These kritisiert werden. Allerdings geht es hier nicht so sehr um die prinzipielle Frage, ob Theologie eine Disziplin sei oder nicht, sondern damit möchte ich aufzeigen, dass das Konzept von Disziplin selbst nicht eindeutig und sicher nicht als abgeschlossen gelten darf.

In Anlehnung an Geoffrey Squires definiert die Religionswissenschaftlerin Sarah Fredericks eine Disziplin anhand von drei Kriterien: die erste Dimension bezieht sich auf Inhalte, Themen und Probleme, die zweite auf Methoden, Techniken und Verfahren, die dritte auf eine Reflexion der Disziplin über sich selbst.[16] Auf dieser Linie kann man Disziplinen als historisch gewachsene Größen betrachten, die sich in der Pflege und Weitergabe von Wissen und Reflexionen ständig verändern, anpassen und in unterschiedlichen Kontexten und

---

[14] Dazu FRITZ STOLZ: Einführung in die Religionswissenschaft, Göttingen 2001, S. 35–44. Eine Weiterführung dieser Debatte findet sich in GEBHARD LÖHR (Hg.): Die Identität der Religionswissenschaft. Beiträge zum Verständnis einer unbekannten Disziplin, Frankfurt a. M. 2000, vor allem im *Teil II: Religionswissenschaft und Theologie* (S. 35–158). Die Unterscheidung ist nicht unproblematisch: Religionswissenschaft kann hermeneutisch betrachtet, nie ganz von einer „Außenperspektive" betrieben werden, während Theologie als Wissenschaft eine Distanz zur jeweiligen Tradition erfordert. „Außen-" und „Innen-" würden nämlich voraussetzten, dass die Grenzen von Traditionen und Konfessionen deutlich sind, was, mindestens aus kulturwissenschaftlicher Perspektive, nicht angenommen werden kann.

[15] GERHARD EBELING: Studium der Theologie. Eine enzyklopädische Orientierung, Tübingen (1975) ²2012, S. 4.

[16] GEOFFREY SQUIRES: Interdisciplinarity in Higher Education in the United Kingdom, in: European Journal of Education 27/3 (1992); SARAH E. FREDERICKS, Religious Studies, 2010, S. 162.

aufgrund von Austauschprozessen mit anderen akademischen Fachrichtungen gesellschaftliche Institutionen und Fragen immer re-konfigurieren.[17]

In der Wechselwirkung und im Austausch zwischen unterschiedlichen und unterschiedlich definierten Disziplinen steckt ein erhebliches Innovationspotential.[18] Dies gilt ganz besonders für die Erforschung von Religion.

3 Multidisziplinarität und Transdisziplinarität

Ein-bisschen-von-allem-aber-nichts-Richtiges ist keine adäquate Beschreibung interdisziplinärer Projekte. Aber wie definiert man eigentlich Interdisziplinarität? Darüber gibt es eine umfangreiche Literatur, in der differenziert die verschiedenen Facetten wissenschaftlichen Austausches und wissenschaftlicher Kooperationen analysiert und umrissen werden. Aus diesen Debatten entstehen mehrfache Kategorisierungen von Inter-, Multi- und Transdisziplinarität.[19] Im Kontext dieses konzisen Beitrags ist es nicht möglich, detailliert auf diese facettenreiche Diskussion einzugehen und deswegen beschränke ich mich auf zwei idealtypische Unterscheidungen, die einer ersten Orientierung unter den

---

[17] Dazu auch GAVAN J. MCDONELL: Disciplines as Cultures: Towards Reflection and Understanding, in: Transdisciplinarity: Recreating Integrated Knowledge, hg. von MARGARET SOMERVILLE / DAVID J. RAPPORT, Oxford 2000, S. 25–37, hier S. 27: „I regard a discipline as residing in a cultural formation comprising a group of people who, both explicitly and implicitly, share and practice a form of scientific or professional knowledge which they regard as distinct."

[18] In den Worten von HEINRICH PARTHEY: Institutionalisierung disziplinärer und interdisziplinärer Forschungssituationen, in: Interdisziplinarität und Institutionalisierung der Wissenschaft. Wissenschaftsforschung Jahrbuch 2010, hg. von KLAUS FISCHER / HUBERT LAITKO / HEINRICH PARTHEY, Berlin 2011, S. 10–35, hier S. 10: „Die Herausbildung neuer Wissenschaftsdisziplinen und neuer Formen der Zusammenarbeit ihrer Vertreter zum weiteren Erkenntnisfortschritt sind zwei sich wechselseitig bedingende Tendenzen der Entwicklung der Wissenschaften und zwar sowohl ihrer Ordnungssysteme als auch der hierauf begründeten Forschungs- und Lehrprofile. Mit diesen beiden Tendenzen kann vor allem der Wandel in der Beziehung zwischen dem Objektbereich der Forschung und dem Gegenstandsbereich der gesellschaftlichen Praxis erfasst werden, der Wissenschaftsdisziplinen als Form von historisch gewordenen und veränderbaren Grenzziehungen des Wissens und der Wissensproduktion bedingt."

[19] MITTELSTRASS, Stichwort Interdisziplinarität, 1996; HARALD VÖLKER: Von der Interdisziplinarität zur Transdisziplinarität? in: Transdisziplinarität. Bestandsaufnahme und Perspektiven. Beiträge zur THESIS-Arbeitstagung im Oktober 2003 in Göttingen, hg. von FRANK BRAND / FRANZ SCHALLER / HARALD VÖLKER, Göttingen 2004, S. 9–28; PHILIPP W. BALSIGER, Transdisziplinarität. Systematisch-vergleichende Untersuchung disziplinübergreifender Wissenschaftspraxis, München, 2005; ROBERT FRODEMAN (Hg.): The Oxford Handbook of Interdisciplinarity, Oxford 2010; GERHARD BANSE / LUTZ-GÜNTHER FLEISCHER (Hg.): Wissenschaft im Kontext. Inter- und Transdisziplinarität in Theorie und Praxis, Berlin 2011; KLAUS FISCHER / HUBERT LAITKO / HEINRICH PARTHEY (Hg.): Interdisziplinarität und Institutionalisierung der Wissenschaft. Wissenschaftsforschung Jahrbuch 2010, Berlin 2011.

vielfältigen Ansätzen dienen. Ich verstehe Interdisziplinarität als Dachbegriff für zwei unterschiedliche Formen der Kooperation zwischen Disziplinen: Sie umfasst multidisziplinäre Verfahren auf der einen Seite und transdisziplinäre auf der anderen.

Fachleute aus unterschiedlichen Disziplinen kommen zusammen, um sich mit einer komplexen Frage zu beschäftigen. Sie kommen ins Gespräch, um aus der jeweiligen Perspektive etwas zur Klärung der Frage beizutragen. Jede und jeder steuert Wissen bei, das auf eigenen hermeneutischen Prämissen gründet, mit unterschiedlichen Methoden und Theorien arbeitet und damit aus fachspezifischen Analyse- und Interpretationsverfahren sowie Wissensbeständen schöpfen kann. In diesem Fall spricht man von *Multidisziplinarität*, manchmal auch von *Interdisziplinarität im engeren Sinne* (und nicht als Dachbegriff für alle Formen des Austausches und Zusammenarbeitens). Im Vordergrund steht die Pluralität von Blicken, aus denen man neue Ideen, Beschreibungen, Analysen oder Lösungsansätze generieren kann. Das Gespräch zwischen den beteiligten Disziplinen setzt die Bereitschaft voraus, auf die Argumente der anderen einzugehen, Unterschiede zuzulassen und Missverständnisse zu ertragen sowie Reibungsmomente produktiv zu bearbeiten. Dieses Verfahren ist weiterführend, wenn es darum geht, neue Themen anzugehen. Multidisziplinarität ist tendenziell enzyklopädisch und funktioniert im Grunde genommen additiv: Die Grenzen der Disziplinen werden nicht tangiert, sondern bleiben bestehen. In der Literatur wird häufig auf das Bild der Brücke rekurriert, um multidisziplinäre Vorgehensweisen zu beschreiben. Es geht darum, Brücken zwischen den Disziplinen zu bauen, die hilfreich sind, um wissenschaftliche Fragen anzugehen.[20] Wissenschaftshistorisch profiliert sich der Begriff der Interdisziplinarität in diesem Sinne in den 1970er Jahren, vor allen in den Naturwissenschaften. Die Umweltproblematik spielte dabei eine herausragende Rolle, weil sie Fragen stellte, die keine Disziplin alleine bearbeiten konnte.[21]

Auch im zweiten Verfahren, das ich hier hervorheben möchte, kommen Fachleute aus unterschiedlichen Disziplinen zusammen, um sich mit einer komplexen Frage zu beschäftigen. Anders als im ersten Modell versuchen die Beteiligten gemeinsam Methoden und Theorien auszuhandeln, um die Frage zu bearbeiten. Sie begeben sich in einen gemeinsamen Analyse- und Interpretationsprozess. In diesem Fall spricht man von *Transdisziplinarität*. In dieser Art von Austausch werden Grundfragen vertieft, innovative Verfahren ausprobiert und neue Perspektiven etabliert. Die Grenzen der Disziplinen werden dabei relativiert oder gar in Frage gestellt. Jürgen Mittelstraß formuliert es so: „Mit Transdisziplinarität verstehe ich im Sinne wirklicher Interdisziplinarität zunächst Forschung, die sich aus ihren disziplinären Grenzen löst, die ihre Pro-

---

[20] JULIE THOMPSON KLEIN: A Taxonomy of Interdisciplinarity, in: The Oxford Handbook of Interdisciplinarity, hg. von ROBERT FRODEMAN, Oxford 2010, 15–30, hier: S. 21.
[21] LIEDHEGENER / TUNGER-ZANETTI, Religion, Wirtschaft, Politik, 2011, S. 18–19.

bleme disziplinunabhängig definiert und disziplinunabhängig löst".²² Im Zentrum dieses zweiten Modells steht die Kooperation.²³

Diese zwei Modalitäten von Interdisziplinarität gründen auf unterschiedlichen Gestalten von Kooperation. Beide Modelle beruhen auf der Annahme, dass die Fachleute und Disziplinen, die sich an diesen verschiedenartigen wissenschaftlichen Austauschprozessen beteiligen, in ihrem jeweiligen Feld ausgewiesen sind. Nur so kann die Pluralität von Blicken, Verfahren und Wissensbeständen entstehen. Ein weiteres Argument dafür, dass inter-, multi- und transdisziplinäre Tätigkeiten eine Zusatzqualifikation und -leistung darstellen.

4 Herausforderungen von Interdisziplinarität

Wie bereits erwähnt, bereichern und erweitern multi- und transdisziplinäre Forschungskontexte disziplinäre Diskurse und bringen Fachkulturen inhaltlich, methodisch, theoretisch sowie hermeneutisch weiter. Interdisziplinarität stellt jedoch auch vor Spannungen. Damit kommen wir zur vierten Grundfrage des Beitrags. Welchen Herausforderungen begegnet man bei diesen kooperativen Arbeitsformen?

Man könnte interdisziplinäre Arbeit als eine „Krise" beschreiben und sich dabei von der altgriechischen semantischen Sphäre von κρίσις (Substantiv, *krísis*) und κρίνω (Verb, *kríno*) inspirieren lassen.²⁴ Interdisziplinäre Kontexte können als Verhandlungsräume konzipiert werden, in denen über Wissenschaftspraxis nachgedacht wird. Darin wird kritisch über die Leistungen von disziplinären Vorgehensweisen diskutiert und man setzt sich mit den Schwierigkeiten der Kommunikation zwischen unterschiedlichen Fachrichtungen auseinander. Durch die Konfrontation verschiedener Fachkulturen miteinander werden unhinterfragte Voraussetzungen und Stereotypen sichtbar gemacht, worüber man in den Disziplinen nicht explizit nachdenkt oder sich

---

[22] MITTELSTRASS, Stichwort Interdisziplinarität, 1996, S. 13.
[23] Dazu REINHARD MOCEK: Inter- und Transdisziplinarität als wissenschaftliche Problemlösungsstrategien?, in: Wissenschaft im Kontext. Inter- und Transdisziplinarität in Theorie und Praxis, hg. von GERHARD BANSE / LUTZ-GÜNTHER FLEISCHER, Berlin 2011, S. 113–126, hier: S. 113; Vgl. auch die Position von WILLIAM H. NEWELL: Transdisciplinarity Reconsidered, in: Transdisciplinarity: Recreating Integrated Knowledge, hg. von MARGARET A. SOMERVILLE / DAVID J. RAPPORT, Oxford 2000, S. 42–48, hier: S. 43: „In practice, interdisciplinarity has drawn insights from disciplines rather than connecting the disciplines themselves. It integrates the insights, not the disciplines which generates them, into a more complete perspective from which it answers a specific question, addresses a particular issue, or solves an identifiable problem."
[24] Es geht um das Unterscheiden, das Urteilen, das Wählen und das Interpretieren sowie das Richten (s. die Lemmata in HENRY GEORGE LIDDELL / ROBERT SCOTT: A Greek-English Lexicon, Oxford (1843) ⁹1968).

nicht damit befassen möchte.²⁵ Mit einem ironischen Unterton beschreibt Mittelstraß bereits 1996 die Lage folgendermaßen:

> Eine um sich greifende *Partikularisierung*, ja *Atomisierung* der Disziplinen und Fächer reicht mittlerweile bis in den Lehrstuhlbereich hinunter; die Unfähigkeit, noch in Disziplinaritäten, d. h. in größeren wissenschaftlichen Einheiten, zu denken, nimmt erschreckend zu. Kein Wunder, dass in dieser Situation überall der Ruf nach Interdisziplinarität laut wird. Wer allein auf einer fachlichen oder disziplinären, meist winzigen Insel sitzt, den ergreift die Sehnsucht nach seinem insularen Nachbarn, wobei es in der Regel wieder gleich ist, wer der fachliche oder disziplinäre Nachbar ist. Grenzen der Fächer und Grenzen der Disziplinen, wenn man sie so überhaupt noch wahrnimmt, drohen mehr und mehr nicht mehr nur zu institutionelle Grenzen, sondern auch zu *Erkenntnisgrenzen* zu werden. [...] Entsprechend verbindet sich mit dem Begriff der Interdisziplinarität eine Reparaturvorstellung, die auf Umwegen, und sei es auch nur auf Zeit, zu einer neuen, nicht nur der Forschung, sondern auch der Lehre förderlichen Ordnung führen soll.²⁶

In diesem „kritischen" Sinne stellt Interdisziplinarität eine Rückbesinnung auf das Ideal der *universitas* dar. Was verbindet die Disziplinen zur Wissenschaft als Teilbereich einer Gesellschaft? Diese Frage ist besonders relevant innerhalb der Geistes- oder Sozialwissenschaften, die nicht nur die Summe ihrer einzelnen Teile sind, sondern insgesamt ein breites Spektrum an Wissenstraditionen, Forschungsgeschichten, Enzyklopädien, Denkformen pflegen sowie Zugänge zu Kulturen und Gesellschaft tradieren, erneuern und weitergeben und damit etwas leisten, was für demokratische Gesellschaften unverzichtbar ist.²⁷

Auch für die Religionsforschung ist der multi- und transdisziplinäre Austausch als Raum der „Krise" und der *universitas* mehr als die Summe von allem, was in den verschiedenen Disziplinen und Subdisziplinen geleistet wird. Gerade aus der Reibung und in der Debatte zwischen unterschiedlichen Ansätzen zu religiösem Wissen und Praktiken, Gemeinschaften und Traditionen, materiellen und immateriellen Dimensionen entsteht die Möglichkeit der Standortbestimmung, der Diskussion über das, was zu tun ist, sowie der Rolle und Relevanz dessen, was in den verschiedenen Disziplinen und Fachverbünden entsteht oder entstehen sollte. Man kann Fragen des Verhältnisses von Religionsforschung, staatlichen und religiösen Institutionen vertiefen, über gesellschaftliche, politische und/oder finanzielle Steuerungsfaktoren von Forschung reflektieren sowie über (implizite) Formen der Regulierung und der Kontrolle

---

[25] S. WOLFGANG KROHN: Interdisciplinary Cases and Disciplinary Knowledge. Epistemic Challenges of Interdisciplinary Research, in: The Oxford Handbook of Interdisciplinarity, hg. von ROBERT FRODEMAN, Oxford 2010, S. 31–49.

[26] MITTELSTRASS, Stichwort Interdisziplinarität, 1996, S. 7–8.

[27] GÜNTER ROPOHL: Jenseits der Disziplinen – Transdisziplinarität als neues Paradigma, in: Wissenschaft im Kontext. Inter- und Transdisziplinarität in Theorie und Praxis, hg. von GERHARD BANSE / LUTZ-GÜNTHER FLEISCHER, Berlin 2011, S. 281–296.

nachdenken.²⁸ Im bunten und uneinheitlichen Feld der Religionsforschung gehört hier auch eine Vertiefung des Verhältnisses zwischen „beschreibenden" und „normativen" Ansätzen dazu.²⁹

Nicht zuletzt wird im Austausch deutlich, dass trotz der Ausdifferenzierung und Spezialisierung der Wissenschaft Wissen unvollständig und fragmentarisch bleibt. Es ist eine große Herausforderung, die Spannung zwischen der Spezialisierung und der Suche nach verbindenden Momenten im wissenschaftlichen Diskurs zu Religion zu ertragen, sowie die unvermeidbaren Spannungen zwischen Fachwissen und transdisziplinären Praktiken konstruktiv zu gestalten.

Multi- und Transdisziplinarität sind nicht per se gut, sondern sie sind eine notwendige Anstrengung der Forschungspraxis; sie schaffen Denkräume, in denen das Verhältnis der Wissenschaft zur Gesellschaft als Ganzes reflektiert werden kann und der Versuch unternommen wird, Einzelleistungen von spezialisierten Blicken auf Fragen in einen zusammenhängenden Gesamtkontext zu bringen.³⁰

5 Gelingende interdisziplinäre Arbeit

Die Frage nach der Relevanz der Theologie, zu der ich auch die Religionswissenschaft zähle, bildet den roten Faden dieses Buches, in dem junge Forscher und Forscherinnen ihre Projekte und Perspektiven präsentieren. Dieser Beitrag zielt darauf, sie einzuladen, die Sache der interdisziplinären Arbeit ernst zu nehmen und sich auf diese Vorgehensweisen einzulassen. In der Kürze dieses Essays wurden die ausgewählten Grundprobleme thesenartig und konzis vorgestellt: Die gleichzeitige Bedeutsamkeit von Disziplinärem und Interdisziplinärem, die privilegierte Position der Erforschung von Religion im Hinblick auf die interdisziplinäre Praxis, die (holzschnittartige) Vorstellung unterschiedlicher Gestalten von Interdisziplinarität und schließlich die Herausforderungen, die mit Interdisziplinarität zusammenhängen.

---

[28] Dazu LIEDHEGENER / TUNGER-ZANETTI, Religion, Wirtschaft, Politik, 2011, S. 25–26.
[29] S. beispielsweise OLIVER FREIBERGER: Ist Wertung Theologie? Beobachtungen zur Unterscheidung von Religionswissenschaft und Theologie, in: Die Identität der Religionswissenschaft. Beiträge zum Verständnis einer unbekannten Disziplin, hg. von GEBHARD LÖHR, Frankfurt a. M. 2000, S. 97–121; DARIA PEZZOLI-OLGIATI: Distanz und Nähe – Teilnehmen und Beobachten. Ethische Verflechtungen religionswissenschaftlicher Forschung, in: Ethische Verantwortung in den Wissenschaften, Zürcher Hochschulforum 38, hg. von der Ethischen Kommission der Universität Zürich, Zürich 2006, S. 151–164.
[30] Dazu NEUMANN / NÜNNING, Travelling Concepts, 2012, S. 11–14.

In diesem Beitrag möchte ich eine letzte Grundfrage ansprechen: Wie funktioniert interdisziplinäre Forschungspraxis? Welche könnten die Leitkriterien sein, die auf *best practices* hinweisen? Wie kann wissenschaftliche Arbeit und Kommunikation über die Grenzen der Einzeldisziplinen hinaus gelingen? Die folgenden Reflexionen sind zugleich eine Art rückblickende Querlektüre der Argumentation, die in diesem Beitrag entfaltet wird.

Multi- und Transdisziplinarität entstehen im Kontext einer *Forschungsfrage*, eines Problems, das vielschichtig und mehrdimensional ist. Es braucht einen erheblichen Grad an Komplexität, damit der interdisziplinäre Austausch anregend und lebendig wird und die Anstrengungen, die damit verbunden sind, in einen konstruktiven Beitrag münden. Sowohl in multi- als auch in transdisziplinären Kontexten müssen die Beteiligten in der Lage sein, ihre *theoretischen Voraussetzungen und Annahmen* sowie die *methodischen Verfahren*, die ihre Perspektive und den Zugang zur Forschungsfrage charakterisieren, deutlich zu benennen, forschungsgeschichtlich zu situieren und kritisch beobachten zu können. Damit verbunden ist die Bereitschaft, den *eigenen Standpunkt zu reflektieren* und im wissenschaftlichen, gesellschaftlichen und – im Falle der Religionsforschung sehr wichtig – auch biographischen Kontext zu situieren. Die hermeneutische Reflexion über die Prozesse der Analyse und der Interpretation sind eine unverzichtbare Ausgangsbasis für gelungenes interdisziplinäres Arbeiten.

Da eine komplexe Forschungsfrage den Ausgangspunkt bildet, erhält in multi- und transdisziplinären Kontexten der Zusammenhang von *Wissenschaft und Gesellschaft* eine besondere Bedeutung. Dabei geht es nicht um die Frage einer simpel verstandenen „Nützlichkeit" oder „Anwendbarkeit" der Forschung, sondern, wie oben erwähnt, um eine kritische Betrachtung der Situierung der Forschungsarbeit im gesellschaftlichen Kontext. Gerade für die verschiedenen disziplinären Bereiche der Religionsforschung erscheint dieser Aspekt als besonders relevant, denn „Religion" konstituiert sich als Forschungsgegenstand in der Gegenseitigkeit von wissenschaftlichen Konzepten, emischen Perspektiven und gesellschaftlichen (kirchlichen, medialen, politischen, usw.) Diskursen.

Multi- und/oder transdisziplinäre Forschungspraxis bilden einen *Denkraum*, der sich aus der Pluralität der Wissenschaft speist. Hier wurde der Akzent auf das Zusammenkommen unterschiedlicher Disziplinen gelegt. Es ist jedoch fundamental wichtig, auch auf die Pluralität von Wissenstraditionen in unterschiedlichen Ländern und Kulturen hinzuweisen. Auch Multilinguismus kann sich sehr positiv auf innovative inter- und transdisziplinäre Projekte auswirken. Dabei ist nicht nur an unterschiedliche Sprachen zu denken (viele Konzepte übernehmen unterschiedliche Bedeutungen oder kennen keine direkten Entsprechungen in unterschiedlichen Sprachen), sondern auch an die vielfältigen Sprachen der Wissenschaft. Visuelle und audiovisuelle Medien sind wichtige Kanäle sowohl der Erforschung als auch der Mittelung von Ergebnissen.³¹ Aus diesem Grunde bildet auch der Bezug der Künste ein wichtiges Kapitel von interdisziplinären Forschungsprojekten, die Innovation nicht scheuen.

Literatur

AHN, GREGOR: Eurozentrismen als Erkenntnisbarrieren in der Religionswissenschaft, in: Zeitschrift für Religionswissenschaft 5 (1997), S. 41–58.

ANTES, PETER: „Religion" einmal anders, in: Temenos – Nordic Journal of Comparative Religion 14 (1978), S. 184–197.

BAL, MIEKE: Kulturanalyse, Frankfurt a. M. 2002.

BAL, MIEKE: Travelling Concepts in the Humanities. A Rough Guide, Toronto / Buffalo / London 2002.

BANSE, GERHARD / FLEISCHER, LUTZ-GÜNTHER (Hg.): Wissenschaft im Kontext. Inter- und Transdisziplinarität in Theorie und Praxis, Berlin 2011.

BALSIGER, PHILIPP W.: Transdisziplinarität. Systematisch-vergleichende Untersuchung disziplinübergreifender Wissenschaftspraxis, München 2005.

BERRY, JOHN W.: Emics and Etics: A Symbiotic Conception, in: Culture and Psychology 2/5 (1999), S. 165–171.

EBELING, GERHARD: Studium der Theologie. Eine enzyklopädische Orientierung, Tübingen (1975) ²2012.

ELLINGSON, LAURA L.: Engaging Crystallization in Qualitative Research: An Introduction, Los Angeles 2009.

FISCHER, KLAUS / LAITKO, HUBERT / PARTHEY, HEINRICH (Hg.): Interdisziplinarität und Institutionalisierung der Wissenschaft. Wissenschaftsforschung Jahrbuch 2010, Berlin 2011.

FREDERICKS, SARAH E.: Religious Studies, in: The Oxford Handbook of Interdisciplinarity, hg. von ROBERT FRODEMAN / JULIE THOMPSON KLEIN / ROBERTO CARLOS DOS SANTOS PACHECO, Oxford 2017, S. 161–173.

FREIBERGER, OLIVER: Ist Wertung Theologie? Beobachtungen zur Unterscheidung von Religionswissenschaft und Theologie, in: Die Identität der Religionswissenschaft. Beiträge zum Verständnis einer unbekannten Disziplin, hg. von GEBHARD LÖHR, Frankfurt a. M. 2000, S. 97–121.

FRODEMAN, ROBERT: Introduction, in: The Oxford Handbook of Interdisciplinarity, Oxford 2010, S. xix–xxxix.

FRITZ, NATALIE / HÖPFLINGER, ANNA-KATHARINA / KNAUSS, STEFANIE / MÄDER, MARIE-THERESE / PEZZOLI-OLGIATI, DARIA: Sichtbare Religion. Eine Einführung in die Religionswissenschaft, Berlin 2018.

FRODEMAN, ROBERT: The Oxford Handbook of Interdisciplinarity, Oxford 2010.

KEHRER, GÜNTER: Art. „Religion, Definition der", in: Handbuch religionswissenschaftlicher Grundbegriffe IV, hg. von HUBERT CANCIK / BURKHARD GLADIGOW / KARL-HEINZ KOHL, Stuttgart / Berlin / Köln 1998, S. 418–425.

KIPPENBERG, HANS G. / VON STUCKRAD, KOCKU: Einführung in die Religionswissenschaft. Gegenstände und Begriffe, München 2003, S. 11–16.

---

[31] Dazu NATALIE FRITZ / ANNA-KATHARINA HÖPFLINGER / STEFANIE KNAUSS / MARIE-THERESE MÄDER / DARIA PEZZOLI-OLGIATI: Sichtbare Religion. Eine Einführung in die Religionswissenschaft, Berlin 2018, insbesondere S. 1–49.

KROHN, WOLFGANG: Interdisciplinary Cases and Disciplinary Knowledge. Epistemic Challenges of Interdisciplinary Research, in: The Oxford Handbook of Interdisciplinarity, hg. von ROBERT FRODEMAN, Oxford 2010, S. 31–49.

KURTH, STEFAN / LEHMANN, KARSTEN (Hg.): Religionen erforschen. Kulturwissenschaftliche Methoden in der Religionswissenschaft, Wiesbaden 2011.

LIEDHEGENER, ANTONIUS / TUNGER-ZANETTI, ANDREAS: Religion, Wirtschaft, Politik transdisziplinär – eine Herausforderung, in: Religion – Wirtschaft – Politik. Forschungszugänge zu einem aktuellen transdisziplinären Feld, hg. von ANTONIUS LIEDHEGENER / ANDREAS TUNGER-ZANETTI / STEPHAN WIRZ, Zürich 2011.

LIDDELL, HENRY GEORGE / SCOTT, ROBERT: A Greek-English Lexicon, Oxford (1843) ^{9}1968.

MCDONELL, GAVAN J.: Disciplines as Cultures: Towards Reflection and Understanding, in: Transdisciplinarity: Recreating Integrated Knowledge, hg. Von MARGARET SOMERVILLE / DAVID J. RAPPORT, Oxford 2000, S. 25–37.

MICHAELS, AXEL (Hg.): Klassiker der Religionswissenschaft. Von Friedrich Schleiermacher bis Mircea Eliade, München 1997.

MITTELSTRAß, JÜRGEN: Stichwort Interdisziplinarität. Mit einem anschließenden Werkstattgespräch, in: Basler Schriften zur europäischen Integration 22, Basel 1996.

MOCEK, REINHARD: Inter- und Transdisziplinarität als wissenschaftliche Problemlösungsstrategien?, in: Wissenschaft im Kontext. Inter- und Transdisziplinarität in Theorie und Praxis, hg. von GERHARD BANSE / LUTZ-GÜNTHER FLEISCHER, Berlin 2011, S. 113–126.

NEUMANN, BIRGIT / NÜNNING, ANSGAR: Travelling Concepts as a Model for the Study of Culture, in: Travelling Concepts for the Study of Culture, Berlin / Boston 2012.

NEWELL, WILLIAM H.: Transdisciplinarity Reconsidered, in: Transdisciplinarity: Recreating Integrated Knowledge, hg. von MARGARET A. SOMERVILLE / DAVID J. RAPPORT, Oxford 2000, S. 42–48.

PARTHEY, HEINRICH: Institutionalisierung disziplinärer und interdisziplinärer Forschungssituationen, in: Interdisziplinarität und Institutionalisierung der Wissenschaft. Wissenschaftsforschung Jahrbuch 2010, hg. von KLAUS FISCHER / HUBERT LAITKO / HEINRICH PARTHEY, Berlin 2011, S. 10–35.

PEZZOLI-OLGIATI, DARIA: Distanz und Nähe – Teilnehmen und Beobachten. Ethische Verflechtungen religionswissenschaftlicher Forschung, in: Ethische Verantwortung in den Wissenschaften, Zürcher Hochschulforum 38, hg. von der ETHISCHEN KOMMISSION DER UNIVERSITÄT ZÜRICH, Zürich 2006, S. 151–164.

PEZZOLI-OLGIATI, DARIA: Religion in der Kultur erforschen. Ein Essay, Zürich 2019.

POLLACK, DETLEF: Was ist Religion? Probleme der Definition, in: Zeitschrift für Religionswissenschaft 3 (1995), S. 163–190.

ROPOHL, GÜNTER: Jenseits der Disziplinen – Transdisziplinarität als neues Paradigma, in: Wissenschaft im Kontext. Inter- und Transdisziplinarität in Theorie und Praxis, hg. von GERHARD BANSE / LUTZ-GÜNTHER FLEISCHER, Berlin 2011, S. 281–296.

ROSE, GILLIAN: Visual Methodologies. An Introduction to the Interpretation of Visual Materials, Los Angeles (2000) ^{2}2007.

SQUIRES, GEOFFREY: Interdisciplinarity in Higher Education in the United Kingdom, in: European Journal of Education 27/3 (1992).

STAUSBERG, MICHAEL / ENGLER, STEVEN (Hg.): The Routledge Handbook of Research Methods in the Study of Religion, London / New York 2011.

STOLZ, FRITZ: Einführung in die Religionswissenschaft, Göttingen 2001, S. 35–44.

TAVES, ANN: „Religion" in the Humanities and the Humanities in the University, in: Journal of the American Academy of Religion 79/2 (2011), S. 287–314.

THOMPSON KLEIN, JULIE: A Taxonomy of Interdisciplinarity, in: The Oxford Handbook of Interdisciplinarity, hg. von ROBERT FRODEMAN, Oxford 2010, S. 15–30.
VÖLKER, HARALD: Von der Interdisziplinarität zur Transdisziplinarität? in: Transdisziplinarität. Bestandsaufnahme und Perspektiven. Beiträge zur THESIS-Arbeitstagung im Oktober 2003 in Göttingen, hg. von FRANK BRAND / FRANZ SCHALLER / HARALD VÖLKER, Göttingen 2004, S. 9–28.
WAARDENBURG, JACQUES: Classical Approaches to the Study of Religion. Aims, Methods, and Theories of Research. Introduction and Anthology, New York / Berlin (1999) ²2017.
WOODHEAD, LINDA: Five Concepts of Religion, in: International Review of Sociology 21/1 (2011), S. 121–143.

„Sittlichkeit ist die Schönheit der Philosophie"

Dante und Kant über den Sinn der Moral

Mario Berkefeld

Der Dichter Dante Alighieri ist auf der Suche nach Trost auf die Philosophie gestoßen und hat sich in sie verliebt. Ihre Schönheit, sagt er, ist die Sittlichkeit. Denn gerade die Moralphilosophie erlaubt, den Menschen und seine Vermögen, seine Grenzen und Sehnsüchte, mit einem Sinn zu verbinden, der ihm als Geschöpf notwendig zukommen soll. Dante ordnet deswegen die Moralphilosophie der Metaphysik über. Damit nimmt er manch ein Motiv der Philosophie Immanuel Kants vorweg. Bekanntlich gilt: „Es ist angenehm, beliebt und aufmunternd, Ähnlichkeiten unter ungleichartigen Dingen aufzufinden"[1]. So möchte ich das Motiv des Sinns der Moralität innerhalb der kantischen Philosophie beleuchten, indem ich von dem Denker Dante ausgehe. Freilich liegen Welten zwischen Dante und Kant, doch gerade durch die Unterschiede tritt das Analoge deutlicher hervor. Die hier entscheidende Analogie ist, dass beide Denker zu einer Spielart des Primats der praktischen Vernunft gelangen, um den Menschen als sinnvoll beschaffenes Wesen beurteilen zu können.

Kant hofft, die Fragen der Metaphysik unter der Leitung der praktischen Vernunft bearbeiten zu können, nachdem seine fulminante Kritik der Erkenntnisvermögen die Unmöglichkeit ihrer spekulativen Beantwortung aufgewiesen hat. Der Gottesgedanke beispielsweise wird von Kant als Bedingung der Möglichkeit der Sittlichkeit endlicher Wesen verteidigt, denn nur durch ihn könne der Sinnhorizont menschlicher Moralität aufrechterhalten werden. Eine vernünftige Hoffnung auf Gott kristallisiert sich nach Kant unumgänglich aus der moralischen Gesinnung heraus, die den Menschen als Vernunftwesen überzeugt sein lässt, sinnvoll in die ihn umgebende und seine eigene Natur zu passen. Kant entdeckt die Relevanz der Theologie unter anderem in dieser Explikationsmöglichkeit der Voraussetzungen eines sinnvollen Lebens endlicher Vernunftwesen.

Um dies nachzuvollziehen, sollen zunächst Dantes Ordnung der Wissenschaft und ihre Beweggründe rekonstruiert werden. Anschließend wird Kants Theorie der vernünftigen Hoffnung entlang der berühmten drei Fragen *Was*

---

[1] IMMANUEL KANT: Anthropologie in pragmatischer Hinsicht, AA 7.221. Ich zitiere Kant – wenn nicht anders angegeben – nach der *Akademie-Ausgabe* (AA): IMMANUEL KANT: Gesammelte Schriften, Bd. 1–22 hg. von der Königlich Preußischen Akademie der Wissenschaften, Bd. 23 hg. von der Deutschen Akademie der Wissenschaften zu Berlin, ab Bd. 24 hg. von der Akademie der Wissenschaften zu Göttingen, Berlin 1900ff.

kann ich wissen?, Was soll ich tun? und Was darf ich hoffen? erschlossen, um daraufhin die Frage nach dem Sinn der menschlichen Vermögenstruktur als Fluchtpunkt dieser Überlegungen aufzuweisen.

1 Prolog im Himmel – Dante Alighieris Ordnung der Wissenschaften

Der Dichterphilosoph Dante Alighieri stellt sich die Philosophie wie eine höfliche und edle Frau vor.[2] Darin folgt er der Vorlage von Boethius' „Der Trost der Philosophie", das Buch, welches für ihn die Initialzündung zur Philosophie wurde, denn hier fand er den Trost, den er nach dem Tod seiner geliebten Beatrice suchte.[3] Die Philosophie gilt ihm als die *Tochter Gottes* und die *Königin über alles*.[4] Wie jedoch begreift er sie, dass sie solch ultimative Titel bekommt?

In seinem Buch *Das Gastmahl* (1304–1306) ordnet er die Wissenschaften durch ein Gleichnis zum Himmelsgewölbe. Er teilt es in sieben Planetenhimmel, den Fixsternhimmel, den Kristallhimmel, welcher als sternenloses Gewölbe unendlicher Bewegung, als *primum mobile*, alle Bewegung der Himmel koordiniert und antreibt, und schließlich das Empyreum als ruhender Aufenthaltsort Gottes.

> Die sieben ersten [Himmel] entsprechen [...] Grammatik, Dialektik, Rhetorik, Arithmetik, Musik, Geometrie und Astronomie. Der achten Sphäre, d. h. dem Fixsternhimmel entspricht die Naturwissenschaft, die Physik heißt und die erste Wissenschaft, die Metaphysik heißt; und der neunten Sphäre entspricht die Wissenschaft der Moral; und dem ruhenden Himmel entspricht die göttliche Wissenschaft, die Theologie genannt wird.[5]

Besonders die drei höchsten Himmel verdienen Beachtung, da Dante hier eine Umstellung gegenüber der Tradition vornimmt. Die Physik und Metaphysik als Fixsternhimmel erfassen die grundlegenden festen Strukturen der Wirklichkeit. Die Moralphilosophie jedoch steht über der Metaphysik. Der höhere Kristallhimmel soll der Moralphilosophie gleichen, weil erst von dort aus das gesamte Himmelgewölbe seine Bewegung erfährt. Wäre der Kristallhimmel nicht, wäre das All ungeordnet und jede Bewegung vergebens.[6] Gleiches gilt nach Dante auch für die Philosophie. Wäre die Moralphilosophie nicht, wäre die

---

[2] Vgl. DANTE ALIGHIERI: Das Gastmahl, in: DERS.: Philosophische Werke in einem Band, übersetzt von THOMAS RICKLIN / DOMINIK PERLER / FRANCIS CHENEVAL, hg. von RUEDI IMBACH, Hamburg 2015, S. 6 (II, xii).
[3] Vgl. a. a. O., S. 2f. (II, xii).
[4] Vgl. a. a. O., S. 9 (II, xii).
[5] A. a. O., S. 8 (II, xiii).
[6] Vgl. a. a. O., S. 17 (II, xiv).

gesamte Philosophie vergebens, „es gäbe weder Werden von Glück noch glückliches Leben."[7]

Dante reagiert hier auf ein Problem des menschlichen Strebens nach Wissen. Für den Menschen gilt nach dem berühmten ersten Satz aus der „Metaphysik" des Aristoteles, dass er von Natur aus nach Wissen strebt.[8] In der höchsten Form des Wissens, der Weisheit, erst findet dieses natürliche Streben ein Ziel. Mit ebenjenem Satz des Aristoteles, den Dante stets als seinen Lehrer[9] bezeichnet, hebt auch Dantes „Gastmahl" an.[10] Doch dieses Wissensstreben trifft auf die Grenzen des menschlichen Vermögens. In der „Commedia" belehrt Beatrice darüber: „Wo der Schlüssel der Sinne nichts aufschließt, irrt die Meinung der Sterblichen. Die Pfeile der Verwunderung dürften dich nicht mehr verletzen, wenn du siehst, wie kurz die Flügel der Vernunft sind, wenn sie über die Sinne hinausfliegt."[11] Von allem, was die menschlichen Sinne übersteigt, wird der Mensch nichts wissen können. Dazu zählt Dante Gott, die Ewigkeit und die erste Materie.[12] Was bedeutet dies anzuerkennen nun für das Wissensstreben?

> Tatsächlich können manche hier zweifeln, [...] daß die Weisheit den Menschen glückselig machen kann, wo sie doch dem Menschen gewisse Dinge nicht vollkommen zeigen kann; zudem ist es von Natur aus der Wunsch des Menschen zu wissen und ohne die Erfüllung dieses Wunsches kann er nicht glückselig sein.[13]

Das Geschäft der Philosophie als Ganzes droht hier Ausdruck einer absurden existentiellen Situation des Menschen zu sein. Seine Natur ist es, dasjenige wissen zu wollen, was er von Natur aus nicht wissen kann. Dem Zweifel an der Weisheit beugt Dante jedoch durch eine Begrenzung des menschlichen Wissensstrebens durch die Wissensgrenzen vor.

> Darauf kann man deutlich antworten, daß der natürliche Wunsch in jedem Ding dem wünschenden Ding entsprechend bemessen ist: ansonsten würde es sich selbst zuwiderlaufen, was unmöglich ist; und die Natur hätte es vergeblich geschaffen, was ebenfalls unmöglich ist. Zuwiderlaufen würde es, daß etwas, seine Vervollkommnung wünschend, seine Unvollkommenheit wünschte; insofern es sich immer wünschen würde zu wünschen, und sein Wünschen nie zu erfüllen.[14]

---

[7] A. a. O., S. 18 (II, xv).
[8] Vgl. ARISTOTELES: Metaphysik, übersetzt von HERMANN BONITZ, Reinbeck bei Hamburg (1966) ³2002, S. 980a.
[9] Vgl. DANTE, Gastmahl, S. 9 (I, ix).
[10] Vgl. a. a. O., S. 1 (I, i).
[11] DANTE ALIGHIERI: Commedia. In deutscher Prosa von Kurt Flasch, Frankfurt a. M. ⁴2012, S. 323.
[12] Vgl. DANTE, Gastmahl, S. 6 (III, xv).
[13] A. a. O., S. 7 (III, xv).
[14] A. a. O., S. 8f. (III, xv).

Entscheidend ist dabei: Dantes Argumentation für diese Begrenzung des natürlichen Strebens nach Wissen ist von einer grundlegenden Sinnannahme getragen. *Die natürliche Einrichtung des Menschen muss sinnvoll sein.* Der Mensch hat kein natürliches Bedürfnis nach einem metaphysischen Wissen von Gott und der Ewigkeit, denn es wäre nicht sinnvoll, wenn er es hätte.

Diese Begrenzung der Philosophie tut ihrem Reiz jedoch nach Dante keinerlei Abbruch. Denn: „Hier ist zu wissen, daß die Sittlichkeit die Schönheit der Philosophie ist"[15]. Die Sittlichkeit zur Schönheit der Philosophie zu erklären, ist so sympathisch wie kryptisch. Einen Hinweis gibt er dennoch an die Hand: „[D]ie Schönheit der wunderbaren Dinge [zu sehen], bedeutet die Ursachen jener zu sehen."[16] Die Schönheit der Philosophie in der Sittlichkeit zu erblicken bedeutet demnach, die Sittlichkeit und kein unbegrenztes Wissensstreben zur Ursache der Philosophie zu erklären. Fügt man dies nun in Dantes Himmelsgewölbegleichnis ein, erschließt sich, warum Dante die Moralphilosophie der Metaphysik überordnet. Die praktische Vernunft treibt die Metaphysik an. Sie ist die Bewegerin der Wissenschaften.[17]

Um den Kristallhimmel der Moralphilosophie schließlich liegt das Empyreum. Es „ist aufgrund seines Friedens der göttlichen Wissenschaft ähnlich, [...] weil sie uns die Wahrheit, in der unsere Seele zur Ruhe kommt, vollkommen erkennen läßt."[18] Die Theologie wird schließlich als die Form eingeführt, welche dem Menschen eine Wahrheit in Aussicht stellt, die das Streben zur Ruhe kommen lässt. Da Dante allerdings von der Unerkennbarkeit Gottes ausgeht, ist entscheidend, dass hier eine eigene epistemische Einstellung zu der beruhigenden Wahrheit der Theologie angenommen werden muss, die gerade kein Wissen sein kann.

In der Betonung der Erkenntnisgrenzen jenseits der Sinnlichkeit, der Aufwertung der Moralphilosophie und schließlich auch der Beurteilung der Theologie als eine Art Seelenfriedensstifterin finden sich deutliche Nähen zwischen Dante und Kant. Dantes argumentativer Rückbezug auf die Notwendigkeit einer sinnvollen Einrichtung menschlicher Vermögen jedoch soll im Folgenden schließlich als der gemeinsame Fluchtpunkt beider ungleichartiger Denker entdeckt werden.

---

[15] A. a. O., S. 11 (III, xv).
[16] Ebd.
[17] Mit explizitem Kantbezug schlägt Ruedi Imbach eine Deutung von Dantes Wissenschaftsordnung als *Primat der praktischen Vernunft* vor. Seiner Interpretationslinie ist die vorliegende Danteinterpretation weitestgehend gefolgt. Vgl. RUEDI IMBACH: Einleitung: Ein anderer Dante?, in: DANTE ALIGHIERI: Philosophische Werke in einem Band, übersetzt von THOMAS RICKLIN / DOMINIK PERLER / FRANCIS CHENEVAL, hg. von RUEDI IMBACH, Hamburg 2015, S. VII–XXXVIII, hier: XXXIII.
[18] DANTE, Gastmahl, S. 19f. (II, xiv).

2 Kants Weisheitslehre

In der „Kritik der reinen Vernunft" ist es Kant um die Fragen der Metaphysik und den Bedingungen ihrer Beantwortung zu tun. Dazu zählen die Fragen nach der Existenz Gottes, der Freiheit und der Unsterblichkeit der Seele. Das Ergebnis der Vernunftkritik ist jedoch vor allem die Einsicht der Grenzen spekulativer Vernunft, was das Vertrauen in die Vernunft überhaupt zu zerschlagen droht.[19] Das berühmte Wort Kants „Ich mußte also das Wissen aufheben, um zum Glauben Platz zu bekommen"[20], scheint aus dieser Not eine Tugend machen zu wollen. Was Kant hier meint, erschließt sich allerdings erst durch seine Ausführungen in der „Transzendentalen Methodenlehre". Hier führt Kant die drei berühmten Fragen des Vernunftinteresses ein: *Was kann ich wissen?, Was soll ich tun?* und *Was darf ich hoffen?*, die ihren erst später explizit gemachten Fluchtpunkt in der Frage *Was ist der Mensch?* haben.[21]

Kants Vermessung der menschlichen Erkenntnisvermögen hat hinsichtlich der metaphysischen Fragen des Menschen ein demütigendes Ergebnis zutage gefördert.[22] Erkenntnis erlangt der Mensch nach Kant nur durch das Zusammenspiel von Begriff und Anschauung, von Verstand und Sinnlichkeit. Die übersinnlichen Ideen der Vernunft wie auch der Gottesgedanke sind der Anschauung entzogen und daher auch nicht Gegenstand möglicher Erkenntnis. Kants berühmte Widerlegung der Gottesbeweise demonstriert diese Konsequenz seiner Vernunftkritik. Gott lässt sich folglich nicht beweisen. Allerdings hat die Unmöglichkeit der theoretischen Gotteserkenntnis auch zur Folge, dass sich das Dasein Gottes nicht widerlegen lässt. Die theoretische Frage nach der Existenz Gottes bleibt demnach unentscheidbar.

Die metaphysischen Fragestellungen offen zu lassen, ist nach Kant jedoch keine Option, da sie sich der Vernunft natürlich aufdrängen. Gerade der Übergang zum konkreten Handeln erfordert eine Entschiedenheit der metaphysischen Fragestellungen: „Wenn es nun aber zum Tun und Handeln käme, so würde dieses Spiel der bloß spekulativen Vernunft, wie Schattenbilder eines Traums, verschwinden, und er würde seine Prinzipien bloß nach dem praktischen Interesse wählen."[23] Traditionelle metaphysische Großfragen sind für Kant keineswegs eine Beschäftigungsmaßnahme für die Fachphilosophie, sondern sie begleiten zumindest implizit alles Tun. Inwiefern, zeigt sich auch im Rahmen von Kants Hoffnungskonzeption. Für den theoretischen Vernunftgebrauch verschärft sich dadurch jedoch die Demütigung: „Es ist demütigend für

---

[19] Vgl. IMMANUEL KANT: Kritik der reinen Vernunft [KrV]. Hamburg 1998 (¹1781), A XIII.
[20] A. a. O., B XXX.
[21] „Man könnte alles Anthropologie nennen, weil sich die drei ersten Fragen auf die letztere beziehen". IMMANUEL KANT: Logik, AA 28,533f.
[22] KANT, KrV, 1998, A 795.
[23] A. a. O., A 475.

die menschliche Vernunft, daß sie in ihrem reinen Gebrauche nichts ausrichtet, und sogar noch einer Disziplin bedarf, um ihre Ausschweifungen zu bändigen, und die Blendwerke, die ihr daher kommen, zu verhüten."[24] Spekulativer Vernunftgebrauch kann so nach Kant bestenfalls den Verstand in seine Grenzen zurückverweisen. Angesichts seines natürlichen Hangs über die Erkenntnisgrenzen hinaus Ideen zu bilden, scheint der Mensch hochgradig dysfunktional eingerichtet zu sein.

In einer autobiographischen Notiz beschreibt Kant, wie er selbst voll und ganz einem selbstzweckhaften Wissensstreben folgte, das er als Bestimmung der Menschheit wähnte, ehe er von dieser Auffassung sich hat abrücken lassen.

> Ich bin selbst aus Neigung Forscher, ich fühle den ganzen Durst nach Erkenntnis und die begierige Unruhe, darin weiter zu kommen, oder auch Zufriedenheit bei jedem Erwerb. Es war eine Zeit, da ich glaubte, dieses allein könnte die Ehre der Menschheit ausmachen, und ich verachtete den Pöbel, der von nichts weiß. *Rousseau* hat mich zurecht gebracht.[25]

Am Ende seiner „Abhandlung über die Wissenschaften und die Künste" rief Rousseau aus:

> O Tugend! Du erhabene Wissenschaft einfältiger Seelen, bedarf es denn so vieler Mühen und Anstalten, Dich zu erkennen? Sind Deine Gesetze nicht tief in alle Herzen eingeschrieben, und genügt es da nicht, um Deine Grundregeln zu begreifen, in uns selbst einzukehren und auf die Stimme unseres Gewissens zu hören in der Stille, jenseits der Leidenschaften? Dies ist die wahrhafte Philosophie, geben wir uns damit zufrieden.[26]

Rousseau formuliert hier eine Einsicht, die für Kants kritische Philosophie bestimmend ist. Dem Menschen wohnt natürlich ein moralisches Gesetz inne, „weil es sich für sich selbst uns aufdringt"[27]. Ein kontrovers diskutierter aber schöner Ausdruck dafür ist das Theorem des *Faktums der Vernunft*. Faktum der Vernunft, das meint Tatsache für die Vernunft und Tat der Vernunft zugleich.[28] Der vernünftige Mensch ist sich bewusst, sich selbst immer schon ein Gesetz gegeben zu haben, das ihm als Sollen gegenübersteht. Das moralische Gesetz ist „mit der gröbsten und leserlichsten Schrift in die Seele des Menschen geschrieben"[29]. Es offenbart dem Menschen ein freies und unbedingt wertvolles

---

[24] A. a. O., A 795.
[25] IMMANUEL KANT: Bemerkungen zu den Beobachtungen über das Gefühl des Schönen und Erhabenen, AA 20,44.
[26] JEAN-JACQUES ROUSSEAU: Abhandlung über die Wissenschaften und die Künste, übersetzt von DORIS BUTZ-STRIEBEL / MARIE-LINE PETREQUIN, Stuttgart 2012, S. 79.
[27] IMMANUEL KANT: Kritik der praktischen Vernunft [KpV], AA 5,31.
[28] Vgl. OTFRIED HÖFFE: Kants Kritik der praktischen Vernunft. Eine Philosophie der Freiheit, München 2012, S. 154.
[29] IMMANUEL KANT: Über den Gemeinspruch: Das mag in der Theorie richtig sein, taugt aber nicht für die Praxis, AA 8,287.

Leben, das „ins Unendliche geht"³⁰. Es bleibt demnach zu fragen, „ob sich nicht in ihrer praktischen Erkenntnis Data finden, [...] dem Wunsche der Metaphysik gemäß, über die Grenzen aller möglichen Erfahrung hinaus"³¹ Erkenntnisse zu erlangen.

Auch im Kanonkapitel beruft sich Kant auf „das sittliche Urteil eines jeden Menschen"³², wenn er die Annahme moralischer Gesetze benennt. Moralische Gesetze sollen ohne Rücksicht auf das menschliche Glücksstreben den Freiheitsgebrauch des Menschen bestimmen.³³ Sie sollen unbedingt gelten, also unabhängig von Neigungen, Wünschen und Zielen. Dennoch beantwortet Kant die Frage *Was soll ich tun?* hier mit: „Tue das, wodurch du würdig wirst, glücklich zu sein."³⁴ Die Pointe dabei ist jedoch nicht, dass das Glücksstreben zur Moral führt, sondern dass das Glücksstreben moralisch konditioniert werden soll.³⁵ Durch Moralität soll sich der Mensch des Glückes würdig erweisen. Das führt allerdings zu dem Problem, an welchem sich die Hoffnungsfrage entzündet: „wie, wenn ich mich nun so verhalte, daß ich der Glückseligkeit nicht unwürdig sei, darf ich auch hoffen, ihrer dadurch teilhaftig werden zu können?"³⁶

Die Hoffnungsfrage entsteht für Kant angesichts eines Missverhältnisses von Glückswürdigkeit und Glückseligkeit. Die faktische Welt zeugt von leidenden Gerechten und glücklichen Schurken. Die Glückswürdigen sind keineswegs immer glückselig. Dem gegenüber stellt Kant das Ideal einer *moralischen Welt*, das von allen Hindernissen der Moralität abstrahiert.³⁷ In einer solchen Welt wäre das Glück in genauem Ebenmaß entsprechend der Glückswürdigkeit verteilt, weil Menschen selbst prinzipiengeleitet die Urheber ihrer und anderer Wohlfahrt wären.³⁸ Eine so gedachte moralische Welt wäre ein „System der sich selbst lohnenden Moralität"³⁹. Erst diese gleichmäßige, gerechte und sichere Austeilung des Glücks verleiht der Moral Ziel und Zweck, die Kant das „höchste Gut" nennt. Erfolg kann Moral dann haben, wenn die Glückswürdigen durch sie auch glücklich werden. Ohne die Möglichkeit einer Realisierung dieses Ziels wären „die moralischen Gesetze als leere Hirngespinste anzusehen"⁴⁰.

---

30 KANT, KpV, AA 5,290.
31 A. a. O., B XXI.
32 KANT, KrV, 1998, A 807.
33 Vgl. ebd.
34 A. a. O., A 808f.
35 Vgl. GÜNTER ZÖLLER: Hoffen – Dürfen. Kants kritische Begründung des moralischen Glaubens, in: Glauben und Vernunft in der Philosophie der Neuzeit. Festschrift für Robert Theis, hg. von DIETMAR H. HEIDEMANN / RAOUL WEICKER, Hildesheim 2013, S. 245–257, hier: 250.
36 KANT, KrV, 1998, A 809.
37 Vgl. a. a. O., A 808.
38 Vgl. a. a. O., A 809.
39 Ebd.
40 A. a. O., A 811.

Die Idee des höchsten Guts stellt das moralische Handeln in einen Sinnhorizont.[41]

Nur hängt die Möglichkeit der Realisierung des höchsten Guts von Bedingungen ab, die der Mensch nicht garantieren kann. Seine Sterblichkeit steht dem im Weg. Außerdem hängt die Möglichkeit der moralischen Welt auf Erden von der Natur ab. Doch gerade diese stellt sich uns immer wieder als lebensfeindlich dar, zum einen durch Naturkatastrophen, zum anderen in einem Hang der menschlichen Natur zu Krieg und Gewalt. Wenn das höchste Gut möglich sein soll, braucht es eine höchste moralische Vernunft als Ursache der Natur, die die Natur so eingerichtet hat, dass sie aufs Ganze gesehen eine moralische Welt möglich macht und vielleicht auch zu ihr führt. Es braucht demnach einen moralischen Schöpfergott. Wenn der Mensch an dem Ziel dieses Prozesses hin zu einer moralischen Welt auch teilhaben soll, braucht er eine unsterbliche Seele. „Gott also und ein künftiges Leben, sind zwei von der Verbindlichkeit, die uns reine Vernunft auferlegt."[42] Diese beiden *Glaubensartikel*, wie Kant sie nennt, braucht es, um das höchste Gut für möglich zu halten.

Die Bestimmung beider Hoffnungen als Glaubensartikel ist zentral. „Glauben ist ein mit Bewusstsein subjektiv zureichendes und objektiv unzureichendes Fürwahrhalten."[43] Glauben ist also kein Wissen, da es objektiv nicht gewiss ist. Zwar muss es mit verfügbarem Wissen vereinbar sein, kann aber nicht andemonstriert oder geboten werden.[44] Glauben hat dem bloßen Meinen wiederum eine subjektive Gewissheit voraus, die aus der moralischen Gesinnung erwächst, so Kant, „weil [sonst] meine sittliche[n] Grundsätze selbst umgestürzt werden würden, denen ich nicht entsagen kann, ohne in meinen Augen verabscheuungswürdig zu sein."[45] Denn: Wäre das höchste Gut als entscheidendes Ziel der moralischen Selbstbestimmung unmöglich, könnte eine moralische Gesinnung nicht mit Sinn und Ziel verbunden werden. Hoffnung als moralischer Glaube entspringt demnach einem Bedürfnis der Vernunft. Diesem spricht Kant das „*Recht des Bedürfnisses* der Vernunft"[46] zu, das gerade dann greifen soll, wenn prinzipiell kein Wissen möglich ist, wie gerade hinsichtlich des Daseins Gottes. Wie ist dieses Bedürfnis allerdings genau zu begreifen, wenn Kant aus ihm ein Recht auf Glauben abzuleiten meint?

In der „Kritik der reinen Vernunft" steht zunächst im Vordergrund, dass es einer *Triebfeder* zur Aneignung einer moralischen Gesinnung bedarf. Wenngleich Kant überzeugt ist, dass die moralischen Gesetze allein durch Vernunft gelten und inhaltlich bestimmt sind, ist damit keineswegs schon erreicht, dass

---

[41] Vgl. MICHAEL CONRADT: Der Schlüssel zur Metaphysik. Zum Begriff rationaler Hoffnung in Kants kritischer Moral- und Religionsphilosophie, Tübingen 1999, S. 108.
[42] KANT, KrV, 1998, A 811.
[43] Vgl. a. a. O., A 822.
[44] „Ein Glaube, der geboten wird, ist ein Unding." KANT, KpV, AA 5,260.
[45] KANT, KrV, 1998, A 828.
[46] IMMANUEL KANT: Was heißt: sich im Denken orientieren?, AA 8,137.

Menschen tatsächlich den moralischen Standpunkt für sich einnehmen und moralisch handeln. Die Hoffnung auf Gott und eine moralische Welt verbindet moralische Gesetze mit „Verheißungen und Drohungen"[47], die dem Menschen eine angemessene Erfüllung seiner Bestimmung in Aussicht stellen.

> „Ohne also einen Gott und eine für uns jetzt nicht sichtbare, aber gehoffte Welt sind die herrlichen Ideen der Sittlichkeit zwar Gegenstände des Beifalls und der Bewunderung, aber nicht Triebfedern des Vorsatzes und der Ausübung, weil sie nicht den ganzen Zweck, der einem jeden vernünftigen Wesen natürlich und durch eben dieselbe reine Vernunft a priori bestimmt und notwendig ist, erfüllen."[48]

Gotteshoffnung soll letztlich zur Aneignung einer moralischen Gesinnung anleiten. Diese Triebfedernfunktion der Gotteshoffnung krankt allerdings an einem grundliegenden Problem: Die Hoffnung auf Gott soll als Triebfeder zur Ausbildung einer moralischen Gesinnung anleiten. Aber umgekehrt soll auch die moralische Gesinnung zur Ausbildung einer Hoffnung auf Gott anleiten. Kants Argumentation ist hier zirkulär. Kant selbst reagiert auf diesen Einwand, indem er in der „Grundlegung zur Metaphysik der Sitten" das vernunftgewirkte Gefühl der *Achtung vor dem Gesetz* als Triebfeder zur Moral einführt.[49] Gotteshoffnung braucht es nicht mehr zur Initiation zur Moralität. Aber dennoch meint Kant weiterhin: „Moral [...] führt unumgänglich zur Religion"[50]. Grund dafür ist nach wie vor das Interesse der moralischen Selbstverpflichtung an ihren Resultaten und dem Ziel des höchsten Guts.

Hierfür lassen sich mehrere Begründungswege im kantischen Werk ausmachen, die jeweils ein potenzielles „Hinderniß der moralischen Entschließung"[51] zu vermeiden suchen. So hat z. B. die Vernunft ein Interesse an dem, was bei dem moralischen Handeln herauskommt, weil sie ein Interesse an der Wirksamkeit der Freiheit in der Welt hat. Ist eine Realisierung des höchsten Guts nicht denkbar, werden nämlich „Zweifel an der Wirklichkeit der Freiheit genährt"[52]. Im Folgenden greife ich allerdings einen anderen Begründungsstrang Kants heraus, der auf eine Absurdität einer moralischen Selbstverpflichtung angesichts eines sinnleeren Universums abhebt. Kant führt dies in einer Passage mit geradezu existentialistischem Gewicht vor Augen:

---

[47] KANT, KrV, 1998, A 811.
[48] A. a. O., A 813.
[49] Entscheidend wurde dieser Einwand von Christian Garve gegenüber Kant geltend gemacht. Dazu vgl. ECKART FÖRSTER: „Was darf ich hoffen?" Zum Problem der Vereinbarkeit von theoretischer und praktischer Vernunft bei Immanuel Kant, in: Zeitschrift für philosophische Forschung 46 (1992), S. 168–185, hier: 175.
[50] IMMANUEL KANT: Religion, AA 6,6.
[51] Ebd.
[52] BURKHARD NONNENMACHER: Vernunft und Glaube bei Kant. Collegium Metaphysicum Bd. 20, Tübingen 2018, S. 44. Für eine Analyse der Begründungswege vgl. a. a. O., S. 37–61.

> „Wir können also einen rechtschaffenen Mann [...] annehmen, der sich fest überredet hält, es sei kein Gott und [...] auch kein künftiges Leben; wie wird er seine eigene innere Zweckbestimmung durch das moralische Gesetz, welches er tätig verehrt, beurteilen? Er verlangt von Befolgung desselben für sich keinen Vorteil [...]; uneigennützig will er vielmehr nur das Gute stiften, wozu jenes heilige Gesetz allein seinen Kräften die Richtung gibt. Aber sein Bestreben ist begrenzt; und von der Natur kann er zwar hin und wieder einen zufälligen Beitritt, niemals aber eine gesetzmäßige und nach beständigen Regeln [...] eintreffende Zusammenstimmung zu dem Zwecke erwarten, welchen zu bewirken er sich doch verbunden und angetrieben fühlt. Betrug, Gewalttätigkeit und Neid werden immer um ihn im Schwange gehen, ob er gleich selbst redlich, friedfertig und wohlwollend ist; und die Rechtschaffenen, die er außer sich noch antrifft, werden unangesehen aller ihrer Würdigkeit, glücklich zu sein, dennoch durch die Natur, die darauf nicht achtet, allen Übeln Mangels, der Krankheiten und des unzeitigen Todes gleich den übrigen Tieren der Erde unterworfen sein und es auch immer bleiben, bis ein weites Grab sie insgesamt [...] verschlingt und sie, die da glauben konnten Endzweck der Schöpfung zu sein, in den Schlund des zwecklosen Chaos der Materie zurückwirft, aus dem sie gezogen waren."[53]

Kant schildert hier in düsteren Farben das Szenario des Rechtschaffenen, der zugleich die Unmöglichkeit des höchsten Guts einräumen müsse, da er auf die beiden Glaubensartikel der rationalen Hoffnung, Gott und künftiges Leben, verzichtet. Das sittliche Streben nach einer moralischen Welt erscheint dabei als absurd, da es sich eigenmächtig als Endzweck an ein lebensfeindliches, sinnleeres und gegenüber jeglicher Form der Moral gleichgültiges Universum heranzutragen trachtet, das angesichts seiner Endlichkeit vollkommen vergeblich erscheint. Gegenüber einer solchen Absurdität ist es ein Bedürfnis der Vernunft zu hoffen, sodass der Achtung vor dem Gesetz kein Abbruch getan wird. Das ganze Geschäft der Vernunft droht sonst absurd zu werden, die eigene Freiheitserfahrung bliebe ohne Sinn.

Mir scheint, dass Kant hier wie auch schon Dante letztlich einen Sinnvorschuss für die Einrichtung der menschlichen Vermögen als argumentative Ressource in Anspruch nimmt. Ganz so, wie auch Dante das menschliche Wissensstreben um der sinnvollen Einrichtung des Menschen willen begrenzt, reflektiert Kant auf die Einrichtung der menschlichen Vermögen und ihrem Sinn für die Bestimmung des Menschen. Der vernünftige Mensch muss mit seiner moralischen Selbstbestimmung irgendwie in die Natur und zwar auch in seine eigene Natur passen. Einen derartigen Sinnvorschuss sehe ich z. B. in Kants „Grundlegung" explizit formuliert: „In den Naturanlagen eines organisierten, d.i. zweckmäßig zum Leben eingerichteten Wesens nehmen wir es als Grundsatz an, daß kein Werkzeug zu irgendeinem Zwecke in demselben angetroffen werde, als was auch zu demselben das schicklichste und ihm am meisten angemessen ist."[54] Es gilt also als Aufgabe sich einen Reim auf den Men-

---

[53] IMMANUEL KANT: Kritik der Urteilskraft [KdU]. Hamburg 2009, S. B 427f.
[54] IMMANUEL KANT: Grundlegung zur Metaphysik der Sitten, AA 4,395.

schen als ein Wesen zu machen, das sowohl Neigungen hat, die es zu erfüllen sucht, und so Glückseligkeit anstrebt, als auch mit einer praktischen Vernunft ausgestattet ist, dessen moralische Gesetze es nur ungern bricht.[55] Kant zeichnet ein ausgesprochen ambivalentes Bild einer inneren Zerrissenheit. Der Mensch kann weder ganz auf sein natürliches Glücksstreben verzichten, noch kann er sein moralisches Gewissen gänzlich beiseiteschieben, ohne Selbstverachtung hervorzurufen. Das Streben nach dem höchsten Gut erscheint als einzige Möglichkeit einer wirklichen Befriedung des Streits zwischen dem Glücks- und Sittlichkeitsstreben.

In dem Abschnitt „Von der praktischen Bestimmung des Menschen weislich angemessenen Proportion seiner Erkenntnisvermögen" erblickt Kant den Wert der menschlichen Vermögensstruktur gerade in der Befähigung zur *freien* Erfüllung seiner Bestimmung. Hätte er unbegrenztes Wissen, wäre sein Tun nicht moralisch wertvoll, sondern ein „Marionettenspiel [... und] in den Figuren kein Leben anzutreffen"[56]. Im Gegenzug bedarf der begrenzt wissende Mensch einer Orientierung für sein Denken jenseits der Erkenntnisgrenzen. Diese soll der vernünftige Glaube, welcher sich aus der moralischen Gewissheit auskristallisiert, in einer Form bieten, welche der Bestimmung des Menschen angemessen ist.[57]

Der Vernunftglaube an Gott und die Unsterblichkeit der Seele ist nötig, um den Sinnvorschuss, den Kant der Einrichtung der menschlichen Vermögen gibt, einzuholen. Die Möglichkeit des höchsten Gutes als Bestimmung des Menschen verleiht dem moralischen Streben eines endlichen Vernunftwesens Sinn. Erst dies verheißt dem Menschen vollständige Harmonie seiner Interessen und Vermögen:

> „Denn da wird Gott durch unsere Vernunft selbst der Ausleger seines durch die Schöpfung verkündigten Willens [...]. Das ist aber alsdann nicht Auslegung einer vernünftelnden (spekulativen), sondern einer machthabenden praktischen Vernunft, die, so wie sie ohne weitere Gründe im Gesetzgeben schlechthin gebietend ist, als die unmittelbare Erklärung und Stimme Gottes angesehen werden kann, durch die er dem Buchstaben seiner Schöpfung einen Sinn gibt."[58]

Es ist ein Rekurs auf die (Moral-)Theologie, die es Kant letztlich erlaubt, Moral- und Glücksstreben sowie theoretischen und praktischen Vernunftgebrauch in

---

[55] „Der Mensch aber findet sich doch als moralisches Wesen zugleich [...] heilig genug, um das innere Gesetz ungern zu übertreten; denn es gibt keinen so verruchten Menschen, der bei dieser Übertretung sich nicht einen Widerstand fühlte und eine Verabscheuung seiner selbst, bei der er sich selbst Zwang antun muß." KANT, Metaphysik der Sitten, AA 6,380.
[56] KANT, KpV, AA 5,265.
[57] Vgl. KANT, Was heißt: sich im Denken orientieren?, AA 8,142.
[58] IMMANUEL KANT: Über das Misslingen aller philosophischen Versuche in der Theodizee, AA 8,264.

Harmonie zu bringen. Anders ausgedrückt: Erst der Vernunftglaube stellt die Wirklichkeit in ein Licht, das die moralische Selbsterkenntnis des Menschen in seine Weltanschauung fügt. Glaube ist für Kant „ein Vertrauen auf die Verheißung des moralischen Gesetzes"[59]. Erst so passt ein endliches Vernunftwesen mit seiner Freiheit in die Welt, nämlich dann, wenn er sie nicht nur als Natur, sondern auch als Schöpfung betrachtet. So motiviert Kant auch schließlich das Primat der praktischen Vernunft: „[S]o ist die letzte Absicht der weislich uns versorgenden Natur, bei der Einrichtung unserer Vernunft, eigentlich nur aufs Moralische gestellet."[60]

3 Theologie und der Sinn der Moral

Will man die menschliche Vermögensarchitektur als sinnvolle Einrichtung beurteilen, braucht es sowohl nach Dante als auch nach Kant ein Primat der praktischen Vernunft. Beide betonen die Grenzen des menschlichen Wissensstrebens und nutzen sie als Indiz dafür, dass die Bestimmung des Menschen wesentlich durch praktische Motive formuliert werden muss. Dabei macht Dante explizit einen Sinnvorschuss gegenüber der menschlichen Natur argumentativ geltend. Wenngleich Welten zwischen Dante und Kant liegen, was der Vergleichbarkeit beider Denker Grenzen setzt, zeigt sich an dieser Stelle eine Analogie. Auch Kant macht einen Sinnvorschuss gegenüber der menschlichen Natur geltend. Kant zeigt dabei ein existentiell vertieftes Verständnis der menschlichen Freiheit, das in Spannung zu der vermeintlichen Absurdität des freien Lebens in einem sinnleeren und moralisch indifferenten Universum gerät. Der Vernunftglaube an Gott und die Unsterblichkeit der Seele schließlich erlaubt es, den Menschen als ein Geschöpf zu betrachten, das mitsamt seinem moralischen Selbstverständnis in die Welt passt, obwohl sowohl die umgebende Natur als auch die Natur des Menschen auf den ersten Blick viele Widrigkeiten zeigt. Auf diese Weise wird die moralische Selbstverpflichtung in einen Sinnhorizont gestellt, der durch das Ideal des höchsten Guts seinen Ausdruck findet. Wenngleich Kant mit guten Gründen davon abrückt, die Gotteshoffnung als den entscheidenden Antrieb zur Ausbildung einer moralischen Gesinnung anzusehen, hält er daran fest, dass die Gotteshoffnung ein moralisches Selbstverständnis eines endlichen Wesens plausibilisiert.

Die Theologie übernimmt bei Kant eine notwendige Funktion für die Anwendung der Moralphilosophie auf endliche Wesen. Damit werden Theologie und Moralphilosophie eng aneinandergebunden. Dies sollte jedoch nicht vorschnell als eine einseitige Reduktion der Religion auf Moral verstanden werden. Im Gegenteil ist es Ausdruck eines vertieften Verständnisses der Moral-

---

[59] KANT, KdU, 2009, B 462.
[60] KANT, KrV, 1998, A 801.

philosophie. „Moralphilosophie ist [...] von Kant umfassend verstanden: als Philosophie vom Endzweck des Menschen, als Philosophie der Freiheit zur Verwirklichung dieses Endzwecks in einem guten Leben und damit als ‚praktische' Philosophie im eminenten Sinne, nämlich als Weisheitslehre."[61] Der kantischen Moralphilosophie ist es auch um eine Auslegung der menschlichen Freiheit als sinnerfülltes ins Unendliche gehende Leben zu tun. Theologie tritt dabei als eine Voraussetzung auf, um die Sinnimplikationen des freien und damit moralischen Handelns in einer Weise zu explizieren, dass Freiheit und Natur letztlich ineinanderpassen. In ihr ist es darum zu tun, dasjenige Vertrauen zu explizieren, welches moralisches Handeln in der Welt notgedrungen voraussetzt, will es Erfolg haben können. Theologie soll es möglich machen, Weltanschauung und moralisches Selbstverständnis miteinander zu versöhnen, um so dem *Buchstaben der Schöpfung* durch Sittlichkeit einen Sinn zu geben. So mag schließlich auch für Kant gelten: Sittlichkeit ist die Schönheit der Philosophie.

Welche Schlussfolgerungen aus diesen Überlegungen für die Relevanz der Theologie im Einzelnen heute folgen, bedarf einer genaueren Prüfung, als sie hier möglich ist. Man wird zumindest gegenüber der Überzeugungskraft einer Denknotwendigkeit Gottes für ein moralisches Selbstverständnis Skepsis anmelden dürfen. Dabei darf jedoch nicht vergessen werden, dass Kant diese Überlegungen immer in der epistemischen Einstellung der subjektiven Gewissheit des Einzelnen vorführt, die gerade keinen Anspruch auf Beweisbarkeit haben kann und braucht. Vielmehr gibt Kant ein beredtes Beispiel dafür, inwiefern die Theologie helfen kann, Sinnimplikationen der je eigenen Freiheitserfahrung zu explizieren. Die theologische Reflexion vermag Moralphilosophie in einem vertieften Sinn als umfassende Weisheitslehre zu begreifen, die sich gerade nicht auf die Begründungsdiskurse moralischer Urteile reduzieren lässt, sondern Motivation und existentielle Plausibilität moralischer Selbstverpflichtung in den Blick nimmt. Die theologische Theoriebildung in Geschichte und Gegenwart stellt dafür Sprachformen, gedankliche Ressourcen und kulturelle Erfahrungen bereit. Die Gewissheit und die Plausibilitäten dieser Anschauungsform haften allerdings nicht objektiv an diesen Sprachformen und kulturellen Erfahrungen, sondern bedürfen einer Renaissance im Einzelnen.

Literatur

ALIGHIERI, DANTE: Commedia. In deutscher Prosa von Kurt Flasch, Frankfurt a. M. ⁴2012.
ALIGHIERI, DANTE: Das Gastmahl (*Convivio*), in: DERS.: Philosophische Werke in einem Band, übersetzt von THOMAS RICKLIN / DOMINIK PERLER / FRANCIS CHENEVAL, hg. von RUEDI IMBACH, Hamburg 2015.

---

[61] REINER WIMMER: Kants kritische Religionsphilosophie, Berlin / New York 1990, S. 22.

ARISTOTELES: Metaphysik, übersetzt von HERMANN BONITZ, Reinbeck bei Hamburg (1966) ³2002.
CONRADT, MICHAEL: Der Schlüssel zur Metaphysik. Zum Begriff rationaler Hoffnung in Kants kritischer Moral- und Religionsphilosophie, Tübingen 1999.
FÖRSTER, ECKART: „Was darf ich hoffen?" Zum Problem der Vereinbarkeit von theoretischer und praktischer Vernunft bei Immanuel Kant, in: Zeitschrift für philosophische Forschung 46 (1992), S. 168–185.
HÖFFE, OTFRIED: Kants Kritik der praktischen Vernunft. Eine Philosophie der Freiheit, München 2012.
IMBACH, RUEDI: Einleitung: Ein anderer Dante?, in: DANTE ALIGHIERI: Philosophische Werke in einem Band, übersetzt von THOMAS RICKLIN / DOMINIK PERLER / FRANCIS CHENEVAL, hg. von RUEDI IMBACH, Hamburg 2015, S. VII–XXXVIII.
KANT, IMMANUEL: Gesammelte Schriften, Bd. 1–22 hg. von der Königlich Preußischen Akademie der Wissenschaften, Bd. 23 hg. von der Deutschen Akademie der Wissenschaften zu Berlin, ab Bd. 24 hg. von der Akademie der Wissenschaften zu Göttingen, Berlin 1900ff.
KANT, IMMANUEL: Kritik der reinen Vernunft, Hamburg 1998 (¹1781).
KANT, IMMANUEL: Kritik der Urteilskraft, Hamburg 2009 (¹1790).
NONNENMACHER, BURKHARD: Vernunft und Glaube bei Kant. Collegium Metaphysicum Bd. 20, Tübingen 2018.
ROUSSEAU, JEAN-JACQUES: Abhandlung über die Wissenschaften und die Künste, übersetzt von DORIS BUTZ-STRIEBEL / MARIE-LINE PETREQUIN, Stuttgart 2012.
WIMMER, REINER: Kants kritische Religionsphilosophie, Berlin / New York 1990.
ZÖLLER, GÜNTER: Hoffen – Dürfen. Kants kritische Begründung des moralischen Glaubens, in: Glauben und Vernunft in der Philosophie der Neuzeit. Festschrift für Robert Theis, hg. von DIETMAR H. HEIDEMANN / RAOUL WEICKER, Hildesheim 2013, S. 245–257.

Vater, Schöpfer und „Over-Soul"

Gottesvorstellungen von Ralph Waldo Emerson

Megan Arndt

Die Frage nach Gott und wie der Mensch ihn versteht, ist eine der ureigensten Fragen christlicher Theologie. Die vielfältigen Zugänge zu dieser Frage, die sich in einer pluralistischen, individualisierten und globalisierten Gesellschaft ergeben, bedürfen einer systematisch-theologischen Reflexion. Da eine theologische Analyse gegenwärtiger Zugänge besonders herausfordernd ist, kann der Anlaufweg über eine vergangene Position hilfreich sein, um einen möglichst objektiven und differenzierten Blick zu bewahren. Ralph Waldo Emersons theologische Ansichten bieten genügend Abstand zur Gegenwart und zum deutschsprachigen Raum, um verhältnismäßig distanziert betrachtet zu werden. Zugleich zeigt die Entwicklung seines individualisierten Zugangs zum Gottesbild zahlreiche Anknüpfungspunkte zur gegenwärtigen Theologie. Entsprechend bietet sich hier die Chance, einen hierzulande theologisch wenig erschlossenen Denker kennenzulernen und an den Herausforderungen der Gegenwart zu messen.

1 Biografischer Hintergrund, theologische Ausbildung und Quellenlage

In der Literatur- und auch der Philosophiegeschichte Nordamerikas führt kein Weg an Ralph Waldo Emerson vorbei.[1] Doch im deutschsprachigen Raum ist der Vorzeigeintellektuelle der USA nicht als bekannt vorauszusetzen, auch nicht unter Theologinnen und Theologen. Um seine theologischen Positionen einordnen zu können und deren Hintergründe zu verstehen, sind hier einige biografische Informationen an den Anfang gestellt.[2]

Emerson lebte von 1803 bis 1882 in Boston und in der kleineren, naheliegenden Stadt Concord. Er stammte aus einer Familie, in der das Pfarramt eine

---

[1] Vgl. HAROLD BLOOM: Introduction, in: Ralph Waldo Emerson, hg. von DERS., New York 2007, S. xi–xiv, hier: xi.
[2] Vgl. zu den allgemeinen biografischen Informationen in den folgenden Abschnitten ROBERT D. RICHARDSON JR.: Emerson. The Mind on Fire, Berkeley / Los Angeles / London 1995 und LAWRENCE BUELL: Emerson, Cambridge, Mass. / London 2003.

lange Tradition hatte. Auch sein Vater William Emerson war Pfarrer der Unitarischen Kirche, starb allerdings bereits, als Emerson acht Jahre alt war. Infolgedessen wurde Emersons Tante Mary Moody Emerson eine wichtige Person in seiner theologischen Bildung. Theologisch ist seine Tante, sofern man sie einer Denomination zuordnen möchte, am ehesten als Calvinistin zu bezeichnen.[3]

Von 1817 bis 1821 studierte Emerson am Harvard College, währenddessen arbeitete er zur Finanzierung seines Studiums und zur Unterstützung seiner Familie als Lehrer. 1825 setzte er seine Studien an der Harvard Divinity School fort. Dort hatte es zuvor Machtkämpfe zwischen unitarischen und konservativeren Theologen gegeben, in deren Verlauf die Unitarier es schafften, die wichtigsten Professoren zu besetzen.[4]

Emersons theologische Ausbildung wurde demnach in erster Linie von unitarischen Lehrern geprägt. Er beschäftigte sich im Rahmen seines Studiums mit Werken der Vertreter der natürlichen Theologie William Paley und Joseph Butler, die ein offenbartes Christentum mit Wissenschaft und natürlicher Religion kompatibel sahen,[5] er lernte den historisch-kritischen Zugang zu Bibeltexten kennen[6] und kam in Kontakt mit Vertretern des Deutschen Idealismus. Er las Texte des frühen Friedrich Schleiermacher und war ein Verehrer Johann Wolfgang von Goethes.[7]

Im Jahr 1826 begann Emerson in verschiedenen Gemeinden zu predigen und wurde schließlich Pfarrer der unitarischen „Second Church" in Boston,

---

[3] Vgl. DAVID M. ROBINSON: The Sermons of Ralph Waldo Emerson. An Introductory Historical Essay, in: The Complete Sermons of Ralph Waldo Emerson. In Four Volumes (1), hg. von ALBERT J. VON FRANK, Columbia 1989, S. 1–32, hier: 3.

[4] Zum Einfluss der Unitarier in Harvard und zur Gründung einer konservativeren Ausbildungsstätte in Andover als Gegenreaktion vgl.: SYDNEY E. AHLSTROM: A Religious History of the American People, New Haven / London 1972, S. 393f.

[5] Vgl. DAVID ROBINSON: Emerson's Natural Theology and the Paris Naturalists. Toward a Theory of Animated Nature, in: Journal of the History of Ideas 41/1 (1980), S. 69–88, hier: 71 und RICHARDSON, Emerson, 1995, S. 6–10.

[6] Dass Emerson sich damit beschäftigte, zeigen seine späteren *Vestry Lectures*, in denen er seiner Gemeinde die Fragestellungen der damaligen historisch-kritischen Exegese darlegte, vgl. KENNETH WALTER CAMERON (Hg.): The Vestry Lectures and a Rare Sermon, Hartford, Conn. 1984.

[7] Vgl. ROBERT D. RICHARDSON JR.: Schleiermacher and the Transcendentalists, in: Transient and Permanent. The Transcendentalist Movement and Its Contexts (Studies in American History and Culture 5), hg. von CHARLES CAPPER und CONRAD EDICK WRIGHT, Boston 1999, S. 121–147 und THOMAS KRUSCHE: R. W. Emersons Naturauffassung und ihre philosophischen Ursprünge. Eine Interpretation des Emersonschen Denkens aus dem Blickwinkel des deutschen Idealismus (Mannheimer Beiträge zur Sprach- und Literaturwissenschaft 12), Tübingen 1987, S. 135–145.
Auch über sein Studium hinaus wurde Emerson von diesen Richtungen geprägt, nachvollziehbar ist das in seinen Tagebüchern, vgl. WILLIAM H. GILMAN u. a. (Hg.): The Journals and Miscellaneous Notebooks of Ralph Waldo Emerson, Cambridge, Mass. / London 1960–1982.

erst als Junior Pastor neben Henry Ware Jr., später als Senior Minister. Dazu wurde er von seiner Gemeinde mit großer Mehrheit gewählt.[8] Emerson hielt insgesamt etwa 170 verschiedene Predigten, die fast alle vollständig erhalten sind.[9] Das ist insofern hervorzuheben, weil die Predigten eine der wichtigsten Quellen sind, um Emersons Theologie zu rekonstruieren, denn Emerson verfasste selbst keine systematischen Texte.[10] Emerson empfand es zum Teil als sehr herausfordernd, jeden Sonntag zu predigen. Er schrieb in seinem Tagebuch von dem Zeitdruck, am Samstagabend die Predigt fertigzustellen und notfalls auch eine nicht bis ins Detail ausgefeilte Version verwenden zu müssen.[11] Aber tatsächlich verfasste er nicht jede Woche eine neue Predigt, sondern verwendete fast alle seiner Predigten mehrmals,[12] „Sermon CLX" beispielsweise hielt er 19 Mal in unterschiedlichen Jahren und Gemeinden.[13] Obwohl Emersons Selbstbeschreibung zu verstehen gibt, dass er nicht mit allen unter Zeitdruck entstandenen Predigten zufrieden war, ist anzunehmen, dass er die in den Predigten präsentierten Inhalte tatsächlich vertrat. Das ist jedenfalls für die Predigten offensichtlich, die er wiederholt und über Jahre hinweg hielt. Als ergänzende Quellen, um Emersons theologische Vorstellungen herauszuarbeiten, können seine Tagebucheintragungen dienen[14] und auch die erhaltenen Briefwechsel.[15]

1832 legte Emerson sein Pfarramt nach nur wenigen Amtsjahren nieder. Der offizielle Grund hierfür war sein nicht mehr mit der Gemeinde kompatibles Abendmahlsverständnis.[16] Darüber hinausgehend gab es weitere auslösende

---

[8] Vgl. JACOB FRANK SCHULMAN: Emerson and the Ministry. The Minns Lectures, delivered at the First Parish. Concord, Mass. / Houston, Texas 1983, S. 27.

[9] Vgl. ALBERT J. VON FRANK (Hg.): The Complete Sermons of Ralph Waldo Emerson. In Four Volumes, Columbia / London 1989-1992.

[10] Dass dennoch nicht unberücksichtigt bleiben darf, dass Predigten eine speziell auf die Gemeinde ausgerichtete Gattung sind, ist offenkundig.

[11] Vgl. GARY RICHARD HALL: Emerson and the Bible. Transcendentalism as Scriptural Interpretation and Revision (Diss.) (UMI 8919917), Los Angeles / Ann Arbor, MI 1989, S. 287.

[12] Ausgenommen sind Predigten zu speziellen Anlässen, bspw. RALPH WALDO EMERSON: Sermon CLXX. Colossians 3:2, in: The Complete Sermons of Ralph Waldo Emerson. In Four Volumes (4), hg. von WESLEY T. MOTT, Columbia / London 1992, S. 236-243.

[13] Vgl. RALPH WALDO EMERSON: Sermon CLX. Colossians 1:9-10, in: The Complete Sermons of Ralph Waldo Emerson. In Four Volumes (4), hg. von WESLEY T. MOTT, Columbia / London 1992, S. 171-177.

[14] Vgl. GILMAN u. a., The Journals, 1960-1982.

[15] Eine Auswahl der Briefe bietet JOEL MYERSON (Hg.): The Selected Letters of Ralph Waldo Emerson, New York 1997.

[16] Emerson sah das Abendmahl nicht als von Jesus als dauerhafte Institution initiiert, sondern als einmaliges Abschiedsmahl und somit schon von seiner Entstehung her als Ritual nicht legitimiert. Noch wichtiger war für ihn die Tatsache, dass er das Ritual als gegenwärtig nicht sinnstiftend empfand, es sei leere Form. Daher wollte er es nicht mehr durchführen. Diese Argumente legte Emerson in einer Predigt vor seiner Gemeinde dar, vgl. RALPH WALDO EMERSON: Sermon CLXII. Romans 14:17, in: The Complete Sermons of

Faktoren, unter anderem Zweifel an seiner Eignung für einige Aufgaben des Pfarramtes wie Gemeindebesuche oder Beerdigungen.[17] Beeinflusst wurde Emersons Entscheidung auch durch den frühen Tod seiner ersten Ehefrau Ellen Louisa Tucker Emerson. Sie starb im Februar 1831 mit 19 Jahren an Tuberkulose. Dieser Verlust löste bei Emerson Glaubenszweifel und eine persönliche Krise aus.

Ein weiterer theologischer Grund für Emersons Abwendung vom Pfarramt war seine wachsende Skepsis gegenüber konfessionellen Eingrenzungen und die damit verbundene Hinwendung zur Idee einer Universalreligion. Sein Weg, zur Erkenntnis zu kommen, führte immer mehr über das Innere. Die Bedeutung biblischer Texte trat zurück hinter die Erkenntnis, die der Mensch durch das Hören auf seine eigene innere Stimme erlangen kann. Dementsprechend wird Emersons erstarkender Individualismus als ein entscheidender Grund für seine Amtsniederlegung angesehen.[18] Nicht die Gemeinschaft der Glaubenden in der Gemeinde war für ihn das Wichtigste, sondern der unmittelbare Zugang zu Gott – ohne Vermittlung durch Institutionen oder Traditionen.

Nach seiner Amtsniederlegung hielt Emerson weiterhin Predigten, bis ins Jahr 1838 hinein. Zum großen Teil waren dies dieselben Predigten, die er vor seiner Amtsniederlegung bereits gehalten hatte. Das zeigt, dass mit seiner Amtsniederlegung kein plötzlicher radikaler theologischer Wandel einherging, vielmehr gab es viele Kontinuitäten zu den theologischen Vorstellungen, die er während seines Pfarramtes vertrat.[19]

Nach der Zeit als Pfarrer und Prediger arbeitete Emerson vor allem als Autor und Redner. Eines seiner bekanntesten Werke ist das 1836 veröffentlichte „Nature".[20] Die Rede, die zu seiner Zeit die meisten Kontroversen auslöste, war die 1838 gehaltene „Divinity School Address".[21] Unter anderem wurde ihm

---

Ralph Waldo Emerson. In Four Volumes (4), hg. von WESLEY T. MOTT, Columbia / London 1992, S. 185–194.

[17] Vgl. auch zu weiteren Gründen SCHULMAN, Emerson and the Ministry, 1983, S. 29–32 und RICHARD EUGENE HOFFMAN: Ralph Waldo Emerson. His Reasons for Leaving the Ministry (Diss.) (UMI 9011620), Ann Arbor, MI 1995.

[18] Vgl. a. a. O., S. 165–172.

[19] Diese Kontinuitäten Emersons zum Unitarismus wurden in der Forschung lange Zeit nicht gewürdigt, vgl. JANE E. ROSECRANS: From Sermon to Scripture. Emerson's Unitarian Legacy (Diss.) (UMI 9970929), New York / Ann Arbor, MI 2000, S. 1–40.

[20] RALPH WALDO EMERSON: Nature, in: Nature, Addresses and Lectures (The Collected Works of Ralph Waldo Emerson 1), hg. von ALFRED R. FERGUSON und ROBERT E. SPILLER, Cambridge, Mass. 1971, S. 1–45.

[21] RALPH WALDO EMERSON: The Divinity School Address, in: Nature, Addresses and Lectures (The Collected Works of Ralph Waldo Emerson 1) hg. von ALFRED R. FERGUSON und ROBERT E. SPILLER, Cambridge, Mass. 1971, S. 76–93.

nach dieser Rede von seinem ehemaligen Kollegen Henry Ware Jr. vorgeworfen, dass er keine personale Gottesvorstellung mehr vertrete.[22]

1835 heiratete Emerson Lydia Jackson, mit der er vier Kinder bekam. Emerson reiste mehrfach nach Europa, allerdings nicht nach Deutschland. 1882 starb Emerson in Concord.[23]

2 Theologie und Gottesverständnis der Unitarier

Die biografische Skizze legt nahe, dass für die Einordnung von Emersons Gottesvorstellung deren Entwicklung im Rahmen des Pfarramtes an einer unitarischen Gemeinde zu berücksichtigen ist. Daher wird im Folgenden die unitarische Theologie kurz umrissen.[24]

Der Unitarismus fasste in Nordamerika im 18. Jahrhundert Fuß. Vorbereitet wurde er durch eine Gegenbewegung gegen das *Great Akwakening*, die einen rationaleren Zugang zur Theologie vertrat. Von seiner historischen Entstehung her ist der Unitarismus, dem Emerson angehörte, also ein nordamerikanisches Phänomen, das nicht in erster Linie von europäischen unitarischen Gruppierungen abstammt.[25] Der damalige Unitarismus ist theologisch klar von den gegenwärtigen Gemeinden des Unitarian Universalism in Neuengland abzugrenzen.

Einer der prominentesten Unitarier des 19. Jahrhunderts, William Ellery Channing, fasste in seiner Predigt „*Unitarian Christianity*" zusammen, was den Unitarismus charakterisiert: Entscheidende Quellen für den Erkenntnisgewinn waren Schrift, Vernunft und Natur, die als widerspruchsfrei galten.[26] Der Mensch interpretiere diese Quellen mithilfe des ihm angeborenen *common sense*.

---

[22] Vgl. HENRY WARE JR.: The Personality of Deity, in: An American Reformation. A Documentary History of Unitarian Christianity, hg. von SYDNEY E. AHLSTROM und JONATHAN S. CAREY, Middletown, Conn. 1985, S. 433–440, hier: 433f.

[23] Da es hier vor allem um den frühen Emerson geht, sind diese letzten Jahre nur kurz zusammengefasst.

[24] Vgl. zur Geschichte und Theologie des Unitarismus DANIEL WALKER HOWE: The Unitarian Conscience. Harvard Moral Philosophy, 1805–1861, Cambridge, Mass. 1970 und GARY DORRIEN: The Making of American Liberal Theology. Imagining Progressive Religion, Louisville / London 2001, S. 1–57.

[25] Dennoch war der Einfluss europäischer Philosophie und Theologie auf Nordamerika zu der Zeit insgesamt immens.

[26] Vgl. WILLIAM ELLERY CHANNING: Unitarian Christianity. Discourse at the Ordination of the Rev. Jared Sparks. Baltimore 1819, in: William Ellery Channing. Selected Writings (Sources of American Spirituality), hg. von DAVID M. ROBINSON, New York 1985, S. 70–102, hier: 71–77.

Die Unitarier glaubten an die Einheit Gottes, welche durch das Trinitätsdogma untergraben werde[27] und lehnten die Zwei-Naturen-Lehre ab.[28] Jesus verstanden sie als Mittler, dessen Botschaft es sei, die Tugend der Menschen wiederherzustellen.[29]

Von anderen Konfessionen als Häretiker angesehen, verstanden sie sich selbst als die wahren Christinnen, die das fehlgeleitete Christentum von Fehlern befreien.[30] Auch wenn die Zahl der Unitarier nicht sehr groß war, war ihr intellektueller und theologischer Einfluss im Raum Neuengland enorm,[31] vor allem durch die Besetzung wichtiger Positionen in Harvard und viele Veröffentlichungen.[32]

Abgesehen von der Ablehnung der Trinität vertraten die meisten Unitarier ein klassisches Gottesbild: Gott sei Vater und Schöpfer aller Menschen, er sei allmächtig, gnädig, gütig, er vergebe und liebe.[33] Die Idee von Gott als Vater und eine damit verbundene personale Gottesvorstellung war zentral.[34]

Ein nicht ganz typisch unitarisches, aber für die Ideen von Emerson entscheidendes Konzept vertrat Channing in seiner Rede „Likeness to God": Mensch und Gott seien sich laut Channing in der Weise ähnlich, dass der Mensch aufgrund seiner Ähnlichkeit zu Gott ausgehend von sich selbst auch eindeutige Aussagen von Gott treffen könne: So wie der Mensch gut und weise sei, könne er diese Eigenschaft auf Gott übertragen und ihm vollkommene Güte und Weisheit zusprechen.[35] Der Unterschied zwischen Gott und Mensch ist hier gradueller und nicht substantieller Art. Gott ist nicht der ganz andere, sondern vielmehr der ganz ähnliche. Dem entspricht auch Channings Ansicht, dass der entscheidende Zugang zu Gott über das Innere des Menschen geschehe: Nur weil Gott im Menschen wohne, könne der Mensch ihn in den Werken der Natur und Kunst erkennen.[36]

Emersons Gottesbild entwickelt sich also vor einem Hintergrund, in dem Gott als Person betrachtet wird und die Vaterrolle entscheidend ist. Gott und Mensch haben dabei Ähnlichkeiten, sind aber nicht identisch.[37] Die Betrach-

---

[27] Vgl. a. a. O., S. 78–81.
[28] Vgl. a. a. O., S. 82–86.
[29] Vgl. a. a. O., S. 90–94.
[30] Vgl. a. a. O., S. 100.
[31] Vgl. E. BROOKS HOLIFIELD: Theology in America. Christian Thought from the Age of the Puritans to the Civil War, New Haven / London 2003, S. 199.
[32] Vgl. CONRAD WRIGHT: The Unitarian Controversy. Essays on American Unitarian History, Boston 1994, S. 137.
[33] Vgl. ROBERT LEET PATTERSON: The Philosophy of William Ellery Channing, New York 1952, S. 69.
[34] Vgl. WARE, Personality, 1985, S. 433f.
[35] Vgl. PATTERSON, Philosophy of Channing, 1952, S. 79.
[36] Vgl. a. a. O., S. 80.
[37] Vgl. ROBERT MILDER: Emerson and the Fortunes of Godless Religion, in: The New England Quarterly 87/4 (2014), S. 573–624, hier: 575.

tung der Schöpfung, die Bibel und die Vernunft werden als Beweis für die Existenz Gottes und als Grundlagen für Aussagen über Gott angesehen. Aber auch ein innerlicher Zugang zu Gott wird von unitarischer Seite vertreten und ist auch durch Einflüsse deutscher Romantik in Neuengland vorstellbar.

3 Emersons Gottesvorstellungen

3.1 Schöpfer

Die Bezeichnung „Schöpfer" („*maker*" oder „*creator*") wird von Emerson in den Predigten vielfach verwendet. Auch in den späteren Essays verwendet er den Begriff, allerdings signifikant seltener. Unter anderem thematisiert Emerson die Rolle von Gott als Schöpfer in „*Sermon XLIII*".[38]

Emerson äußert die Ansicht, dass der Mensch die Schönheit und Größe der Schöpfung umso stärker erkenne, je weiser er selbst sei: Dann würden wir stärker in Erstaunen versetzt.[39] Die Erkenntnis von Gott als Schöpfer liegt für Emerson nicht nur in der Schöpfung selbst, sondern vor allem in dem Betrachter oder der Betrachterin selbiger. Emerson verwendet das Bild von Gott als Schöpfer nicht nur, um auf die wunderbare Ordnung der Welt hinzuweisen, sondern auch, um die Relevanz der subjektiven Wahrnehmung der Welt als Gottes Schöpfung zu zeigen.

Zu Emersons Konzept der Schöpfung gehört auch der Prozess der Erhaltung der Welt; für ihn ereignet sich der Schöpfungsprozess in jedem Moment neu:

> I look then at my present being as now received, as now sustained by the Omnipresent Father. [...] All that we behold is not an ancient primeval work, covered with the moss of many an age, but fresh with life, God's immediate act upon each of our minds, at this instant of time.[40]

Mit dieser Aussage möchte Emerson nicht in erster Linie die Macht Gottes hervorheben, vielmehr legt er den Fokus auf Gottes gegenwärtige Beziehung zum Individuum. In einer anderen Predigt drückt Emerson diese Idee bildlich aus:

---

[38] Vgl. RALPH WALDO EMERSON: Sermon XLIII. Acts 17:28, in: The Complete Sermons of Ralph Waldo Emerson. In Four Volumes (2), hg. von TERESA TOULOUSE und ANDREW H. DELBANCO, Columbia / London 1990, S. 19–24. Diese Predigt hielt Emerson zwischen 1829 und 1838 insgesamt zehn Mal.
[39] Vgl. a. a. O., S. 21: „[...] the wiser we grow the more they astonish."
[40] A. a. O., S. 21f.

> We do not see the sun by the light which left his orb in the time of Abraham but the new light that sprang from his globe this very hour.[41]

Die den Menschen umgebende Natur ist für Emerson gegenwärtiges Schöpfungswerk. Emerson kritisiert, wenn Menschen sich bei der Frage nach Gotteserkenntnis ausschließlich an der biblischen Tradition orientieren oder die Zeit der biblischen Offenbarungen als der Gegenwart überlegen ansehen. Genau diese Gedanken nimmt Emerson später in seinem Essay „Nature" aus dem Jahr 1836 wieder auf.[42] Man könnte „Nature" auch als eine Abwendung von einer christlichen hin zu einer natürlichen Theologie lesen. Doch in Gegenüberstellung mit dieser Predigt zeigt sich, dass Emerson grundlegende Gedanken aus seinen Predigten in seinem späteren Werk weiterverarbeitet, unter anderem auch seine Vorstellung von Gott als Schöpfer: Gott ist jetzt und für mich Schöpfer und ermöglicht somit dem Menschen, sich als Teil der Schöpfung zu sehen. Dadurch wird für Emerson die Gottesbeziehung des Menschen konstituiert. Gott erweist sich dabei nicht als ein Prinzip, sondern als Wohltäter, als Freund, als Liebender. Gott als Schöpfer, das bedeutet für Emerson: Gott in Beziehung.[43]

3.2 Vater

Um Gott in Beziehung zum Menschen geht es auch bei der Benennung Gottes als Vater. Das versteht Emerson universal in dem Sinne, dass Gott der Vater aller Menschen ist. Wie bei der Vorstellung von Gott als Schöpfer bringt Emerson auch hier zum Ausdruck, dass für ihn besonders die Beziehung Gottes zum jeweils Einzelnen bei diesem Vater-Kind-Verhältnis im Mittelpunkt steht.

Auf der einen Seite macht Emerson die vertikale Gott-Mensch-Beziehung stark und sieht eine größere Distanz zwischen einzelnen Menschen als zwischen Gott als Vater und seinen einzelnen Kindern:

> He has so formed us that whilst we are parts of a social system we are each of us independent of all, [...] and communicating directly with him. [...] As each mind makes improvement it becomes in a degree separate from his brethren.[44]

Emerson verkennt nicht, dass der Mensch Teil eines sozialen Systems ist, dennoch beschreibt er eine Unabhängigkeit des Menschen von anderen. Und je

---

[41] RALPH WALDO EMERSON: Sermon CLVIII. Exodus 3:13–14, in: The Complete Sermons of Ralph Waldo Emerson. In Four Volumes (4), hg. von WESLEY T. MOTT, Columbia / London 1992, S. 160–165, hier: 163.
[42] Vgl. DERS., Nature, 1971, S. 7: „Why should not we also enjoy an original relation to the universe? [...] The sun shines to-day also."
[43] Vgl. DERS., Sermon XLIII, 1990, S. 22f.
[44] DERS., Sermon CLVIII, 1992, S. 162f.

stärker die unmittelbare Gottesbeziehung des Individuums ausgeprägt ist, umso mehr sei es von seinen Geschwistern getrennt. Dieser Gedankengang entspricht Emersons späteren Forderungen nach Einsamkeit für den Menschen: Für die Stärkung der Gottesbeziehung empfiehlt Emerson nicht zuerst Gemeinschaft der Glaubenden, sondern Einsamkeit, um unbeeinflusst von anderen Traditionen und Institutionen die eigene Gottesbeziehung als eine intime und freundschaftliche zu erfahren.[45]

Auf der anderen Seite sieht Emerson in der Vaterschaft Gottes eine Begründung für die horizontale zwischenmenschliche Gemeinschaft: Wer die unmittelbare Beziehung zu Gott unabhängig und unbeeinflusst von anderen erfahren habe, könne dann auch wirkliche Gemeinschaft mit anderen erleben. Er kenne dieselbe Wahrheit, bete dasselbe Gebet und habe dieselben Emotionen wie seine Mitmenschen. Begründet ist das durch die Geschwisterbeziehung, durch den gemeinsamen Vater.[46]

Sowohl das Bild vom Vater als auch das von Gott als Schöpfer ist grundsätzlich ein Bild von Gott als Gegenüber zum Menschen. Emerson betont bei der Verwendung dieser Bilder nicht die Aspekte von Macht oder Andersartigkeit Gottes, sondern vielmehr die Nähe des Menschen zu Gott, die durch den Beziehungsaspekt dieser Bilder ermöglicht wird.

3.3 Zugang zu Gott über das Innere des Menschen – der Seelenbegriff

Zur Zeit von Emersons frühen Predigten stützen sich seine Aussagen über Gott auf die klassischen unitarischen Quellen Schrift, Natur und Vernunft.[47] Mit der Zeit wird jedoch der Zugang über das Innere des Menschen, und damit auch das Universale, Konfessionsübergreifende der Gottesidee, für ihn immer wich-

---

[45] Vgl. zur intimen Gottesbeziehung RALPH WALDO EMERSON: Sermon XXXII. Matthew 6:12, in: The Complete Sermons of Ralph Waldo Emerson. In Four Volumes (1), hg. von ALBERT J. VON FRANK, Columbia 1989, S. 255–259, hier: 258. Zum Verhältnis von Gesellschaft und Einsamkeit vgl. RALPH WALDO EMERSON: Society and Solitude, in: Society and Solitude (The Collected Works of Ralph Waldo Emerson 7), hg. von RONALD A. BOSCO und DOUGLAS EMORY WILSON, Cambridge, Mass. 2007, S. 1–8. Zum Thema Unabhängigkeit vgl. RALPH WALDO EMERSON: Self-Reliance, in: Essays. First Series (The Collected Works of Ralph Waldo Emerson 2), hg. von ALFRED R. FERGUSON / JOSEPH SLATER / JEAN FERGUSON CARR, Cambridge, Mass. 1979, S. 27–51.

[46] Vgl. RALPH WALDO EMERSON: Sermon XXIII. Romans 1:20, in: The Complete Sermons of Ralph Waldo Emerson. In Four Volumes (1), hg. von ALBERT J. VON FRANK, Columbia 1989, S. 203–207, hier 205. Auch diese Idee vertritt Emerson in Texten außerhalb seiner Predigten, in seinem Werk Nature bspw. spielt die Idee der Beziehung des Menschen zur Natur aufgrund der Herkunft vom selben Schöpfer eine wichtige Rolle.

[47] Vgl. a. a. O., S. 207: „we are thus admonished by all without, and all within us, that God is […]."

tiger. Unter anderem drückt Emerson dies mithilfe des Seelenbegriffes aus, der für ihn zentral ist.

In dem Ausdruck „Seele" sind für Emerson verschiedene Dimensionen inbegriffen: die moralische, die intellektuelle, die ästhetische, die praktische und die organische.[48] Teilweise verwendet Emerson den Begriff der Seele synonym mit Begriffen wie Gewissen oder moralisches Gefühl. Aber meist ist „Seele" als Begriff zu deuten, der diese unterschiedlichen Dimensionen alle miteinschließt.[49] Offenkundig gehört der Begriff der Seele für Emerson in den Bereich des Inneren; zur spirituellen im Gegensatz zur materiellen oder natürlichen Welt.

Dass für Emerson die Bedeutung der Seele für die Gotteserkenntnis immer wichtiger wird, zeigt er in „*Sermon CLX*":

> [...] the brightest revelation of the Godhead is made in the depths of our own soul. It is not our soul that is God, but God is in our soul.[50]

Zum einen verdeutlicht die Formulierung „*brightest revelation*" durch die Verwendung des Superlativs eine Priorisierung der Gotteserkenntnis im Inneren gegenüber anderen Erkenntniswegen. Zum anderen zeigt Emerson mit seiner Ablehnung einer Gleichsetzung von Seele und Gott bei gleichzeitiger Aussage, dass Gott in der Seele sei, dass er sowohl eine Differenz zwischen Mensch und Gott sieht als auch eine sehr innige Verbundenheit.

Die exakte Bestimmung dieses Verhältnisses, das zugleich große Nähe und vorhandene Distanz umfasst, sieht Emerson selbst als Herausforderung an.[51] Er versucht es über verschiedene Annäherungswege zu beschreiben. Als Verständnishilfe führt Emerson das Bild vom Menschen als Tempel des in ihm wohnenden Heiligen Geistes an. Das zeigt, dass er seine Idee in der biblischen Tradition begründet sieht. Im weiteren Kontext dieser Predigt verwendet Emerson zudem nach wie vor die traditionellen Gottesbezeichnungen „Gott" und „Vater". Um die Seele zu umschreiben, verwendet er die unitarisch geläufigen Begriffe „Gewissen" und „Vernunft". Emerson zeigt: Sein Seelenverständnis und seine Idee von der Seele als Ort, dem Gott innewohnt, sieht er selbst in der christlichen und in der unitarischen Tradition verwurzelt.

Ein weiteres Bild, das Emerson verwendet, ist das von der Seele als Spiegel der Liebe Gottes.[52] Dieses Bild ist insofern hilfreich, als es die angestrebte Kongruenz von Gott und Mensch anzeigt. Das Spiegelbild ist vom Ansehen her

---

[48] Vgl. JONATHAN BISHOP: Emerson on the Soul, Cambridge, Mass. 1964, S. 78f. Bishop ordnet den einzelnen Dimensionen der Seele jeweils verschiedene Fähigkeiten oder Erkenntniswege zu, z. B. wird der moralischen Dimension das „moral sentiment" zugeordnet.
[49] Auch den Begriff des „moral sentiment" verwendet Emerson oft in einem umfassenden Sinn.
[50] EMERSON, Sermon CLX, 1992, S. 175.
[51] Vgl. ebd.
[52] Vgl. a. a. O., S. 176.

nicht vom Original zu unterscheiden und zugleich fehlt eine Dimension, sodass die Differenz doch unüberbrückbar scheint. Emerson spricht davon, dass ein guter Mensch Bild oder Schatten Gottes sei.[53] Diese Verbindung des theologischen Konzeptes der Ebenbildlichkeit mit der Idee von Gott in der Seele des Menschen zeigt die Verwurzelung des Konzeptes Emersons in der christlichen Tradition.

Betrachtet man Emersons Konzept von Gott in der Seele des Menschen und von einer innigen Beziehung zwischen Individuum und Gott, liegt die Frage nahe, ob seine Vorstellung der Mystik zugeordnet werden kann. Dazu äußert Emerson sich widersprüchlich. Er verwendet Analogien, die als eine Distanzauflösung im Sinne einer *unio mystica* gedeutet werden können, etwa beschreibt er den Menschen als in Gott aufgelöst so wie ein Wassertropfen im Meer.[54] An anderer Stelle widerspricht Emerson einer Auflösungsvorstellung und einer mystischen Existenz der Seele deutlich.[55] Das Ringen Emersons, seiner Gottesvorstellung angemessen Ausdruck zu verleihen, zeigt sich in einer Passage besonders verdichtet:

> It [the inner self] is the door of my access to the Father. It seems to me the face which the Creator uncovers to his child. [...] The Father is in me – I am the Father. Yet the Father is greater than I.[56]

Der Zugang zu Gott über das Innere, eine Identifikation von Mensch und Vater sowie eine gleichzeitige unüberbrückbare Differenz werden hier mithilfe der Aufnahme einer Bibelstelle (Joh 14,11) benannt.

Im Gegensatz zu der Bibelstelle schreibt Emerson allerdings nicht „*I am in the Father*", sondern „*I am the Father*". In der Edition der Predigten wurde das „*in*" in der Annahme eines Flüchtigkeitsfehlers Emersons ergänzt. Dies ist jedoch eine spekulative Konjektur und die Auslassung Emersons kann durchaus beabsichtigt gewesen sein.[57] Die Tatsache, dass beide Textversionen vorstellbar sind, zeigt, wie sehr Emerson darum gerungen hat, dieses Verhältnis zwischen Gott und Mensch zu bestimmen.

---

[53] Vgl. ebd.
[54] Vgl. RALPH WALDO EMERSON: Sermon CXLVII. II Peter 1:5–7, in: The Complete Sermons of Ralph Waldo Emerson. In Four Volumes (4), hg. von WESLEY T. MOTT, Columbia / London 1992, S. 89–95, hier: 94.
[55] RALPH WALDO EMERSON: Sermon CXXVI. Ecclesiastes 8:12, in: The complete sermons of Ralph Waldo Emerson. In four volumes (3), hg. von RONALD A. BOSCO, Columbia /London 1991, S. 215–220, hier: 218, hier in Bezug auf eine eschatologische Perspektive. Diese Predigt hielt Emerson allerdings lediglich zwei Mal, zuletzt 1834.
[56] RALPH WALDO EMERSON: Sermon CLXV. John 16:13, in: The complete sermons of Ralph Waldo Emerson. In four volumes (4), hg. von WESLEY T. MOTT, Columbia / London 1992, S. 209–217, hier: 215f.
[57] Vgl. DAVID LYTTLE: Emerson on the Soul. What the Eye Cannot See, in: The Concord Saunterer, New Series 11 (2003), S. 50–75, hier: 60.

3.4 „Over-Soul"

In dem Essay „The Over-Soul" aus dem Jahr 1841 beschreibt Emerson eine Identifikation von Gott und Mensch: „Ineffable is the union of man and God in every act of the soul. The simplest person, who in his integrity worships God, becomes God".[58] Das scheint auf den ersten Blick eindeutig: Der Mensch wird selbst Gott. Die Grenzen sind aufgehoben, es gibt eine Union von Mensch und Gott. In eine ähnliche Richtung weist auch die Formulierung, dass jegliche Wand und Grenze zwischen Mensch und Himmel wegfalle und es in der Seele keine Sperre gebe zwischen Mensch und Gott.[59] Nicht nur wird der menschliche Zugang zu Gott über die Seele in den Mittelpunkt gestellt, sondern Gott ist selbst Seele, eine allumfassende „Over-Soul". Man könnte das so interpretieren, dass Emerson die Richtung, die er in seinen Predigten schon eingeschlagen hat, konsequent weiterverfolgt hat bis hin zu einer vollständigen Identifikation von Gott und Mensch.

Allerdings zeigt der Essay bei genauerer Betrachtung, dass Emerson an anderen Stellen weiterhin von einer Distanz zwischen Gott und Mensch spricht. Zum einen verwendet er unterschiedliche Präpositionen, um sich der Verhältnisbestimmung anzunähern: Gott ist mit dem Menschen und im Menschen, er scheint hinter dem Menschen hervor und in sein Herz.[60] Eine weitere Kontinuität zu seinen Predigten und eine Einordnung in die biblische Tradition zeigt sich in der Aufnahme des Bildes vom Menschen als Tempel. Und auch der Begriff „*Over-Soul*" selbst deutet durch das „*over*" bereits auf einen Unterschied, der bestehen bleibt.

Zudem ist bemerkenswert: Emerson verwendet die Bezeichnung „*Over-Soul*" für Gott nur einmal in seinem Essay, wohingegen er 20 Mal von Gott spricht und ihn außerdem bezeichnet als den Höchsten, den Schöpfer, und den ewig-Einen.[61]

Es lässt sich schlussfolgern, dass der Begriff „*Over-Soul*" nur einer unter vielen Namen ist, um sein vielfältiges Gottesbild zu beschreiben. Diese Wortschöpfung bedeutet nicht, dass Emersons abwechslungsreiche Annäherungsversuche zur Beschreibung des Verhältnisses von Gott und Mensch für ihn hinfällig sind, sondern – mindestens für den Beginn seines Werkes nach seiner Amtsniederlegung – weiterhin Relevanz für Emersons Denken hatten.

---

[58] RALPH WALDO EMERSON: The Over-Soul, in: Essays. First Series (The Collected Works of Ralph Waldo Emerson 2), hg. von ALFRED R. FERGUSON / JOSEPH SLATER / JEAN FERGUSON CARR, Cambridge, Mass. 1979, S. 157–175, hier: 172f.
[59] Vgl. a. a. O., S. 161.
[60] Vgl. ebd.
[61] Detweiler spricht auch von einer Überbewertung des Begriffs Over-Soul in der Emerson-Forschung, vgl. ROBERT DETWEILER: The Over-Rated ‚Over-Soul', in: Critical Essays on Ralph Waldo Emerson, hg. von ROBERT E. BURKHOLDER und JOEL MYERSON, Boston 1983, S. 307–309.

4 Ausblick

Zum Schluss bleibt zu fragen, inwiefern diese Überlegungen zu dem Gottesbild eines vor 200 Jahren lebenden Nordamerikaners heute Relevanz entfalten können, und zwar zusätzlich zu allem, was systematisch-theologische Untersuchungen und die Weitung des Horizonts in der evangelischen Theologie über den deutschen Sprachraum hinaus an sich schon an Gewinn bringen.

Bei einigen Voraussetzungen, die zur Entwicklung von Emersons Gottesbild führen, sind erstaunliche Parallelen zur gegenwärtigen Situation des Christentums in der Gesellschaft zu finden: Die Verwurzelung in einer christlichen Tradition bei einer zunehmenden Abwendung von Institutionen, auch von der Kirche, ein Fremdheitsgefühl gegenüber kirchlichen Formen und Ritualen bei einem hohen spirituellen Interesse, eine Verbindung der eigenen Spiritualität mit einem Natur-Erlebnis und eine grundsätzliche Offenheit für östliche Religionen sind für Emerson und auch heute Herausforderungen der Theologie.[62] Doch nicht nur einige Voraussetzungen weisen Parallelen auf, sondern auch Emersons inhaltliche Überlegungen zeigen, dass er ausgehend von der unitarischen Denomination eine individualisierte Form der Religiosität entwickelt, die auch gegenwärtig äußerst anknüpfungsfähig scheint. Die Auseinandersetzung mit Emersons theologischen Ansichten soll nun keineswegs dazu führen, dass heutige Theologinnen zu Emersonianerinnen werden müssen – doch zeigt Emersons eigener produktiver Umgang mit seinen theologischen Fragen, seine Verknüpfung von traditioneller Sprache mit neuen Wortschöpfungen, um sich einem Verständnis von Gott anzunähern und ein Verlassen der traditionellen Gattungen, um über theologische Fragen zu sprechen, hin zu einer bildreichen und poetischen Sprache eine Möglichkeit des kreativen Umgangs mit theologischen Fragestellungen.

Die theologische Auseinandersetzung mit Emerson macht augenscheinlich, dass drängende Fragen wie die der sinkenden Kirchenmitgliedschaft nicht lediglich als eine Krise betrachtet werden dürfen, sondern eine Herausforderung sind, der es sich zuerst theologisch zu stellen gilt.

Literatur

AHLSTROM, SYDNEY E.: A Religious History of the American People, New Haven / London 1972.
BISHOP, JONATHAN: Emerson on the Soul, Cambridge, Mass. 1964.
BLOOM, HAROLD (Hg.): Introduction, in: Ralph Waldo Emerson, New York 2007, S. xi–xiv.

---

[62] Diese Phänomene zeigen, dass eine Unterteilung in säkulare und kirchliche Gesellschaft nicht haltbar ist, vgl. die Ausführungen in WILHELM GRÄB: Lebenssinndeutung als Aufgabe der Theologie, in: Zeitschrift für Theologie und Kirche 113/4 (2016), S. 366–383.

BUELL, LAWRENCE: Emerson, Cambridge, Mass. / London 2003.
CAMERON, KENNETH WALTER (Hg.): The Vestry Lectures and a Rare Sermon, Hartford, Conn. 1984.
CHANNING, WILLIAM ELLERY: Unitarian Christianity. Discourse at the Ordination of the Rev. Jared Sparks. Baltimore 1819, in: William Ellery Channing. Selected Writings (Sources of American Spirituality), hg. von DAVID M. ROBINSON, New York 1985, S. 70–102.
DETWEILER, ROBERT: The Over-Rated ‚Over-Soul', in: Critical Essays on Ralph Waldo Emerson, hg. von ROBERT E. BURKHOLDER und JOEL MYERSON, Boston 1983, S. 307–309.
DORRIEN, GARY: The Making of American Liberal Theology. Imagining Progressive Religion, Louisville / London 2001.
EMERSON, RALPH WALDO: Nature, in: Nature, Addresses and Lectures (The Collected Works of Ralph Waldo Emerson 1), hg. von ALFRED R. FERGUSON und ROBERT E. SPILLER, Cambridge, Mass. 1971, S. 1–45.
EMERSON, RALPH WALDO: The Divinity School Address, in: Nature, Addresses and Lectures (The Collected Works of Ralph Waldo Emerson 1), hg. von ALFRED R. FERGUSON und ROBERT E. SPILLER, Cambridge, Mass. 1971, S. 76–93.
EMERSON, RALPH WALDO: Self-Reliance, in: Essays. First Series (The Collected Works of Ralph Waldo Emerson 2), hg. von ALFRED R. FERGUSON / JOSEPH SLATER / JEAN FERGUSON CARR, Cambridge, Mass. 1979, S. 27–51.
EMERSON, RALPH WALDO: The Over-Soul, in: Essays. First Series (The Collected Works of Ralph Waldo Emerson 2), hg. von ALFRED R. FERGUSON / JOSEPH SLATER / JEAN FERGUSON CARR, Cambridge, Mass. 1979, S. 157–175.
EMERSON, RALPH WALDO: Sermon XXIII. Romans 1:20, in: The Complete Sermons of Ralph Waldo Emerson. In Four Volumes (1), hg. von ALBERT J. VON FRANK, Columbia 1989, S. 203–207.
EMERSON, RALPH WALDO: Sermon XXXII. Matthew 6:12, in: The Complete Sermons of Ralph Waldo Emerson. In Four Volumes (1), hg. von ALBERT J. VON FRANK, Columbia 1989, S. 255–259.
EMERSON, RALPH WALDO: Sermon XLIII. Acts 17:28, in: The Complete Sermons of Ralph Waldo Emerson. In Four Volumes (2), hg. von TERESA TOULOUSE und ANDREW H. DELBANCO, Columbia / London 1990, S. 19–24.
EMERSON, RALPH WALDO: Sermon CXXVI. Ecclesiastes 8:12, in: The Complete Sermons of Ralph Waldo Emerson. In Four Volumes (3), hg. von RONALD A. BOSCO, Columbia / London 1991, S. 215–220.
EMERSON, RALPH WALDO: Sermon CLVIII. Exodus 3:13-14, in: The Complete Sermons of Ralph Waldo Emerson. In Four Volumes (4), hg. von WESLEY T. MOTT, Columbia / London 1992, S. 160–165.
EMERSON, RALPH WALDO: Sermon CLX. Colossians 1:9-10, in: The Complete Sermons of Ralph Waldo Emerson. In Four Volumes (4), hg. von WESLEY T. MOTT, Columbia / London 1992, S. 171–177.
EMERSON, RALPH WALDO: Sermon CLXII. Romans 14:17, in: The Complete Sermons of Ralph Waldo Emerson. In Four Volumes (4), hg. von WESLEY T. MOTT, Columbia / London 1992, S. 185–194.
EMERSON, RALPH WALDO: Sermon CLXV. John 16:13, in: The Complete Sermons of Ralph Waldo Emerson. In Four Volumes (4), hg. von WESLEY T. MOTT, Columbia / London 1992, S. 209–217.
EMERSON, RALPH WALDO: Sermon CLXX. Colossians 3:2, in: The Complete Sermons of Ralph Waldo Emerson. In Four Volumes (4), hg. von WESLEY T. MOTT, Columbia / London 1992, S. 236–243.

EMERSON, RALPH WALDO: Sermon CXLVII. II Peter 1:5–7, in: The Complete Sermons of Ralph Waldo Emerson. In Four Volumes (4), hg. von WESLEY T. MOTT, Columbia / London 1992, S. 89–95.

EMERSON, RALPH WALDO: Society and Solitude, in: Society and Solitude (The Collected Works of Ralph Waldo Emerson 7), hg. von RONALD A. BOSCO und DOUGLAS EMORY WILSON, Cambridge, Mass. 2007, S. 1–8.

VON FRANK, ALBERT J. (Hg.): The Complete Sermons of Ralph Waldo Emerson. In Four Volumes, Columbia / London 1989–1992.

GILMAN, WILLIAM H. (Hg.): The Journals and Miscellaneous Notebooks of Ralph Waldo Emerson, Cambridge, Mass. / London 1960–1982.

GRÄB, WILHELM: Lebenssinndeutung als Aufgabe der Theologie, in: Zeitschrift für Theologie und Kirche 113/4 (2016), S. 366–383.

HALL, GARY RICHARD: Emerson and the Bible. Transcendentalism as Scriptural Interpretation and Revision (Diss.) (UMI 8919917), Los Angeles / Ann Arbor, MI 1989.

HOFFMAN, RICHARD EUGENE: Ralph Waldo Emerson. His Reasons for Leaving the Ministry (Diss.) (UMI 9011620), Ann Arbor, MI 1995.

HOLIFIELD, E. BROOKS: Theology in America. Christian Thought from the Age of the Puritans to the Civil War, New Haven / London 2003.

HOWE, DANIEL WALKER: The Unitarian Conscience. Harvard Moral Philosophy, 1805–1861, Cambridge, Mass. 1970.

KRUSCHE, THOMAS: R.W. Emersons Naturauffassung und ihre philosophischen Ursprünge. Eine Interpretation des Emersonschen Denkens aus dem Blickwinkel des deutschen Idealismus (Mannheimer Beiträge zur Sprach- und Literaturwissenschaft 12), Tübingen 1987.

LYTTLE, DAVID: Emerson on the Soul. What the Eye Cannot See, in: The Concord Saunterer, New Series 11 (2003), S. 50–75.

MILDER, ROBERT: Emerson and the Fortunes of Godless Religion, in: The New England Quarterly 87/4 (2014), S. 573–624.

MYERSON, JOEL (Hg.): The Selected Letters of Ralph Waldo Emerson, New York 1997.

PATTERSON, ROBERT LEET: The Philosophy of William Ellery Channing, New York 1952.

RICHARDSON, ROBERT D. JR.: Emerson. The Mind on Fire, Berkeley / Los Angeles / London 1995.

RICHARDSON, ROBERT D. JR.: Schleiermacher and the Transcendentalists, in: Transient and Permanent. The Transcendentalist Movement and Its Contexts (Studies in American History and Culture 5), hg. von CHARLES CAPPER und CONRAD EDICK WRIGHT, Boston 1999, S. 121–147.

ROBINSON, DAVID: Emerson's Natural Theology and the Paris Naturalists. Toward a Theory of Animated Nature, in: Journal of the History of Ideas 41/1 (1980), S. 69–88.

ROBINSON, DAVID M.: The Sermons of Ralph Waldo Emerson. An Introductory Historical Essay, in: The Complete Sermons of Ralph Waldo Emerson. In Four Volumes (1), hg. von ALBERT J. VON FRANK, Columbia 1989, S. 1–32.

ROSECRANS, JANE E.: From Sermon to Scripture. Emerson's Unitarian Legacy (Diss.) (UMI 9970929), New York / Ann Arbor, MI 2000.

SCHULMAN, JACOB FRANK: Emerson and the Ministry. The Minns Lectures, delivered at the First Parish. Concord, Mass. / Houston, Texas 1983.

WARE, HENRY, JR.: The Personality of Deity, in: An American Reformation. A Documentary History of Unitarian Christianity, hg. von SYDNEY E. AHLSTROM und JONATHAN S. CAREY, Middletown, Conn. 1985, S. 433–440.

WRIGHT, CONRAD: The Unitarian Controversy. Essays on American Unitarian History, Boston 1994.

Theorie und Geist

Mögliche Aspekte einer neuen Theorie des Geistes

Maximilian Schalück

1 Einleitung

Der menschliche Geist ist seit jeher Gegenstand philosophischer und theologischer Reflektion. Als Sitz unseres (Selbst-)Bewusstseins, unserer Ratio und unseres Willens galt er u. a. als das menschliche Proprium gegenüber Tieren und als Sitz der göttlichen Ebenbildlichkeit.[1] Doch nicht nur in den Geisteswissenschaften spielen Überlegungen zu ihrem Namensgeber eine wichtige Rolle. Auch Forschende anderer Wissenschaften beschäftigen sich zum Teil intensiv mit diesem Phänomen und konnten z. B. im Bereich der Neurowissenschaften große Erfolge in den letzten Jahren vorweisen. Darüber hinaus ist unser gesellschaftliches Menschenbild stark geprägt von expliziten und impliziten Konzeptionen des Geistes und der Phänomene, die mit ihm in Verbindung gebracht werden. So geht die Rechtsprechung im Regelfall von selbstbewussten, autonomen Handlungsträgerinnen aus, die für ihre intentionalen Taten zur Verantwortung gezogen werden können und wir unterscheiden zwischen physischen und psychischen Krankheiten.

Der Geist hat also eine zentrale Funktion sowohl in der wissenschaftlichen Reflektion als auch in den gesellschaftlichen Vollzügen inne. Entwicklungen in der Theoriebildung um den Geist sind dementsprechend nicht trivial und können auch über den viel zitierten Elfenbeinturm der Wissenschaften ihre Wirkung entfalten. Gerade die Theologie muss sich daher mit diesen Entwicklungen auseinandersetzen, wenn sie ihre Gesprächsfähigkeit mit den anderen Wissenschaften stärken und ihre gesellschaftliche Relevanz bewahren möchte. Dementsprechend ist es von besonderem Interesse, wenn zeitgenössische Philosophen wie Thomas Nagel in den USA und Holm Tetens in Deutschland feststellen, dass der Geist als eigenständiges Phänomen in der naturalistisch geprägten Philosophie mehr und mehr verabschiedet und auf bio-chemische Prozesse im Gehirn reduziert wird.[2] Da nun davon auszugehen ist, dass die

---

[1] Die historische Unterscheidung bzw. Deutungsverschiebung zwischen den Begriffen „Geist" und „Seele" kann im vorliegenden Kontext nicht aufgearbeitet werden.
[2] Vgl. THOMAS NAGEL: Geist und Kosmos. Warum die materialistische neodarwinistische Konzeption der Natur so gut wie sicher falsch ist (STW 2151), Berlin (2013) ²2016, S. 13.

Theologie die Rede vom Geist nicht einfach aufgeben kann und will, muss sie Argumentationsstrategien entwickeln, um diesen Entwicklungen zu begegnen und um eigene Deutungsvorschläge anbieten zu können.

Naturgemäß ist die Philosophie eine gute Gesprächspartnerin, wenn es um derartige Vorhaben geht. Deshalb widmet sich der vorliegende Aufsatz der Frage, inwiefern sich aus der philosophischen Debatte um den Naturalismus argumentative Ressourcen und Problemfelder ableiten lassen, um auf theologischer Grundlage mögliche Aspekte einer neuen Theorie des Geistes herauszuarbeiten. Die philosophische Debatte wird dabei anhand der bereits erwähnten Philosophen Thomas Nagel und Holm Tetens nachgezeichnet, die sich beide in diesem Feld hervorgetan haben. Als theologische Grundlage sollen die Überlegungen des jesuitischen Theologen und Paläontologen Pierre Teilhard de Chardin dienen, der in den 1940er Jahren einer der ersten war, die versuchten, Evolutionstheorie und Theologie zusammenzubringen. Angereichert werden seine Überlegungen durch klassische Denkfiguren der Theologie Wolfhart Pannenbergs, der ebenfalls eine hohe Affinität für den Dialog der Wissenschaften aufweist.

Im Rahmen dieses Aufsatzes können allerdings nur einige zentrale Grundlinien dargestellt werden, an denen entlang es sich m. E. besonders lohnt, weiterzudenken. Diese Grundlinien befassen sich mit den Themen Antireduktionismus, vernünftige Hoffnung und (christliche) Teleologie. Es wird sich zeigen, dass der Antireduktionismus und die Teleologie besonders im Gespräch mit den anderen Wissenschaften eine wichtige Rolle spielen, während die vernünftige Hoffnung eine Scharnierstellung zwischen Wissenschaft und Gesellschaft einnehmen kann. Die jeweiligen Ansätze der Denker werden aber dennoch in ihren Anliegen nachvollziehbar. Zum Schluss sollen diese Grundlinien zusammengeführt werden, um einige mögliche Aspekte einer neuen Theorie des Geistes aufzuzeigen. Dabei wird deutlich werden, dass sich der menschliche Geist kaum getrennt vom göttlichen Geist denken lässt.

2 Der Antireduktionismus von Thomas Nagel

In seinem Buch „Geist und Kosmos. Warum die materialistische neodarwinistische Konzeption der Natur so gut wie sicher falsch ist" verfolgt Thomas Nagel das Anliegen, eine neue vollständige Deutung der Wirklichkeit zu entwickeln, die jenseits der beiden Gegenpole Theismus und materialistischer Neodarwinismus liegt. Gemäß Nagel ist diese dritte Deutung nötig, da sowohl der Theis-

---

(im Folgenden mit „NAGEL, Geist" abgekürzt) / HOLM TETENS: Der Gott der Philosophen. Überlegungen zur Natürlichen Theologie, in: Neue Zeitschrift für Systematische Theologie und Religionsphilosophie 57/1 (2015), S. 1–13, hier: 8f. (im Folgenden mit „TETENS, Gott der Philosophen" abgekürzt)

mus als auch der Neodarwinismus defizitär in ihrer Deutung der Welt sind. So scheitert der Theismus an der Unerklärlichkeit Gottes und der Neodarwinismus muss die Zuverlässigkeit seiner Erkenntnistheorie als Ergebnis selektiver Evolutionsprozesse voraussetzen, um seine jeweiligen Positionen verteidigen zu können.[3]

Nagel versucht daher einen anderen Weg zu gehen, den man als antireduktionistischen Naturalismus bezeichnen kann. Er skizziert den Rahmen einer rein immanenten Theorie, die die „subjektiven" Phänomene des Geistes nicht auf „objektive" Ergebnisse der Naturwissenschaften reduzieren will und transzendente Begründungsfiguren ablehnt.[4] Um die Eckpunkte dieser dritten Weltdeutung abzustecken, betrachtet Nagel mehrere Phänomene des Geistes, wie Bewusstsein und Vernunft sowie die Begründung objektiver Werte und freien Handelns. Dabei stellt er jeweils die „konstitutive" Frage, also warum es das Phänomen überhaupt geben kann und die „historische" Frage, also wie sich das Phänomen im Zuge der Evolution entwickeln konnte.[5]

Nach einer Diskussion verschiedener Denkmöglichkeiten bestimmt Nagel eine nicht näher ausgeführte Emergenztheorie als die erklärungsstärkste Antwort auf die jeweilige konstitutive Frage. Eine Emergenztheorie für geistige Phänomene nimmt an, dass das Bewusstsein aus für uns nicht nachvollziehbaren biochemischen Prozessen im Gehirn entsteht. Das Ergebnis dieser Prozesse lässt sich aber gemäß dem Diktum „Das Ergebnis ist mehr als die Summe seiner Teile" nicht wieder auf die Einzelprozesse reduzieren.[6]

Die historische Frage beantwortet Nagel allgemein mit einer an Aristoteles angelehnten Teleologie. Allerdings widerspricht die Grundannahme der Teleologie, dass die Prozesse in der Welt zweck- bzw. zielgerichtet sind, einem der fundamentalsten Paradigmen der Biologie, nämlich dass die Evolution absolut kontingent und auf keinen Fall zielgerichtet ist. Nagel ist sich dessen wohl bewusst, weshalb er eine kleinschrittige Teleologie andenkt, die sich eben nicht nach einem großen übergeordneten Ziel richtet, sondern die jeweilige Zielsetzung in Einzelprozessen nachzeichnen will.[7]

Die Ablehnung des Theismus und des Neodarwinismus sowie die Antworten auf die konstitutiven und historischen Fragen stellen also den Rahmen für Nagels Antireduktionismus dar. Nun können wir die Spezifika der geistigen Phänomene untersuchen und nachvollziehen, warum sie nicht auf biochemische Pro-

---

[3] Vgl. NAGEL, Geist, 2016, S. 43ff.
[4] Vgl. a. a. O., S. 24.
[5] Vgl. a. a. O., S. 77f.
[6] Vgl. a. a. O., S. 126ff.
[7] Vgl. a. a. O., S. 134ff.

zesse im Gehirn reduzierbar sind. Dabei werde ich mich auf das Bewusstsein und die Vernunft konzentrieren.

Das Bewusstsein ist kein rein menschliches Phänomen und fasst Fähigkeiten, wie Wahrnehmung und Emotionen zusammen. Um eine reduktionistische Deutung der gesamten Wirklichkeit geben zu können, ist es unabdingbar, eine wissenschaftliche Sprache zu entwickeln, die diese Phänomene sowohl von ihren physischen als auch von ihren psychischen Aspekten her beschreiben kann.[8] Man müsste also objektiv beschreiben können, was in einer Person ausgelöst wird, wenn sie beispielsweise die Farbe Grün sieht. Nur die jeweiligen biochemischen Prozesse im Gehirn in die Beschreibung aufzunehmen, würde aber zu kurz greifen. Vielmehr ist auch die subjektive Qualität des Grüns für die Person zu beachten. Allerdings ist es bis heute nicht gelungen, dieses sogenannte Qualiaproblem zu lösen und Nagel bestreitet, dass dies überhaupt möglich ist.

Das Problem besteht in dem Umstand, dass mit zunehmender objektiver Beschreibung eines mentalen Erlebnisses sein subjektiver Aspekt verloren geht. Schließlich ist die individuelle subjektive Qualität eines Erlebnisses genau die Voraussetzung, die ein Erlebnis als bewusstes mentales Ereignis charakterisiert. Eine solche Perspektivgebundenheit der Subjektivität scheint es daher kaum möglich zu machen, sich das Innenleben eines anderen bewussten Lebewesens objektiv zu eigen zu machen. Es lässt sich immer nur sagen, wie die Farbe Grün für einen persönlich wirkt.[9]

Die Vernunft stellt bei einer reduktionistischen Beschreibung der geistigen Phänomene allerdings ein noch größeres Problem dar. Sie scheint ein Proprium des Menschen zu sein, das ihn dazu befähigt, selbstverantwortlich zu handeln und intersubjektive Projekte in Angriff zu nehmen. Als einschlägiges Beispiel kann dabei Kultur gelten.[10] Um dieses Phänomen genauer zu verstehen, schlägt Nagel vor, von der menschlichen Fähigkeit zur Verallgemeinerung, also zur Objektivierung, auszugehen, die er als Kerneigenschaft der Vernunft ausmacht.[11]

Qua Vernunft sind wir nämlich in der Lage, durch die Abstrahierung der eigenen Perspektive die Welt so zu beschreiben, dass der eigene Standpunkt geradezu vollständig in den Hintergrund tritt. Das subjektive Selbst spielt in dieser abstrakten, objektiven Blickweise auf die Welt eine möglichst geringe Rolle, da sie so gut wie kontextlos ist und theoretisch von jedem beliebigen

---

[8] Vgl. a. a. O., S. 106ff.
[9] Vgl. THOMAS NAGEL: What Is It Like to Be a Bat? Wie ist es, eine Fledermaus zu sein? (Reclams Universal-Bibliothek 19324), Stuttgart 2016, S. 9.31f.
[10] Vgl. NAGEL, Geist, 2016, S. 124f.
[11] Vgl. a. a. O., S. 112ff.

Subjekt eingenommen werden kann. Nagel nennt diese Blickweise den „Blick von nirgendwo", weil persönliche Eigenschaften und Einstellungen sekundär werden und die Welt neutral oder auch aus anderen Perspektiven betrachtet werden kann.[12] Das subjektive Selbst wird zum objektiven Selbst und in die Lage versetzt, intersubjektive Beziehungen aufzubauen. So wird eine Entwicklung hin zu einer universellen Weltbeschreibung und beispielsweise Kultur ermöglicht. Weil aber auch das objektive Selbst niemals absolut frei von den Erfahrungen des subjektiven Selbst ist und eine Weltbeschreibung ohne einer Einordnung des Subjekts niemals Vollständigkeit behaupten kann, fallen im Menschen Subjektivität und Objektivität zusammen.[13]

Aufgrund dieses subjektiven Qualitätszuwachs bei der Erkenntnis der Welt kann Nagel sagen, dass das Universum langsam erwacht und zu sich selbst kommt.[14] Außerdem wird einmal mehr klar, warum man die Welt niemals ausschließlich reduktionistisch beschreiben kann.

Da uns der Blick von nirgendwo die Fähigkeit verleiht, möglichst objektive Entscheidungen treffen zu können, die auch noch intersubjektiv nachvollziehbar sind, sind wir in der Lage allgemeingültige Werte aufzustellen und uns gegenseitig für unser Handeln verantwortlich zu machen. Beides ist Ausdruck unserer praktischen Vernunft. Nagel versucht entlang dieser Grundidee eine realistische Wertetheorie zu skizzieren, die sich gegen einen Werterelativismus richtet.[15] Außerdem sieht er in unserer Fähigkeit zeitübergreifende Entscheidungen zu treffen, die mehr als nur eine Perspektive berücksichtigt, die Basis für eine Theorie des freien Handelns.[16]

Nagel vertritt also einen antireduktionistischen Naturalismus, der auf die Nichtreduzierbarkeit des Subjektiven auf das Objektive besteht und teleologisch ausgerichtet ist. Geistige Phänomene emergieren aus biochemischen Prozessen und erlauben uns, die Welt intersubjektiv zu erklären sowie frei in ihr zu handeln.

Nagel begegnete viel Kritik für diesen Vorstoß. Ich werde mich hier auf die Diskussion um die Teleologie beschränken und anschließend kurz über die Anwendungsmöglichkeit der Figur des Blicks von nirgendwo nachdenken.

Der schwerwiegendste vorgebrachte Einwand gegen eine teleologisch gedachte Evolution scheint zu sein, dass es Organismen gibt, die sich auch zurückentwickeln. So gibt es z. B. Manteltiere im Meer, die an einem gewissen

---

[12] Vgl. THOMAS NAGEL: Der Blick von nirgendwo (STW 2035), Frankfurt am Main (2012) ²2015, S. 111ff. (im Folgenden mit „NAGEL, Blick" abgekürzt)
[13] Vgl. a. a. O., S. 116f.
[14] Vgl. NAGEL, Geist, 2016, S. 124f.
[15] Vgl. NAGEL, Blick, 2015, S. 232 / NAGEL, Geist, 2016, S. 140ff.
[16] Vgl. NAGEL, Geist, 2016, S. 162ff.

Punkt in ihrem Leben ihr eigenes Gehirn verdauen und gewissermaßen zur Pflanze werden. Außerdem lassen sich auch über den Evolutionsprozess hinweg Arten beobachten, die einige ihrer Merkmale zurückentwickelt haben.[17]

Diesem Vorwurf kann man allerdings mit einem Blick auf die aristotelische Teleologie begegnen, in deren Tradition sich Nagel stellt. Aristoteles geht davon aus, dass nicht jeder zielgerichtete Vorgang dieses Ziel auch erreicht.[18] Ein Ziel anzustreben ist also nicht das Gleiche, wie an diesem Ziel anzukommen. Wenn es folglich Arten gibt, die sich zurückentwickeln oder eben nicht zum „Erwachen des Universums" beitragen, dann ist das noch kein schlagendes Argument gegen eine (aristotelische) Teleologie.

Allerdings birgt die Rede vom „Erwachen des Universums" m. E. einige andere Fallstricke, von denen ich zwei nennen will: Erstens besteht eine gewisse Spannung zwischen Nagels Behauptung, die Teleologie dürfe nicht nur ein großes universelles Ziel haben und der Annahme eines langsamen Prozesses des Erwachens des Universums, das eben genau so ein großes übergeordnetes Ziel darstellt. Man könnte zwar annehmen, dass Prinzipien, wie zunehmende Komplexität und Diversität, als eine Art Teilziele das Erwachen befördern, doch müsste man diesen Zusammenhang erst einmal plausibel machen und klären was mit „Erwachen" genau gemeint ist.

Zweitens muss dargelegt werden, inwiefern größere Komplexität und Diversität sowie ein Universum, das sich seiner selbst bewusst wird, einen Mehrwert gegenüber einem einfachen und unbewussten Kosmos aufweisen. Andernfalls wäre die Zweckhaftigkeit eines solchen Prozesses noch schwerer zu begründen.

An dem Konzept der Teleologie ist m. E. dennoch festzuhalten, da ohne die Vorstellung eines zweck- und zielgerichteten Universums der Mensch und mit ihm der menschliche Geist zu einem kontingenten Phänomen reduziert wird, was aus theologischer Perspektive kaum zu vertreten ist. Will die Theologie sich aber im Gespräch mit den (Natur-)Wissenschaften nicht allein auf dogmatische Altbestände berufen, muss sie plausibel machen können, wie eine Teleologie konkret zu verstehen ist.

Abschließend sei die Figur des „Blicks von nirgendwo" noch einmal in seinen Implikationen für eine theistische Handlungstheorie bedacht. Gemäß Nagel befähigt der Blick von nirgendwo den Menschen dazu, frei zu handeln und für seine Taten verantwortlich gemacht zu werden. Das liegt daran, dass er in der Lage ist, von seiner eigenen Perspektive zu abstrahieren und sich empathisch auf Intersubjektivität einlassen kann. Will man diese Idee nun theistisch trans-

---

[17] Vgl. H. ALLEN ORR: Awaiting a New Darwin. Par. 4, http://www.nybooks.com/articles/2013/02/07/awaiting-new-darwin/ (zuletzt geprüft am 23.02.2018).

[18] Vgl. ARISTOTELES: Physik. Vorlesung über Natur, hg. und übers. von HANS GÜNTER ZEKL, Erster Halbband: Bücher I(A)–IV(Δ), Hamburg 1987, II/8, 199a-b, S. 80–84.

formieren, kann man sie als Grundlage für eine Theorie des *gerechten* Handelns Gottes nehmen. Denn wer, wenn nicht ein zeit- und raumtranszendierender Gott wäre in der Lage, einen absolut objektiven Blick auf die Welt zu werfen, der nicht durch einen kontingenten historischen Kontext beeinflusst ist? Ein Handeln, das aus einem solchen Blick resultiert, würde allen objektiven Werten gerecht werden und daher intersubjektiv am ehesten zu vermitteln sein. Außerdem wäre Gott das einzige Subjekt, dem man eine vollkommene Verantwortlichkeit seiner Taten zuschreiben könnte und es wäre nur vernünftig auf einen solchen Gott seine Hoffnung zu setzen. Eine derartige Handlungstheorie hätte sicher auch Auswirkungen auf das Theodizee-Problem, von dem man guten Gewissens behaupten kann, dass es nicht allein in wissenschaftlichen Kreisen diskutiert wird.

Die vernünftige Hoffnung auf Gott ist auch ein zentrales Anliegen Holm Tetens, dessen Position im Folgenden dargestellt wird.

3   Die vernünftige Hoffnung bei Holm Tetens

In seinem Buch „Gott denken. Ein Versuch über Rationale Theologie" argumentiert Holm Tetens, dass sowohl der Theismus als auch der Naturalismus schwerwiegende theoretische Begründungslücken haben, der Theismus aber weniger als der Naturalismus. Zudem sind die praktischen Konsequenzen des Theismus denen des Naturalismus vorzuziehen. Aufgrund dieser zweifachen Überlegenheit ist es vernünftiger Theist zu sein als Naturalistin. Das Buch hat weite Kreise gezogen und viel Kritik provoziert. In Folge dieser Kritik hat Tetens eine Modifizierung seines Entwurfes vorgelegt, der weniger auf die Überlegenheit des Theismus abhebt und darlegen will, warum die Hoffnung auf Gott als vernünftig zu gelten hat.

Ich werde beide Argumentationsgänge in Kürze vorstellen und dann einige interessante Aspekte hervorheben. Dabei werde ich aber Tetens' ersten Vorschlag nur anreißen und mich auf seine Ausführungen im zweiten Entwurf konzentrieren.

Grundbedingung für beide Argumentationsgänge ist Tetens' Annahme, dass sowohl der Theismus als auch der Naturalismus metaphysische Weltdeutungen sind. Metaphysik sind sie deswegen, weil sie aus Bedingungen heraus agieren, die sie selbst nicht letztgültig beweisen können.[19] So ist die Grundannahme des Theismus die Existenz Gottes und die kann bekanntlich nicht bewiesen werden. Die Grundannahme des Naturalismus aber, dass sich die Wirklichkeit vollstän-

---

[19]   Vgl. TETENS, Gott der Philosophen, 2015, S. 9f.

dig mit den Methoden der empirischen Wissenschaften beschreiben lässt, ist ebenfalls nur eine Setzung. Denn alles was außerhalb der empirischen, deskriptiven Methoden liegt, kann der Naturalismus weder beweisen noch widerlegen.[20]

So sind der Theismus und der Naturalismus prima facie gleichwertig und es ist legitim, beide Weltdeutungen gegeneinander abzuwägen. Damit nun der Theismus eine ernst zu nehmende Alternative zum Naturalismus sein kann, muss er sich im Rahmen der wissenschaftlichen Logik bewegen und darf nicht den Ergebnissen der empirischen Wissenschaften widersprechen.[21] Eine Alternative zum Naturalismus ist deswegen erforderlich, weil er nicht in der Lage ist, das Körper-Geist-Problem zu lösen und seine praktischen Konsequenzen nicht erstrebenswert sind. Tetens' dialektisch zum Naturalismus angelegter Gegenentwurf einer rationalen Theologie zerfällt dementsprechend in zwei Teile. Im ersten Teil diskutiert er auf der Ebene der theoretischen Vernunft die Vorteile des Theismus und im zweiten Teil urteilt die praktische Vernunft über die Vorzüge des Theismus gegenüber dem Naturalismus.

In der Analyse der theoretischen Probleme des Naturalismus ähnelt Tetens stark Nagels Kritik am Reduktionismus, auf den er sich auch explizit bezieht.[22] Daher werde ich mich im Folgenden auf die theistische Lösung des Körper-Geist-Problems und die Diskussion der praktischen Konsequenzen des Naturalismus im Vergleich zum Theismus konzentrieren.

In seinem ersten Entwurf löst Tetens das Körper-Geist-Problem über die Bestimmung des Menschen als „endliches Ich-Subjekt", das vom „unendlichen Ich-Subjekt" Gott als freies und vernünftiges Wesen geschaffen wurde. Einen Körper braucht das endliche Ich-Subjekt nur, damit es von anderen endlichen Ich-Subjekten unterscheidbar und so als Individuum identifizierbar ist.[23] Ohne materielle Verfassung vergeht der Mensch aber nicht, da er in der Unendlichkeit Gottes aufgehoben ist. Tetens denkt dafür einen Pan*en*theismus an, was bedeutet, dass der gesamte Kosmos in Gott aufgeht, Gott jedoch stets vom Kosmos zu unterscheiden ist.[24] Geist und Körper stehen also in einem gewissen Verhältnis zueinander, der Körper ist aber nicht konstitutiv für den Geist.[25] All das lässt sich für Tetens widerspruchsfrei denken, steht mit den empirischen Wissenschaften nicht im Konflikt und bietet eine Erklärung für das Körper-Geist-Problem. Aufgrund dieses „kosmologischen Arguments", wie Tetens es

---

[20] Vgl. a. a. O., S. 10.
[21] Vgl. HOLM TETENS: Gott denken. Ein Versuch über rationale Theologie (Reclams Universal-Bibliothek, Nr. 19295), Stuttgart (2013) ⁴2015, S. 8f.
[22] Vgl. a. a. O., S. 21ff.
[23] Vgl. a. a. O., S. 29ff.
[24] Vgl. a. a. O., S. 34ff.
[25] Vgl. a. a. O., S. 32.

nennt, ist der Theismus dem Naturalismus auf der theoretischen Ebene überlegen.[26]

Auf der praktischen Ebene ist festzustellen, dass der Theismus mit Gott als Garant Hoffnung, Trost und Sinn vermitteln kann, während der Naturalismus nur die Gleichgültigkeit des kontingenten Universums konstatieren und deswegen kaum zu einem moralischen Leben motivieren kann. Dieses Defizit wiegt sogar schwerer als das Theodizee-Problem, da auch der Naturalismus keine befriedigende Antwort auf das Böse in der Welt geben kann. Aufgrund der Abwägungen der praktischen Vernunft ist der Theismus dem Naturalismus also überlegen. Allerdings ist dieses „moralische Argument" nur im Zusammenspiel mit dem kosmologischen schlagend, da es sonst keine vernünftige Hoffnung, sondern bloßes Wunschdenken wäre.[27]

Da nun aber Tetens Panentheismus einige Schwierigkeiten enthält, das Theodizee-Problem größer als ursprünglich angenommen ist und der Naturalismus doch nicht zwangsläufig nur schlechte Implikationen für die Naturalistin hat, setzt Tetens zu einem zweiten, bescheideneren Versuch an. Der zweite Versuch verzichtet auf das kosmologische Argument und entwickelt den Theismus direkt aus einer Analyse der menschlichen Existenzbedingungen in dialektischer Abgrenzung zum Naturalismus heraus. Die Analyse gipfelt in der sogenannten Behauptung (G):

> (G) Given our understanding of reason, morality, and happiness, the physical universe and the particular position of humanity therein allow themselves to be thought of as a reasonable, sensible, and good entirety then and only then, when God is thought to be the omnipotent, omniscient, completely just and merciful creator and redeemer of both the material world of experience and of humanity.[28]

Behauptung (G) ist also Ausdruck der Beziehung Gottes zu Welt und Menschheit und setzt Gott als Grund für eine vernünftige Hoffnung und als Garanten der menschlichen Vernunft und Moral. Näher kann das Verhältnis zwischen Gott und Kosmos aber nicht bestimmt werden. Daher muss auch von der Vorstellung eines Panentheismus abgerückt werden, da er zu viele denkerische Schwierigkeiten mit sich bringt und letztlich über das Sagbare hinausgeht. Alternativ ließe sich im Anschluss an Wolfgang Cramer Gottes Absolutheit als Prinzip der Bestimmtheit für alle Phänomene in der Welt annehmen, was hier aber nicht weiter ausgeführt werden kann.[29]

Behauptung (G) lässt sich darüber hinaus widerspruchslos zu den Wissenschaften formulieren und argumentativ kohärent plausibilisieren. Dabei fällt

---

[26] Vgl. a. a. O., S. 52ff.
[27] Vgl. a. a. O., S. 78f.
[28] HOLM TETENS: An Outline of a Rational Theology, in: Neue Zeitschrift für Systematische Theologie und Religionsphilosophie 59/4 (2017), S. 531–547, hier: 538.
[29] Vgl. a. a. O., S. 541, FN 9.

Tetens deutlich stärker auf eine negative Theologie zurück als noch bei seinem ersten Entwurf.[30] Außerdem folgt auch sein reformuliertes moralisches Argument direkt aus Behauptung (G). Schließlich kann man den Menschen nur dann als frei und autonom denken, wenn Behauptung (G) zutrifft. Will man diese Vorstellung nicht aufgeben und damit an seiner Moralfähigkeit festhalten, muss man Behauptung (G) annehmen.[31]

Zusammenfassend verbindet Tetens also im ersten Entwurf sein kosmologisches mit einem moralischen Argument und im zweiten die Behauptung (G) mit daraus folgendem moralischem Argument. Leitende Fragestellung bei ihrer Reflektion ist nun, inwieweit sich Tetens Entwürfe als Grundlage für eine vernünftige Hoffnung nutzen lassen.

Gehen wir davon aus, dass eine Hoffnung genau dann vernünftig ist, wenn sie kohärent mit einer allumfassenden Weltdeutung, nicht zu unwahrscheinlich und offen für Korrekturen ist.[32] Die Offenheit für Korrekturen hat Tetens anschaulich vorgemacht und sein Metaphysikverständnis schafft eine gute Grundlage für eine vernünftige Hoffnung. Indem Theismus und Naturalismus erst einmal in ihrem Status als nicht letztgültig beweisbare Weltdeutung gleichgesetzt werden und dann die Vernünftigkeit des Theismus nachgewiesen wird, ist er als eine allumfassende Weltdeutung etabliert, die als Rahmen für eine vernünftige Hoffnung dienen kann. So wird sichergestellt, dass etwaige Hoffnungen, die sich auf Gott stützen, nicht von vorneherein als Wunschdenken zu klassifizieren sind.

Fruchtbar ist ebenfalls Cramers Theorie des Absoluten, die Tetens in einer Fußnote andenkt. Kurz gesagt wird das Absolute zum Prinzip der Bestimmtheit, von dem alles weitere abhängig ist. In Anlehnung an Pannenberg kann dann das Absolute mit Gott identifiziert und als „alles bestimmende Wirklichkeit" bzw. als das strukturierende, bestimmende Prinzip verstanden werden, das hinter der Gesetzmäßigkeit der Naturgesetze steht und als Garant für die vernünftige Hoffnung gelten kann.[33]

In Blick auf Tetens' Handlungs- und Moraltheorie wage ich es allerdings zu bezweifeln, dass es plausibel ist, nur Behauptung (G) als Grundlage für freie, selbstverantwortliche Subjekte zuzulassen. Zumindest kann Nagel auch ohne sie eine Theorie formulieren, in der der Mensch frei und selbstverantwortlich ist. In Blick auf die Theodizee muss zudem gefragt werden, ob Gott nicht eine Welt hätte schaffen können, die sowohl frei als auch leidreduziert ist. Da im

---

[30] Vgl. a. a. O., S. 542.
[31] Vgl. a. a. O., S. 543ff.
[32] Vgl. ebd.
[33] Vgl. a. a. O., S. 541, FN 9.

Gespräch mit bspw. buddhistischen Traditionen zumindest strittig ist, inwiefern eine leidvolle Existenz der Non-Existenz vorzuziehen ist, kann die Vernünftigkeit der göttlichen Schöpfung, so wie sie sich uns darstellt, durchaus hinterfragt werden.

In der Diskussion, inwieweit die theistische Erlösungshoffnung als vernünftig gelten kann, hat Tetens m. E. eine gute Grundlage gelegt. Allerdings muss man wohl sagen, dass Hoffnung niemals beigebracht werden kann und ähnliches gilt vermutlich für die Grundannahmen eines metaphysischen Systems. Wenn also jemand den Gottesgedanken a priori als unvernünftig ablehnt, dann wird er auch die theistische Hoffnung per se als unvernünftig abtun, egal wie stark man sie plausibilisieren kann.

Soweit die philosophische Diskussion um den Naturalismus. Es folgt eine mögliche christlich-theologische Grundierung für eine neue Theorie des Geistes.

4 Die Teleologie als Grundlage einer theologischen Theorie des Geistes

Pierre Teilhard de Chardin legt mit seinem Hauptwerk „Der Mensch im Kosmos" einen Versuch vor, die Gegenwart möglichst plausibel aus der Vergangenheit heraus zu erklären und aufzuzeigen, wohin die Zukunft dementsprechend führen wird. Es handelt sich also um eine holistische Deutung der Geschichte und der Zukunft, in der der Mensch als hermeneutischer Schlüssel dient. Sie ist demnach keine deskriptive Darstellung der Evolution, sondern hat einen heuristischen Charakter.[34] Der Mensch kann deswegen als hermeneutischer Schlüssel dienen, da sich in ihm die beiden Kräfte am deutlichsten zeigen, die die gesamte Entwicklung des Kosmos lenken. Diese beiden Kräfte sind die der zunehmenden Komplexität und die der zunehmenden Einheit. Beide Kräfte ergeben zusammen die kosmische Energie, die Teilhard auch Liebe nennen kann.[35]

Wie eine solche wissenschaftlich verstandene Liebe als kosmische Energie die Entwicklung des Kosmos steuert, lässt sich anhand der drei Entwicklungsphasen verdeutlichen, die Teilhard in der Evolutionsgeschichte identifiziert. Das sind die „Psychogenese", die „Noogenese" und die „Christogenese".

Diese Deutung der Evolutionsgeschichte kann als Grundlage einer christlich gewendeten Teleologie genutzt werden, deren Proprium noch durch zwei zentrale Denkfiguren Pannenbergs verstärkt werden kann.

---

[34] Vgl. PIERRE TEILHARD DE CHARDIN: Der Mensch im Kosmos, München (1959) ⁴2010, S. 21ff.
[35] Vgl. a. a. O., S. 28ff. 272.

Teilhard geht davon aus, dass jedes Phänomen, das im Laufe der Evolution auftritt, bereits in den frühesten Stadien des Entwicklungsprozesses angelegt sein muss. Entwickelt sich also so etwas wie Bewusstsein, dann muss bereits im kleinsten Element, das sich denken lässt, eine Art von Bewusstsein vorhanden sein.[36] Dementsprechend geht Teilhard von einem teleologisch ausgerichteten Panpsychismus aus, in dem durch die fortlaufende Vereinheitlichung und der Komplexitätssteigerung[37] es nach und nach zu einem immer zunehmenden Erwachen des Bewusstseins kommt. Höhepunkt dieser „Psychogenese" ist der Mensch, der über das Bewusstsein hinaus auch ein Selbstbewusstsein entwickelt.[38] Dass ausgerechnet der Mensch diese Evolutionsstufe erreicht, ist jedoch Zufall. Jede andere Spezies hätte sie ebenfalls erreichen können.[39] Teilhard vertritt also keine Teleologie, in der die Zielsetzung den konkreten Entwicklungsprozess vorgibt. Allein das finale Ziel ist ausschlaggebend. Da nun alle Menschen ein Selbstbewusstsein ausbilden, entwickelt sich ein kollektives Bewusstsein, das den Übergang zur „Noogenese" markiert.

Die Noogenese stellt gegenüber der Psychogenese einen neuen Abschnitt der Evolution dar, weil es sich nun nicht mehr um die Ausbildung allgemeiner Geistphänomene handelt. Vielmehr schreiten die menschliche Erkenntnis und sein Verständnis vom Universum immer weiter voran. Gleichzeitig schließen sich die Menschen zu immer komplexeren sozialen und kulturellen Einheiten zusammen. Die allumfassende Liebe nimmt dementsprechend zu und kollektive Bewusstsein wird gestärkt.[40]

Doch auch wenn der Fortgang der Evolution sich während der Noogenese auf den Menschen konzentriert, handelt es sich nach wie vor um eine Weiterentwicklung des ganzen Kosmos. Mit Julian Huxley lässt sich sogar sagen, dass die Evolution im Menschen zu ihrem Bewusstsein kommt und sich nun selbst wahrnehmen kann. Damit wird der Mensch aber auch verantwortlich für den weiteren Verlauf der Evolution.[41]

Der Mensch verfällt jedoch angesichts seiner zentralen Rolle für die Evolution in Angstzustände, die sich in den sozialen Unruhen der Moderne niederschlagen und sogar zu einer Stagnation des Evolution führen können, da sich der Kosmos ohne den Menschen nicht mehr weiterentwickeln kann.[42] Um diesen Ängsten und der drohenden Stagnation entgegen treten zu können, muss man dem Menschen ihr mit der vernünftigen Hoffnung begegnen, dass die Evolution zu einem guten Ende kommen wird. Die Hoffnung ist deswegen vernünf-

---

[36] Vgl. a. a. O., S. 61.
[37] Vgl. a. a. O., S. 64.
[38] Vgl. a. a. O., S. 165ff
[39] Vgl. a. a. O., S. 105ff.
[40] Vgl. a. a. O., S. 211f./ 220.
[41] Vgl. a. a. O., S. 224f.
[42] Vgl. a. a. O., S. 231ff.

tig, weil die Entwicklungsgeschichte im Allgemeinen bis heute ein Erfolg war und man darauf vertrauen kann, dass dieser Prozess auch weiterhin positiv fortgeführt wird.[43]

Das Ziel der gesamten Evolution ist der sogenannte „Punkt Omega". Weil es sich beim Punkt Omega aber um die Vervollkommnung des Kosmos *und* des Menschen handelt, kulminieren in ihm alle geistigen Errungenschaften und Personen, die die Menschheit hervorgebracht hat. Bei der Entwicklung zum Punkt Omega handelt es sich also um eine „Super-Personalisation", bei der aber die einzelne Person nicht marginalisiert, sondern in ihrer Personalität im Wechselverhältnis zum Kollektiv sogar noch gestärkt wird.[44] Punkt Omega übernimmt bei diesem Prozess die Rolle eines Gravitationszentrums, von dem alle Personen durch die Kraft der Liebe angezogen werden. Um dieser Rolle gerecht zu werden, kann Punkt Omega jedoch nicht nur ein Phänomen sein, das seine Wirkung irgendwann einmal in der Zukunft entfaltet. So ist Omega zwar der Flucht- und Endpunkt der Evolution, doch durch die Liebe wirkt seine Anziehungskraft bereits in die Gegenwart hinein, indem er die zunehmende Vereinigung und damit auch die steigende Komplexität aller Elemente verursacht.[45]

Aus dieser Beschreibung lassen sich einige Charakteristika von Punkt Omega ableiten. Zum einen ist er stets gegenwärtig und wirkt auf die Prozesse des Kosmos ein. Dadurch, dass er von außen diese Prozesse beeinflusst, steht er zum anderen außerhalb dieser Prozesse und ist daher keiner Veränderung unterworfen. Zudem unterliegt Punkt Omega nicht den gleichen Prinzipien der steigenden Komplexität und der zunehmenden Einheit wie die Evolution, vielmehr ist er durch die Energie der Liebe der Grund für diese Prinzipien. Als allgegenwärtiges, unveränderliches und unbedingtes Phänomen hat Punkt Omega letztlich einen transzendenten Charakter, der über die immanente Welt hinausgeht.[46]

Aufgrund dieser Nähe zu einem christlichen Gottesbegriff überrascht es nicht, dass Teilhard Punkt Omega schließlich mit Christus identifiziert, der als Logos die gesamte Schöpfung lenkt und zu ihrem Ziel führt. Deswegen lässt sich diese letzte Entwicklungsstufe zum Punkt Omega auch als Christogenese beschreiben.[47] Hier wird einmal mehr der heuristische Charakter der Deutung der Geschichte deutlich.

---

[43] Vgl. a. a. O., S. 238f.
[44] Vgl. a. a. O., S. 266ff. 270f.
[45] Vgl. a. a. O., S. 277ff.
[46] Vgl. ebd.
[47] Vgl. a. a. O., S. 308ff.

Soweit die Darstellung von Teilhards Beschreibung der Evolutionsgeschichte. Es hat sich gezeigt, dass Christus gleichzeitig die treibende Kraft und das Ziel der Evolution des Kosmos ist. Um das Profil einer solchen christlichen Teleologie noch weiter auszuarbeiten, werden Teilhards Überlegungen nun mit einigen Elementen der Theologie Wolfhart Pannenbergs angereichert. Allerdings kann das hier nur skizzenhaft vorgeführt werden, indem Pannenbergs Rede von der „Teilhabe der Schöpfung an der Selbstunterscheidung Gottes" als leitendes Prinzip der Geschichte und vom Eschaton als „entscheidende Deutungsgröße für die menschliche Lebenswirklichkeit" mit Teilhard ins Gespräch gebracht wird.

Eine zentrale Deutungsfigur in Pannenbergs Systematik ist, dass sich Gott-Sohn freiwillig von Gott-Vater selbstunterscheidet, um den Vater damit die Ehre als dem einen Gott zu geben. Im Zuge dieser Selbstunterscheidung nimmt der Sohn eine Form an, die maximal vom Vater unterschieden ist, nämlich die des Geschöpfes. Damit nun aber das Wesen, in das der Sohn inkarniert, diese Selbstunterscheidung auch nachvollziehen kann, muss sich im Laufe der Evolution ein Wesen entwickeln, das über Selbstbewusstsein verfügt. Die Entwicklung des Menschen als dieses selbstbewusste Wesen ist also nicht reiner Zufall, wie man bei Teilhard meinen könnte, sondern verfolgt einen höheren Zweck.[48]

Eine andere zentrale Denkfigur der Systematik ist, die Gegenwart des Menschen immer im Horizont des Eschatons zu deuten. Dabei kann dann der Tod und vor allem die Auferstehung Christi als Verifikationsmoment der Hoffnung auf die eigene Auferstehung dienen. In der Antizipation des Endgerichts lässt sich zudem der damit verbundene Reinigungsprozess vorwegnehmen, indem Buße und Vergebung bereits in der Gegenwart vollzogen werden.[49] Durch das Verifikationsmoment des Kreuzes wird also die vernünftige Hoffnung genährt und durch die Antizipation des Endgerichts die Sittlichkeit gestärkt.

Beide Denkfiguren helfen, Teilhards allgemeiner Beschreibung der Evolution ein christliches Proprium zu verleihen. Christus nimmt so die Funktion eines heuristischen Leitprinzips ein, anhand dessen der Fortschritt der Entwicklung des Kosmos begründet, die Rolle des Menschen bestimmt und die Vernünftigkeit der (christlichen) Hoffnung weiter plausibilisiert werden kann. Eine christliche Teleologie ist gewiss noch genauer auszuarbeiten, doch bietet die Verbindung eines kosmologischen und eines soteriologischen Christusverständnisses eine gute Grundlage, um weiter zu denken.

Abschließend möchte ich versuchen, die unterschiedlichen argumentativen Fäden zumindest ansatzweise zusammenzuführen.

---

[48] Vgl. WOLFHART PANNENBERG: Systematische Theologie. Gesamtausgabe, Bd. II, Göttingen 2015, S. 34ff. 48f. 79f.

[49] Vgl. WOLFHART PANNENBERG: Systematische Theologie. Gesamtausgabe, Bd. III, Göttingen 2015, S. 649ff. 657ff.

5 Mögliche Aspekte einer neuen Theorie des Geistes

Bei meinen Ausführungen habe ich mich besonders auf die drei Grundlinien Antireduktionismus, vernünftige Hoffnung und Teleologie konzentriert. Diese sollen im Folgenden noch einmal kurz aufgenommen und miteinander ins Gespräch gebracht werden.

Besonders hilfreich für eine neue Theorie des Geistes ist Nagels Antireduktionismus. Er zeigt überzeugend, dass das Subjektive keinesfalls in das Objektive übersetzbar ist. Den Problemen, die aus seiner Teleologiekonzeption resultieren, lässt sich m. E. gut mit Teilhards Ansatz begegnen. Eine Teleologie muss nicht die einzelnen Schritte bei der Zielverfolgung determinieren und der Mehrwert eines erwachenden Kosmos lässt sich als Prozess hin zu seiner Vollendung respektive Erlösung bestimmen. Außerdem wird die zentrale Bedeutung des Menschen deutlich, die sich mit Pannenberg noch weiter aufladen lässt. Auf dieser Grundlage könnte die Idee des anthropischen Prinzips, das besagt, dass der Mensch und damit der menschliche Geist nicht Zufallsprodukte der Evolution sind, weiter ausgebaut werden.

Interessant wäre es zudem, den „Blick von nirgendwo" mit dem Gedanken des Absoluten ins Gespräch zu bringen, wobei auch Teilhards alles bedingender „Punkt Omega" ein fruchtbarer Gesprächspartner ist. So ließe sich plausibilisieren, warum Gott als gerechten Erlöser zu denken ist, was die Hoffnung auf sein gerechtes Handeln vernünftiger machen würde. Dieser soteriologische Aspekt Gottes könnte dann in seinem Verhältnis zur kosmologischen Rolle Christi weiter ausgearbeitet werden.

Tetens wiederum hat trotz einiger Schwierigkeiten gut gezeigt, wie man die Vernünftigkeit des Theismus erweisen kann. So wird zwar niemand allein durch Argumente von einem Glauben an Gott überzeugt, doch kann der Erweis der Vernünftigkeit des Theismus durchaus einige kognitive Dissonanzen überwinden[50] und den Theismus als gleichwertige Weltdeutung neben anderen auszeichnen. Damit hat Tetens eine Grundlage dafür geschaffen, von einer vernünftigen Hoffnung sprechen zu können, die sicherlich nicht allein von wissenschaftlichem Interesse ist.

Nimmt man Teilhards und Pannenbergs Gedanken der „Christogenese" und des Verifikationsmoments des Kreuzes dazu, lässt sich diese vernünftige Hoffnung weiter untermauern. Genauer auszuführen wären dabei der Erlösungsgedanke und seine Konsequenzen für den Moralbegriff. Hier stellt Pannenbergs Rede vom vorgreifenden Wirken der eschatologischen Antizipation einen möglichen Denkanstoß dar.

Die an Teilhard und Pannenberg orientierte Teleologie mit dem kosmologischen und soteriologischen Christusverständnis kann also als Bindeglied zwi-

---

[50] Zu denken ist bspw. an die Überwindung des vermeintlichen Widerspruchs von Glauben und Vernunft bzw. von Glauben und (Natur-)Wissenschaft.

schen den Philosophen Nagel und Tetens und der Transformation ihrer Denkfiguren in christlich-theologische Kontexte dienen. Außerdem liegt ihre Stärke in der Charakterisierung als heuristisches und nicht als empirisches Prinzip. Auf diese Weise lässt sich bspw. der Konflikt mit den Paradigmen der Biologie entschärfen.

Mögliche Aspekte einer neuen Theorie des Geistes lassen sich dementsprechend mit den Stichworten Antireduktionismus, vernünftige Hoffnung und Teleologie zusammenfassen. Der Antireduktionismus und Teleologie können dabei eine zentrale Rolle im Dialog mit den anderen Wissenschaften spielen, während die vernünftige Hoffnung durchaus an gesellschaftlicher Relevanz gewinnen kann.

Literaturverzeichnis

ARISTOTELES: Physik. Vorlesung über Natur, Erster Halbband: Bücher I(A)–IV(Δ), hg. und übs. von HANS GÜNTER ZEKL, Hamburg 1987, II/8.
NAGEL, THOMAS: Der Blick von nirgendwo (STW 2035), Frankfurt am Main (2012) ²2015.
NAGEL, THOMAS: Geist und Kosmos. Warum die materialistische neodarwinistische Konzeption der Natur so gut wie sicher falsch ist (STW 2151), Berlin (2013) ²2016.
NAGEL, THOMAS: What Is It Like to Be a Bat? Wie ist es, eine Fledermaus zu sein?, hg. und übs. von ULRICH DIEHL, (Reclams Universal-Bibliothek Nr. 19324), Stuttgart 2016.
ORR, H. ALLEN: Awaiting a New Darwin. Par. 4, http://www.nybooks.com/articles/2013/02/07/awaiting-new-darwin/ (zuletzt geprüft am 23.02.2018).
PANNENBERG, WOLFHART: Systematische Theologie. Gesamtausgabe, Bd. II, Göttingen 2015.
PANNENBERG, WOLFHART: Systematische Theologie. Gesamtausgabe, Bd. III, Göttingen 2015.
TEILHARD DE CHARDIN, PIERRE: Der Mensch im Kosmos, München (1959) ⁴2010.
TETENS, HOLM: An Outline of a Rational Theology, in: Neue Zeitschrift für Systematische Theologie und Religionsphilosophie 59/4 (2017), S. 531–547.
TETENS, HOLM: Der Gott der Philosophen. Überlegungen zur Natürlichen Theologie, in: Neue Zeitschrift für Systematische Theologie und Religionsphilosophie 57/1 (2015), S. 1–13.
TETENS, HOLM: Gott denken. Ein Versuch über rationale Theologie (Reclams Universal-Bibliothek, Nr. 19295), Stuttgart (2013) ⁴2015.

Der Protestantismus und die Frage nach der Debatte um den „gerechten Krieg" in den Printmedien am Beispiel des Afghanistaneinsatzes der Bundeswehr

Frederice Charlotte Stasik

1 Einleitung

„Ihr beherrscht den Krieg und wir die Moral", schreibt Reinhard Bingener, Journalist der Frankfurter Allgemeinen Zeitung, am 5. Februar 2011 in einem Bericht über die Afghanistan-Reise des EKD-Ratsvorsitzenden Nikolaus Schneider. Er fasst damit die Devise der evangelischen Kirche in der medialen Wahrnehmung nach der „Nichts ist gut in Afghanistan" – Neujahrspredigt 2010 von Margot Käßmann zusammen.[1] Und knüpft an den kontrovers diskutierten, bundesweit geführten Diskurs um die Notwendigkeit und Legitimität des Afghanistaneinsatzes der Bundeswehr an, der zwischen den Terroranschlägen des 11. September 2001 und dem Auslaufen des NATO-geführten International Security Assistance Force (ISAF) Einsatzes 2014 zu verorten ist. Ausgangspunkt dieser Untersuchung[2] war die langjährige Debatte um einen Paradigmenwechsel hinsichtlich des Konzeptes des „gerechten Krieges". Aus welchen Perspektiven und in welcher Form hat – so die Fragestellung – die theologische Debatte um den „gerechten Krieg" in die deutschen, überregionalen Printmedien Eingang gefunden? Als methodischer Zugang zur Beantwortung der angesprochenen Fragestellung wurde im ersten Schritt nach den Stichwörtern „Afghanistan + gerechter Krieg + evangelische Kirche" in den ausgewählten Printmedien gesucht. Der daraus resultierende Quellencorpus n=68 erstreckt sich über die Bandbreite der deutschen Printmedienlandschaft, so in der *Bild* in der Bundesausgabe, *Die Welt*, *Die Zeit*, *Frankfurter Allgemeine Zeitung* (FAZ), *Süddeutsche Zeitung* (SZ), *Junge Welt* (jW), die *tageszeitung* (taz) sowie in den Nachrichtenmagazinen *Der Spiegel*, *Focus* und *Stern*. Die Zeitungen *Das Handelsblatt* sowie die *Frankfurter Rundschau* (FR) wurden zwar ebenso untersucht, es gab allerdings keine

---

[1] REINHARD BINGENER: Nicht gerecht, nicht selbstgerecht. Die Reise der EKD nach Afghanistan soll das Bild der Kirche zurechtrücken – nicht nur bei den Soldaten, in: Frankfurter Allgemeine Zeitung, 05.02.2011.

[2] Die Untersuchung wurde im Rahmen der Bachelorarbeit für den Studiengang Geschichte an der LMU München unter der Betreuung von Frau Prof. Claudia Lepp durchgeführt.

Quellenfunde. Die Auswahl der Printmedien richtet sich nach der Auflagenstärke der jeweiligen Zeitungen nach der Ausweisung der *Informationsgemeinschaft zur Feststellung der Verbreitung von Werbeträgern e.V.* (IVW).[3] Einen Sonderfall bilden die Artikel in der *Berliner Zeitung*[4] und im *Tagesspiegel*[5], welche nur aufgrund ihrer Relevanz in der medialen Berichterstattung, auf die später genauer eingegangen wird, in die Untersuchung mit aufgenommen wurden. In einem zweiten Schritt wurde der Quellencorpus einer ersten Untersuchung in Bezug auf allgemeine Merkmale, Autoren, journalistische Darstellungsformen, Visualisierungen, Platzierung der Beiträge, Diskursstilistik und Meinungsäußerungen unterzogen. Der Schwerpunkt der Untersuchung lag auf der Analyse der medialen Präsenz im Zeitverlauf, der religiösen Akteure und ihren jeweiligen Rollenzuschreibungen und der evangelischen Begründungsfiguren.

2 Berichterstattungen

Nach dem Spiegelmodell von Öffentlichkeit von Niklas Luhmann ist die veröffentlichte „thematische Struktur öffentlicher Kommunikation" das Ergebnis einer Selektion nach Aufmerksamkeitskriterien und somit eine Konstruktion der Wirklichkeit durch die Medien.[6] Demnach differenzieren die Massenmedien zwischen Information als positivem Wert und Nicht-Information als negativem Wert. Auf der Unterscheidung dessen baut das System der Selektion von Informationen auf.[7] Die Medienwissenschaft fragt unter anderem nach der Medienproduktion, also nach den Kriterien der Veröffentlichung einer Information. Verschiedene Faktoren wirken auf die Medienproduktion ein, der Nachrichtenwert ist entscheidend für oder gegen eine Veröffentlichung. Im Rahmen

---

[3] Die Informationsgemeinschaft zur Feststellung der Verbreitung von Werbeträgern e.V.: http://www.ivw.eu/aw/print/mitglieder (zuletzt geprüft am 25.04.2018).
[4] KATJA TICHOMIROWA: Die EKD-Ratsvorsitzende, Margot Käßmann, über Krieg, Gewalt als Mittel der Politik und den Trost der Weihnachtsbotschaft: „Was in Afghanistan geschieht, ist nicht zu rechtfertigen", in: Berliner Zeitung, 24.12.2009; KATJA TICHOMIROWA / HOLGER SCHMALE: Die Ratsvorsitzende der evangelischen Kirche, Margot Käßmann, dringt auf geordneten Abzug der Bundeswehr aus Afghanistan / SPD-Führung schreibt an die Soldaten: „Es gibt keinen gerechten Krieg", in: Berliner Zeitung, 24.12.2009; CHRISTIAN SIEPMANN: Wir leben nun einmal nicht in einer sündlosen Welt, in: Berliner Zeitung, 11.01.2010.
[5] CLAUDIA KELLER: „Der Einsatz ist im Moment nicht zu rechtfertigen." Rückendeckung in der evangelischen Kirche für die EKD-Ratsvorsitzende Käßmann und ihre umstrittenen Aussagen zu Afghanistan, in: Der Tagesspiegel, 05.01.2010, S. 6; CLAUDIA KELLER: Kaum etwas ist gut, in: Der Tagesspiegel, 28.01.2014, S. 2; ROBERT LEICHT: LEICHTS Sinn: So einfach gibt es in Afghanistan keinen Frieden, in: Der Tagesspiegel, 04.01.2010, S. 8.
[6] NIKLAS LUHMANN: Die Realität der Massenmedien, (1995) ⁵2017, S. 9.
[7] A. a. O., S. 31.

der Nachrichtenwerttheorie – zurückgehend auf Walter Lippmann,[8] ausgebaut von Johan Galtung und Mari Ruge[9] – wird davon ausgegangen, dass anhand der Kriterien Frequenz, Aufmerksamkeitsschwelle, Eindeutigkeit, Bedeutsamkeit, Konsonanz, Überraschung, Kontinuität und Variation der sogenannte Nachrichtenwert ermittelt wird. Denn je höher der Nachrichtenwert, desto niedriger ist die Aufmerksamkeitsschwelle, die überwunden werden muss, um das Publikum zu erreichen. Aus der Politikberichterstattung entsprungen ist das Phänomen einer starken Personalisierung der medialen Aufmerksamkeit, die vor allem in Form einer Orientierung an Prominenten, der sog. Prominenzorientierung, auftritt.[10]

Ein spezieller Fall der Berichterstattung ist die Kriegsberichterstattung, diese unterliegt neben den „klassischen" Kriterien der Medienproduktion zusätzlich noch unterschiedlichen Interessen: einerseits dem Eigeninteresse der Medien, über den Krieg zu berichten, andererseits dem Eigeninteresse der Politik und des Militärs.[11] Zudem vereint sie einige charakteristische Merkmale, die sie von der allgemeinen Berichterstattungen unterscheidet: erstens Polarisierung auf ein Feindbild, zweitens Delegitimierung des Gegners durch seine Dehumanisierung, drittens patriotischer Journalismus, dazu zählt auch Bündnispatriotismus, und viertens Opferberichterstattung.[12] Zudem beschäftigen sich die Medien häufig intensiv mit der Frage nach der Legitimität von Kriegen. Der Einsatz der Bundeswehr in Afghanistan bildet hier mehrfach einen Sonderfall: Erstens gibt es eine intensive mediale Auseinandersetzung zu der Frage, ob es sich um Krieg handelt oder nicht.[13] Zweitens: Die mediale Wahrnehmung des kriegsähnlichen Zustands in Afghanistan ist stark von der US-amerikanischen Berichterstattung, die offen vom „war on terror" spricht, geprägt.[14] Drittens: Das militärische Engagement jenseits der Grenzen der Bundesrepublik ist meist mit

---

[8] MICHAELA MAIER / KARIN STENGEL / JOACHIM MARSCHALL: Nachrichtenwerttheorie, Baden-Baden 2010, S. 14.

[9] ELISABETH RAUCHENZAUNER: Schlüsselereignisse in der Medienberichterstattung, Wiesbaden 2008, S. 48.

[10] FLORIAN HÖHNE: Einer und alle. Personalisierung in den Medien als Herausforderung für eine evangelische Öffentliche Theologie der Kirche. Öffentliche Theologie Bd. 32, hg. von HEINRICH BEDFORD-STROHM / WOLFGANG HUBER, Leipzig 2015, S. 263–265.

[11] BERNADETTE LINDER: Terror in der Medienberichterstattung, Wiesbaden 2011, S. 60.

[12] MIRA BEHAM: Kriegsberichterstattung – vom Telegrafen zum Echtzeitkrieg und Internet, in: Gute Medien – Böser Krieg? Medien am schmalen Grat zwischen Cheerleadern des Militärs und Friedensjournalismus, hg. von THOMAS ROITHNER, Wien 2007, S. 39–55, hier: 51ff.

[13] MATTHIAS KARMASIN / WERNER FAULSTICH (Hg.): Krieg – Medien – Kultur. Neue Forschungsansätze, Paderborn 2007, S. 21.

[14] CHRISTINA WANKE: Die Darstellung Afghanistans in den Hauptnachrichtensendungen. Eine Struktur- und Inhaltsanalyse, Wiesbaden 2012, hier: S. 51.

einer hohen Berichterstattungsfrequenz verbunden.[15] Schon kurz nachdem die Bundeswehr ihren Afghanistaneinsatz begonnen hatte, wurde deutlich, dass ein erhebliches Kommunikationsdefizit bestand: Zunächst wurde der Einsatz offiziell nicht als Krieg bezeichnet, da von Seiten der Politik fortwährend die humanitären Aspekte betont wurden. Dies zeigt sich beispielsweise in der Rede zu den Bundestagsmandat(-verlängerung)en, in der von „Friedensmission" oder „humanitäre[r] Intervention" gesprochen wurde.[16] 2007 prägte Horst Köhler den Begriff des „freundlichen Desinteresses", mit dem die Haltung der deutschen Bevölkerung dem medialen Interesse gegenüber der Bundeswehr im Afghanistaneinsatz beschrieben werden sollte.[17] Mit den sogenannten „Karfreitagsgefechten" vom 2. April 2010 erreichte die mediale Debatte mit der Frage nach der Sinnhaftigkeit des Einsatzes einen Höhepunkt. Der damalige Verteidigungsminister Karl-Theodor zu Guttenberg erklärte, dass man angesichts des Einsatzes der Bundeswehr in Afghanistan „umgangssprachlich von Krieg reden" könne.[18] Gerade solche für die Medien griffigen und prägnanten Sätze wie z. B. die Aussage des damaligen Verteidigungsministers Peter Struck, Deutschland werde „auch am Hindukusch verteidigt"[19], oder Margots Käßmanns „Nichts ist gut in Afghanistan" wurden schnell Mittelpunkt der medialen Berichterstattung.[20] Auch wenn sich die mediale Aufmerksamkeit gerade auf solche Äußerungen richtete, trat immer wieder das Phänomen der Verdrängung aus der medialen Berichterstattung durch andere Ereignisse ein. Beispielsweise dominierte die Berichterstattung über zwei deutsche gefallene Soldaten 2009 die mediale Berichterstattung,[21] bis zwei Tage später dieses Er-

---

[15] CHRISTIAN THIELS: In weiter Ferne so nah, in: Am Hindukusch – und weiter? Die Bundeswehr im Auslandseinsatz: Erfahrungen, Bilanzen, Ausblicke, hg. von RAINER L. GLATZ / ROLF TOPHOVEN, Bonn 2015, S. 284–298, hier: 285f.
[16] DEUTSCHER BUNDESTAG, Stenografischer Bericht 14/210, S. 20826.
[17] HORST KÖHLER: Einsatz für Freiheit und Sicherheit. Rede von Bundespräsident Horst Köhler bei der Kommandeurtagung der Bundeswehr am 10. Oktober 2005 in Bonn, http://www.bundespraesident.de/SharedDocs/Reden/DE/Horst-Koehler/Reden/2005/10/20051010_Rede_Anlage.pdf;jsessionid=985BB3E8B8A36C73644248013DDC6E4B.1_cid378?__blob=publicationFile&v=2 (zuletzt geprüft am 15.05.2018).
[18] BERNHARD CHIARI: Der Afghanistan-Einsatz der Bundeswehr aus militärhistorischer Sicht, in: Am Hindukusch – und weiter? Die Bundeswehr im Auslandseinsatz. Erfahrungen, Bilanzen, Ausblicke, hg. von RAINER L. GLATZ / ROLF TOPHOVEN, Bonn 2015, S. 139–155, hier: 146.
[19] DEUTSCHER BUNDESTAG, Stenografischer Bericht 15/97, S. 8601.
[20] Abdruck der Neujahrspredigt in MARGOT KÄßMANN: Fantasie für den Frieden oder: Selig sind, die Frieden stiften, Frankfurt a. M. 2010.
[21] ROLF KLEINE: Drei deutsche Soldaten fallen im Kampf – Bundeswehr im Krieg! Verletzte, schwere Gefechte – wie blutig wird Afghanistan noch?, in: Bild, 24.06.2009; vgl. ULF VON KRAUSE: Die Afghanistaneinsätze der Bundeswehr. Politischer Entscheidungsprozess mit Eskalationsdynamik, Wiesbaden 2011, S. 232.

eignis durch den Tod von Michael Jackson am 26. Juni 2009[22] in der medialen Berichterstattung überschattet wurde.[23]

Die Berichterstattung über die evangelische(n) Kirche(n) wurde bis in die Anfänge der 2000er Jahre von nicht-personalisierter Berichterstattung dominiert. Die Anfänge einer stark personalisierten Berichterstattung stellt die Theologin Marlies Finderson allerdings bereits in Bezug auf den Kirchentag 1981 anhand einer deutlichen Orientierung an Prominenten fest, mit dem Fazit: „Durch die Konzentration auf Amtsträger erhält das publizistische Kirchenbild starke Züge einer Amtskirche."[24] Problematisch für die Berichterstattung über Religion, Theologie und Kirche ist die fehlende Sichtbarkeit, denn zahlreiche Massenmedien arbeiten mit einer fokussierten Visualisierung der Ereignisse. Somit treten hier sogenannte Symbolbilder in Erscheinung, die diese Lücke füllen.

Parallel zu den historischen Ereignissen lässt sich der hier in der Untersuchung betrachtete Zeitraum vom 11. September 2001 bis zum Ende des Jahres 2014 in Bezug auf die Fragestellung in fünf Phasen einteilen.

1. Phase: Reaktion auf die Ankündigung des „war on terror"
2001 begann in Folge der Terroranschläge in den USA am 11. September 2001 und des vor allem durch die Medien aufgerufenen Ausnahmezustands der gesellschaftliche Diskurs um eine deutsche Beteiligung in Afghanistan. Die beiden Sicherheitsratsresolutionen 1368 und 1373 der UN[25] legitimierten die Gewaltanwendung,[26] daraufhin wurde am 4. Oktober 2001 erstmalig der Nato-Bündnisfall nach Artikel 5 des Nordatlantikvertrags ausgerufen.[27] Die Debatte um die deutsche Beteiligung an der US-geführten Operation Enduring Freedom (OEF) zur Terrorismusbekämpfung in Afghanistan begann mit folgender Äußerung des damaligen Bundeskanzlers Gerhard Schröder bereits am 12. September 2001: „Es geht jetzt um die Solidarität mit den Vereinigten Staaten, es geht um die Tatsache, dass Deutschland fest an der Seite der Vereinigten Staaten steht, und uneingeschränkt, ich betone das, uneingeschränkte Solidarität

---

[22] „Gestern, 21.21 Uhr. Michael Jackson. Herzstillstand!", in: Bild, 26.06.2009.
[23] VON KRAUSE, Afghanistaneinsätze, 2011, S. 232.
[24] MARLIES FINDERSON: Das Bild der evangelischen Kirche in der medialen Öffentlichkeit. Dargestellt und analysiert anhand der Zeitungsberichte über den 19. Deutschen Evangelischen Kirchentag Hamburg 1981, Göttingen 1991, S. 161.
[25] Charta der Vereinten Nationen und Statut des Internationalen Gerichtshofs, in: Bundesgesetzblatt (1973), II. Tag der Ausgabe, S. 505–531. Online-Ausgabe: https://www.unric.org/html/german/pdf/charta.pdf (zuletzt geprüft am 08.06.2018).
[26] TORSTEN MAURER / JENS VOGELGESANG / MORITZ WEIß / HANS-JÜRGEN WEIß: Aktive oder passive Berichterstatter? Die Rolle der Massenmedien während des Kosovo-, Afghanistan- und Irakkriegs, in: Massenmedien als politische Akteure. Konzepte und Analysen, hg. von BARBARA PFETSCH / SILKE ADAM, Wiesbaden 2008, S. 142–170, hier: 162.
[27] ANDREAS WIRSCHING: Der Preis der Freiheit. Geschichte Europas in unserer Zeit, Bonn 2012, S. 213.

übt."[28] Schröder koppelte am 16. November 2001 die Entscheidung um ein Bundestagsmandat für einen „Kampf gegen den internationalen Terror" an die Vertrauensfrage nach Artikel 68 Absatz 1 des Grundgesetzes[29] um eine eigene Mehrheit. Diese wurde nur knapp erreicht.[30] Auch die Kirchen meldeten sich hier angesichts der Fragen nach Krieg und Frieden zu Wort und standen dem Bundeswehreinsatz eher kritisch gegenüber.[31] Auffällig ist, dass besonders die *taz* die Kirchen stark in die Frage nach Kriegslegitimation einband.[32] Die UN-Resolution 1510 vom 13. Oktober 2003 weitete den NATO-Einsatz „auf alle Teile Afghanistans"[33] aus. Gleichzeitig war eine zunehmende Militarisierung des Einsatzes nach der Devise „Kunduz 2003 bis 2012: vom Stabilisierungseinsatz zur Aufstandsbekämpfung", wie Bernhard Chiari feststellte, zu beobachten.[34]

2. Phase: Irakkrieg
Angesichts des drohenden Irakkriegs gab es vereinzelt Rückblicke auf die bereits gemachten Erfahrungen in Afghanistan. Die frühen Zweifel, welche bereits zu Beginn des Afghanistaneinsatzes gerade auch von Seiten der Partei des Demokratischen Sozialismus (PDS) und zum Teil von den Grünen, die mit an der Regierung beteiligt waren, geäußert worden waren, wurden hier wieder aufgegriffen. Strucks Kommentar „Die Sicherheitslage hat sich entscheidend verändert. Deutschland wird absehbar nicht mehr durch konventionelle Streitkräfte bedroht. Unsere Sicherheit wird nicht nur, aber auch am Hindukusch verteidigt, wenn sich dort Bedrohungen für unser Land wie im Fall international organisierter Terroristen formieren."[35] wurde von der Printpresse zahl-

---

[28] DEUTSCHER BUNDESTAG: Regierungserklärung des Bundeskanzlers Gerhard Schröder zu den Anschlägen in den Vereinigten Staaten von Amerika, Stenografischer Bericht 14/186, S. 18293.
[29] GG Art. 68 Abs. 1.
[30] Stimmenverhältnis: 336 zu 326, keine Enthaltung, vgl. DEUTSCHER BUNDESTAG, Stenografischer Bericht 14/202, S. 1989³; ALEXANDER WEINLEIN: Mit „uneingeschränkter Solidarität" in den Krieg, in: Das Parlament 50–51, 08.12.2014; vgl. VON KRAUSE, Afghanistaneinsätze, 2011, S. 204–208.
[31] GERHARD ARNOLD: Gerechter Frieden am Hindukusch. Die evangelische Kirche und der Afghanistan-Konflikt 2008–2010, in: Kirchliches Jahrbuch für die Evangelische Kirche in Deutschland 2/2010, hg. von HORST GORSKI / KLAUS-DIETER KAISER / CLAUDIA LEPP / HARRY OELKE, Gütersloh 2013, S. 58–141; vgl. BERND KIRCHSCHLAGER: Kirche und Friedenspolitik nach dem 11. September 2001. Protestantische Stellungnahmen und Diskurse im diachronen und ökumenischen Vergleich. Kontexte. Neue Beiträge zur historischen und systematischen Theologie Bd. 38, Göttingen 2007, S. 138–146.
[32] Z. B. BERNHARD PÖTTER: Die Kirchen müssen sich gegen den Krieg aussprechen. Keine Rücksicht auf Realpolitik, in: Die Tageszeitung, 09.11.2001, S. 12.
[33] UN-SICHERHEITSRAT: Resolution 1510 (2003) vom 13. Oktober 2003, in: Resolutionen und Beschlüsse des Sicherheitsrats vom 1. August 2003 bis 31. Juli 2004, S. 153, http://www.un.org/depts/german/sr/sr_03-04/sr1510.pdf (zuletzt geprüft am 25.04.2018).
[34] CHIARI, Afghanistan-Einsatz, 2015, S. 143f.
[35] DEUTSCHER BUNDESTAG, Stenografischer Bericht 15/97, S. 8601.

reich durch die verkürzte Aussage „Deutschland wird am Hindukusch verteidigt" wiedergegeben.³⁶ Die wenigen Quellenfunde in dieser zweiten Phase lassen sich wahrscheinlich darauf zurückführen, dass die Berichterstattung von der Frage nach der Legitimation des Irakkrieges dominiert wurde.³⁷ 2006 stieg erstmals seit dem Beginn des Afghanistaneinsatzes im Rahmen der sogenannten „Totenkopfaffäre" um makabre Fotos, auf denen Bundeswehrangehörige mit menschlichen Gebeinen posieren, die mediale Berichterstattung in Deutschland wieder an.³⁸

3. Phase: Reaktion auf die Veröffentlichung der EKD-Denkschrift
Die Veröffentlichung der EKD-Denkschrift „Aus Gottes Frieden leben – für gerechten Frieden sorgen" im Jahr 2007 fand vereinzelt mediale Resonanz. Auffällig ist hierbei, dass die Quellenfunde ausschließlich in den „Qualitätszeitungen" gemacht werden.³⁹ Zu diesem Zeitpunkt wurde in der deutschen Politik nicht offiziell von Krieg gesprochen, sondern der humanitäre Aspekt des Einsatzes betont. Je deutlicher die Informationen, die die Bevölkerung erreichten, auf den militärischen Aspekt der Einsätze bezogen waren, desto stärker war die Ablehnung.⁴⁰

Die Kulminationsphase, in der die Menge und die Dichte der Artikel des Quellencorpus' um die Afghanistan-Debatte am höchsten ist, erstreckt sich über einen Zeitraum von sechs Wochen, von der ersten Januarwoche des Jahres 2010 bis Mitte Februar 2010.⁴¹

4. Phase: Reaktion auf die Neujahrspredigt von Margot Käßmann
Bereits 2009 in seiner Nobelpreisrede bezeichnete Barack Obama die Kriege in Afghanistan und Irak als „gerecht".⁴² In Deutschland wurde der Afghanistaneinsatz der Bundeswehr hingegen von Regierungsseite immer noch als

---

36   VON KRAUSE, Afghanistaneinsätze, 2011, S. 208ff.
37   MAD: Krieg, Frieden, Ernüchterung, in: Süddeutsche Zeitung, 04.11.2002, S. 4.
38   MARTIN LÖFFELHOLZ: Kriegsberichterstattung in der Mediengesellschaft, in: Aus Politik und Zeitgeschichte 16–17 (2007) S. 25.
39   OLL: Evangelische Kirche warnt vor weiteren Auslandseinsätzen, in: Frankfurter Allgemeine Zeitung, 25.10.2007, S. 4; MATTHIAS DROBINSKI: Wider den gerechten Krieg. Evangelische Kirche kritisiert Auslandseinsätze der Bundeswehr, in: Süddeutsche Zeitung, 25.10.2007.
40   THOMAS WIEGOLD: 15 Jahre Bundeswehreinsatz in Afghanistan, Website der Bundeszentrale für politische Bildung, https://www.bpb.de/politik/grundfragen/deutsche-verteidigungspolitik/238332/15-jahre-afghanistan-einsatz (zuletzt geprüft am 28.04.2018).
41   LÖFFELHOLZ, Kriegsberichterstattung, 2007, S. 25; vgl. DER GENERALBUNDESANWALT BEIM BUNDESGERICHTSHOF, 3 BJs 6/10-4, S. 3 URL: https://www.generalbundesanwalt.de/docs/einstellungsvermerk20100416offen.pdf Abrufdatum: 11.6.2018 10:16 Uhr.
42   BARACK OBAMA: A Just and Lasting Peace. Rede zum Friedensnobelpreis am 10. Dezember 2009 in Oslo, https://www.nobelprize.org/nobel_prizes/peace/laureates/2009/obama-lecture_en.html (zuletzt geprüft am 25.05.2018).

„Friedensmission" oder „humanitäre Intervention" bezeichnet. Im Dezember 2009 äußerte die damalige EKD-Ratsvorsitzende Margot Käßmann gegenüber der Berliner Zeitung in einem Interview: „Wir haben das in unserer Friedensdenkschrift sehr klar gesagt: Es gibt keinen gerechten Krieg. Es mag Kriterien geben, mit denen man einen Krieg rechtfertigen kann, was mir schon schwerfiele."[43] Direkt auf das Erscheinen dieses Interviews gab es keine Reaktionen der Printmedien. Erst im Kontext der Predigt im Neujahrsgottesdienst in der Dresdener Frauenkirche am 1. Januar 2010[44] und des darin geäußerten Satzes „Nichts ist gut in Afghanistan" wurde das Interview in der Berliner Zeitung zahlreich rezipiert. Die Hälfte der untersuchten Artikel sind im diesem Kontext 2010 entstanden. In dieser Zeit erschienen mit Abstand am meisten Diskursbeiträge, die rund um die Neujahrspredigt von Margot Käßmann hervorgerufen wurden. Bei der Betrachtung der „Häufigkeit des medialen Anlasses" wird deutlich, dass mit großem Abstand die Neujahrspredigt von Margot Käßmann „Nichts ist gut in Afghanistan" Anlass für die mediale Berichterstattung war (29 Mal). Damit schließt sich die Untersuchung der beteiligten religiösen Akteure an dieses Ergebnis an, in der die Berichterstattung über die Person Margot Käßmann dominiert.

5. Phase: Veröffentlichung des sog. „Afghanistanpapiers" „Selig sind die Friedfertigen" der Kammer für öffentliche Verantwortung der EKD und Ende des ISAF-Einsatzes
Nach einem deutlichen Einbrechen der Anzahl an Veröffentlichungen in Folge von Käßmanns Rücktritt am 25. Februar 2010 erschienen nur noch vereinzelte Beiträge und erst 2014 – zeitgleich mit dem Ende des ISAF-Einsatzes am 31. Dezember 2014 und der Veröffentlichung des „Afghanistanpapiers" der Kammer für öffentliche Verantwortung – wieder deutlich mehr Beiträge. Die Medienpräsenz der Vorstellung von kirchlichen Verlautbarungen in Form von Denkschriften (hier: 2007) und Stellungnahmen (hier: 2014) ist mit acht Mal als medialer Anlass im Verhältnis relativ gut vertreten. Der am 25. September 2014 erschienene Beitrag in der Süddeutschen Zeitung[45] markiert das vorläufige Ende der Debatte und bildet den letzten Quellenfund im Untersuchungszeitraum.

---

[43] TICHOMIROWA, EKD-Ratsvorsitzende, 24.12.2009. Parallel erschien ein zweites Interview in der Hannoverschen Allgemeinen Zeitung: MICHAEL B. BERGER: Käßmann für Abzug deutscher Soldaten aus Afghanistan. Interview mit Margot Käßmann, in: Hannoversche Allgemeine Zeitung, 24.12.2009.
[44] ARNOLD, Frieden, 2013, S. 134–138 und KÄßMANN, Fantasie für den Frieden, 2010, S. 7–28.
[45] MATTHIAS DROBINSKI: Helm ab zum Gebet, in: Süddeutsche Zeitung, 25.09.2014.

3 Die mediale Präsenz von religiösen Akteuren

Ein Blick auf die am häufigsten vertretenen Personen in der medialen Berichterstattung zeigt, dass die tatsächliche Vielfalt an Akteuren und die Heterogenität der Eigenschaften dieser sich medial nicht widerspiegelt. Insgesamt wurden nur 27 religiöse Akteure in Bezug auf den Untersuchungsgegenstand erwähnt.[46] Diese sind mehrheitlich männlich mit 88,9 Prozent. Mit Blick auf die „journalistische Darstellungsform" wird noch ersichtlicher, dass nur ein kleiner Teil der religiösen Akteure sich direkt in Interviews in den Printmedien geäußert hat. Die Geschlechterverteilung innerhalb der religiösen Akteure und die Auffälligkeit, dass hauptsächlich religiöse Akteure der offiziellen Leitungsebene der Evangelischen Kirche in Deutschland (Kategorie 1) und der offiziellen Leitungsebene der jeweiligen Landeskirchen (Kategorie 2) vertreten sind, unterstreicht die Tatsache, dass die meisten höheren kirchlichen Leitungsämter von Männern besetzt sind und dass auf diese – mit ihrem Amt verbunden – eine erhöhte mediale Aufmerksamkeit gerichtet ist.[47] Mehrfachengagierte sind Akteure, die in mehrfachen Funktionen auftreten, z. B. Katrin Göring-Eckardt (Bündnis 90/Die Grünen) als politische Akteurin als auch als religiöse Akteurin, ebenso Hermann Gröhe (CDU) und Joachim Gauck, die alle neben ihrem politischen Wirken auch durch ihre Mitgliedschaft in der Synode der EKD (bspw. Gröhe, Göring-Eckardt und Irmgard Schwaetzer) agieren. Bei ihnen allen ist die Rolle, in der sie gerade sprechen, hervorzuheben. Problematisch ist hierbei, dass ein religiöser Mensch theoretisch auch in seiner nicht-religiösen Rolle sprechen kann. Mehrfachengagierte treten in der untersuchten Debatte ausschließlich als religiöse Akteure auf.[48] Dennoch ist ihr Auftreten auch in ihren Rollen als politische Akteure begründet. Während zwischen 2001 und 2009 das mediale Interesse an das jeweilige kirchliche Leitungsamt, insbesondere an das Amt des Ratsvorsitzenden, gekoppelt war, wird es mit der Übernahme des EKD-Ratsvorsitzes durch Margot Käßmann stärker personenorientiert, wenn nicht sogar prominenzorientiert. Im Vergleich zu den anderen religiösen Akteuren ist auffällig, dass Margot Käßmann nicht nur deutlich sichtbarer in den Medien ist, sondern auch viel stärker als Privatperson in den Fokus der medialen Auf-

---

[46] Top-10-Ranking der genannten religiöse Akteure im Quellencorpus: 1. Margot Käßmann (58 Mal), 2. Nikolaus Schneider (11 Mal), 3. Wolfgang Huber (9 Mal), 4. Martin Dutzmann (6 Mal), 5. Hans-Jügen Papier (5 Mal), 6. Renke Brahms (5 Mal), 7. Thomas de Maizière (3 Mal), 8. Manfdred Kock (3 Mal), 9. Joachim Gauck (2 Mal) und 10. Hermann Barth (2 Mal).
[47] Dies lässt sich beispielhaft an den Synodalen der 11. EKD-Synode (2009–2014) aufzeigen: von den ordinierten Synodalen waren 24 % Frauen und 76 % Männer. Bei den Nichtordinierten ist die Geschlechterverteilung umgekehrt ausgeprägt, 57 % waren Frauen. Trotzdem kommt es zu einer Geschlechterungleichheit in den Synoden, denn nur 45 % waren Frauen, vgl. KIRCHENAMT DER EKD: Evangelische Kirche in Deutschland. Zahlen und Fakten zum kirchlichen Leben, Hannover 2010, S. 9–11.
[48] ARNO LUIK: Nett sein kann nicht meine Aufgabe sein, in: Stern, 21.01.2010, S. 58–64.

merksamkeit gerückt wird und sich teilweise auch selber – durch ein sehr publikumsnahes und menschliches Auftreten – in die öffentliche Wahrnehmung rückt.[49] Dass die mediale Präsenz Käßmanns auf ihr kirchenleitendes Amt zurückzuführen ist, ist angesichts der deutlich geringeren medialen Präsenz ihrer Amtsvorgänger nicht plausibel. Zudem nimmt die mediale Präsenz zwar mit ihrem Rücktritt im Frühjahr 2010 deutlich ab, dennoch bleibt Käßmann medial sichtbar. Auch ein Rückbezug auf ihr Geschlecht als Frau ist angesichts niedrigerer bis nicht vorhandener medialer Präsenz anderer Frauen in kirchenleitenden Ämtern sowie anderer religiöser Akteure nicht anzunehmen. Die evangelische Kirche ist durch ihre selbstständigen Gliedkirchen und die unterschiedlichen Bekenntnisstände stark pluralistisch ausgeprägt und steht der Amtsautorität des Papstes und Lehrmeinung der katholischen Kirche gegenüber. Da die evangelische Kirche durch ihre Bandbreite schwierig medial zu präsentieren ist, könnte man daraus eine Orientierung an den Amtspersonen bzw. kirchlichen Leitungsämtern der EKD ableiten. Insgesamt zeigt sich, dass offiziellen Vertretern der Kirchen in den Medien eine durchaus höhere Aufmerksamkeit gewidmet wird und sie somit eine höhere Präsenz in den Medien haben als die offiziellen regionalen Leitungsebenen der jeweiligen Landeskirchen in persona des jeweiligen Landesbischofs. Dies steht wahrscheinlich in direktem Zusammenhang mit der Quellenauswahl, da man davon ausgehen kann, dass in überregionalen Printmedien das Augenmerk auf die ebenso überregionalen Vertreter der Kirche gerichtet ist. Auffällig ist zudem, dass nur in geringem Umfang Mehrfachengagierte in den Printmedien mediale Präsenz im Untersuchungskontext haben. Dies könnte darauf zurückzuführen sein, dass sämtliche in dieser Untersuchung auftretende Mehrfachengagierte auch politische Akteure waren und durch die politische Brisanz des Themas sich mit Äußerungen zu dieser Thematik gegenüber der Presse zurückhielten. Mögliche Ursachen für die ungleiche Präsenz religiöser Akteure könnten bei der jeweiligen Selbstpräsentation der religiösen Akteure liegen. Dennoch wird gerade in der medialen Gegenüberstellung von Margot Käßmann und Wolfgang Huber mit der Betitelung „ein anderer prominenter Protestant" deutlich, dass Käßmann der Ausgangspunkt des Vergleichs ist.[50] Huber hingegen wird meist mit seiner Professur als „angesehener Sozialethiker" beschrieben, obwohl er in der medialen Berichterstattung zunächst als EKD-Ratsvorsitzender und dann als ehemaliger Amtsinhaber auftritt. Bei allen religiösen Akteuren der Kategorie 1 und 2 fällt auf, dass sie vor ihrer jeweiligen Amtstätigkeit nicht medial wahrgenommen wurden. Daher kann als ein Ergebnis dieser Arbeit ein direkter Zu-

---

[49] FRANK HORNIG / PETER WENSIERSKI: „Wo soll ich hin?" Ex-Bischöfin Margot Käßmann, 52, über ihre Fahrt mit Alkohol am Steuer, das Leben nach dem Rücktritt und ihr kompliziertes Verhältnis zur Öffentlichkeit, in: Der Spiegel 25/2010.
[50] MATTHIAS KAMANN: Käßmanns Pazifismus weckt Unmut bei Protestanten, in: Die Welt, 23.08.2014, S. 4.

sammenhang zwischen Amt und medialer Aufmerksamkeit in Betracht gezogen werden, auch wenn die Akteure in unterschiedlichem Ausmaß nach ihrer Amtszeit medial präsent sind, z. B. tritt Manfred Kock in dieser Debatte nach Niederlegung seiner Amtstätigkeit nicht mehr medial auf, Huber und Käßmann hingegen schon.

4 Gerechter Krieg

Der Topos des „gerechten Krieges" im Protestantismus beruht auf der Idee, militärische Gewalt auf die Erfüllung aller normativer Kriterien zu begrenzen. Die jeweiligen Konzeptionen des „gerechten Krieges" stehen in ihrem jeweiligen (kirchen-)historischen Kontext. Insofern gibt es nicht die eine Lehre des „einen gerechten Krieges", dass Krieg weder begrüßenswert (Bellizismus) noch ausgeschlossen (Pazifismus) ist. Bei diesen normativen Kriterien unterscheidet die Lehre vom „gerechten Krieg" zwischen zwei Hauptgruppen: erstens den Kriterien, die die Legitimität des Einsatzes militärischer Gewalt prüfen, den *ius-ad-bellum*-Kriterien, und zweitens den Kriterien, die die Legitimität der Methoden und der Mittel militärischer Gewalt prüfen, den *ius-in-bello*-Kriterien. Heute werden insgesamt sechs Kriterien, die sich in dieser Form endgültig in der Neuzeit herausgebildet haben und auf die scholastische Systematisierung von Thomas von Aquin zurückgehen,[51] unter dem Begriff der Lehre des „gerechten Krieges" gefasst:[52]

1. Legitime Autorität zur Entscheidung, militärische Gewalt anzuwenden (*auctoritas principis*)
2. Gerechter Grund (*causa iusta*)
3. Rechte Absicht (*recta intentio*)
4. Krieg als letztes Mittel (*ultima ratio*)
5. Vernünftige Erfolgswahrscheinlichkeit des Krieges
6. Verhältnismäßigkeit der Entscheidung, militärische Gewalt anzuwenden

In der Kritik stand die Lehre des „gerechten Krieges" vor allem, da sie häufig zur Kriegslegitimation genutzt wurde. Die Umstrittenheit dieser Lehre wird an den verschiedenen Auslegungsmöglichkeiten deutlich. Einerseits besteht die Möglichkeit, die Kriterien restriktiv, also mit der Figur der Disjunktion auszulegen und somit auf die Erfüllung aller Kriterien zu achten, oder anderseits heuristisch als offene Prüfmaßstäbe. Gegen Ersteres wird der Vorwurf der

---

[51] ANNE PETERS / SIMONE PETER: Lehre vom „gerechten Krieg" aus völkerrechtlicher Sicht, in: Der „gerechte Krieg". Zur Geschichte einer Denkfigur, hg. von GEORG KREIS, Basel 2006, S. 43–96, hier: 44.
[52] KIRCHSCHLAGER, Kirche und Friedenspolitik, 2007, S. 77ff.

Unerfüllbarkeit und gegen Letzteres der der Beliebigkeit erhoben.[53] Gerade an den neueren Entwicklungen in der Debatte um eine evangelische Friedensethik wird deutlich, dass die fehlende Übereinstimmung von friedensethischen Positionen nicht als Mangel einer Einigkeit empfunden, sondern als eine Abbildung des pluralistisch veranlagten Protestantismus verstanden wird.[54] Die Befürchtung, dass die traditionelle Lehre des „gerechten Krieges" in erster Linie zur Kriegsrechtfertigung dienen könnte und nicht als Zielpunkt die Friedensorientierung habe, speist die misstrauische Ablehnung.[55] Bereits der Diskurs der friedensethischen Ausrichtung um den NATO-Doppelbeschluss zeigte das Uneinigkeitselement innerhalb der evangelischen Kirche. Während der Debatte um den Kosovo-Krieg und seine Legitimation setzten sich zahlreiche Theologen erneut mit der Lehre des „gerechten Krieges" auseinander.[56] Gleichzeitig kam man zu der Einsicht, dass es innerhalb der evangelischen Kirche keine übereinstimmende friedensethische, kontinuierliche Beurteilung des Kosovo-Krieges gibt.[57] Ob die Beteiligung am „war on terror" friedensethisch zu rechtfertigen ist, wurde bereits 2001 auf der Amberger Synode der EKD kontrovers diskutiert, bevor man ihn für grundsächlich friedensethisch legitim erklärte.[58]

Zu den leitenden zeitgenössischen Ethikern, die sich im deutschsprachigen Raum mit Friedensethik beschäftigen, zählen unter anderem Wolfgang Huber und Hans-Richard Reuter[59], Ulrich Körtner[60] sowie Martin Honecker. Da Margot Käßmann nur wenige wissenschaftliche Publikationen zur Friedensethik veröffentlicht hat, sind ihre Positionen am schwierigsten zu fassen. Trotz der wenigen Veröffentlichungen zeichnet sich dennoch ihre Neigung zum Pazifismus

---

[53] WOLFGANG HUBER: Rückkehr zur Lehre vom gerechten Krieg? Aktuelle Entwicklungen in der evangelischen Friedensethik, in: Zeitschrift für Evangelische Ethik 49 (2005), S. 113–130, hier: 116ff.
[54] KIRCHSCHLAGER, Kirche und Friedenspolitik, 2007, S. 104.
[55] ARNOLD, GERHARD: Auslandseinsätze der Bundeswehr – ethische Zugänge. In: GLATZ, RAINER L. u. TOPHOVEN, ROLF (Hg.): Am Hindukusch – und weiter? Die Bundeswehr im Auslandseinsatz: Erfahrungen, Bilanzen, Ausblicke. Bonn 2015. S. 173–186: 180.
[56] Darunter auch MICHAEL HASPEL: Friedensethik und Humanitäre Intervention. Der Kosovo-Krieg als Herausforderung evangelischer Friedensethik, Neukirchen-Vluyn 2002.
[57] KIRCHSCHLAGER, Kirche und Friedenspolitik, 2007, S. 101; 104f.
[58] EBERHARD PAUSCH: „Selig sind die Friedfertigen" – Genese, Inhalt und Rezeption eines EKD-Textes zur friedenspolitischen Situation in Afghanistan, in: Kirchliches Jahrbuch für die Evangelische Kirche in Deutschland 1/2014, hg. von HORST GORSKI / KLAUS-DIETER KAISER / CLAUDIA LEPP / HARRY OELKE, Gütersloh 2017, S. 61–96, hier: 61.
[59] REUTER, HANS-RICHARD: Recht und Frieden. Beiträge zur politischen Ethik. Leipzig 2013.
[60] ÖRTNER, ULRICH: Evangelische Sozialethik.Göttingen (1999) 22008, S. 214–219; vgl. ULRICH KÖRTNER: Notorisch ausgeblendet. Das Konzept vom Gerechten Frieden weist zu viele Ungereimtheiten auf, in: Zeitzeichen 5 (2003), S. 14–16; vgl. KÖRTNER, ULRICH: „Gerechter Friede" – „gerechter Krieg". Christliche Friedensethik vor neuen Herausforderungen, in: Zeitschrift für Theologie und Kirche 100 (2003), S. 348–377.

deutlich ab.[61] Der Leitbegriff des „gerechten Friedens" tritt seit den 1980er Jahren in evangelischen friedensethischen Debatten auf, wurde allerdings erst 2007 in der EKD-Denkschrift „Aus Gottes Frieden leben – für gerechten Frieden sorgen" systematisch-theologisch entfaltet.[62] In der EKD-Denkschrift „Frieden wahren, fördern und erneuern" von 1981 steht: „In der Zielsetzung christlicher Ethik liegt nur der Friede, nicht der Krieg."[63] Diese Denkschrift thematisierte die Frage, ob der „gerechte Frieden" als Zielperspektive und *magnus consensus* der gegenwärtigen protestantischen Friedensethik im Spannungsfeld zwischen Ethik und Moral sowie zwischen Recht und Politik sein kann.

5 Die mediale Präsenz von evangelischen Begründungsfiguren

Zu Grunde liegt die Frage, inwiefern und ob sich religiöse – spezifischer protestantische – Überzeugungen und Interessen gegenüber säkularen Positionen im Diskurs ausweisen. In der Untersuchung wurden die verschiedenen aufgefundenen Begründungsformen in explizite bzw. implizite religiöse Argumentationen, moralische Argumentationen, sozialethisches Argument und (gesellschafts-)politische Argumentation unterteilt. Da Grenzen der Einteilung zuweilen fließend sind, wurde zudem betrachtet, auf was in der Argumentation Bezug genommen wird: Personen, Institutionen, biblischer Bezug und Traditionslinien in Form von historisch prägenden Ereignissen, theologische Schulbildung oder historisch-religiös geprägte Konzepte. Für den Leser als Rezipient wird die Religiosität oder der Bezug auf innertheologische Debatten nur implizit hergestellt. Daher bilden die direkten und sichtbaren wie biblische und personelle Autoritätsformen die Minderheit. Bei den Autorisierungsformen der Institutionen und der Traditionslinie z. B. durch eine (protestantische) Verantwortungsethik[64] ist der eigentliche Inhalt des Arguments für den Rezipienten nicht sichtbar: z. B. ist die Friedensdenkschrift der EKD an sich keine Begründung für oder gegen den „gerechten Krieg", ebenso wenig eine Erklärung

---

[61] MARGOT KÄßMANN / KONSTANTIN WECKER (Hg.): Entrüstet euch! Warum Pazifismus für uns das Gebot der Stunde bleibt. Texte zum Frieden, Gütersloh 2015.

[62] REUTER, HANS-RICHARD: Gerechter Friede! – Gerechter Krieg? Die neue Friedensdenkschrift der EKD in der Diskussion, in: Zeitschrift für Evangelische Ethik 52/3 (2008), S. 163–168, hier: 163. Die Deutsche Bischofkonferenz hatte bereits 2000 sich dem „gerechten Krieg" ab und dem „gerechten Frieden" zugewandt, vgl. SEKRETARIAT DER DEUTSCHEN BISCHOFSKONFERENZ (Hg.): Gerechter Friede, Bonn (2000) ⁴2013.

[63] KIRCHENKANZLEI DER EKD (Hg.): Frieden wahren, fördern und erneuern. Eine Denkschrift der Evangelischen Kirche in Deutschland, Gütersloh 1981, S. 48.

[64] SIEPMANN, Wir leben nun einmal nicht in einer sündlosen Welt, 11.01.2010.

dessen.⁶⁵ Für den Rezipienten, der nicht die Friedensdenkschrift von 2007 gelesen hat, ist somit nicht klar, warum dies eine Begründung des „gerechten Krieges" ist, denn die in der Denkschrift verfolgte Argumentation wird in der Berichterstattung nicht aufgenommen. Im Vergleich dazu stellt die Erwähnung der Bergpredigt und Jesu Aufforderung zur Feindesliebe⁶⁶ einen direkten religiösen Bezug her.

Generell kristallisierten sich bei der Untersuchung des Quellencorpus folgende auftretende Fälle heraus:

Fall 1: Reines Zitat Käßmanns ohne Begründung/theologische Einbettung. Mehrheitlich handelt es sich um eine reine Zitatwiedergabe von Margot Käßmanns Aussagen in der *Berliner Zeitung*⁶⁷ und der *Hannoverschen Allgemeinen Zeitung*⁶⁸

Fall 2: Zitat Käßmanns mit Begründung/theologischer Einbettung

Fall 3: Nutzung des Begriffes „gerechter Krieg" unabhängig von den Aussagen Käßmanns, dann immer mit einer Begründung/theologischen Einbettung

Fall 4: Medialer Anlass ist zwar Käßmanns Aussage, aber es wird kein direktes Zitat angeführt, sondern der Terminus „gerechter Krieg" wird mit einer Begründung aufgeführt.

Fall 1 kommt 15 Mal vor: Meist wird Käßmanns Aussage aus dem Interview mit der *Berliner Zeitung* vom 24. Dezember 2009 „Es gibt keinen gerechten Krieg" oder „Was in Afghanistan geschieht, ist nicht zu rechtfertigen" kombiniert mit dem medial sehr häufig zitierten „Nichts ist gut in Afghanistan" aus ihrer Neujahrspredigt 2010. Fall 2 ist mit 25 Mal am häufigsten vertreten. Die Aussage Käßmanns in der *HAZ* „Auch nach den weitesten Maßstäben der Evangelischen Kirche in Deutschland (EKD) ist dieser Krieg so nicht zu rechtfertigen" wird medial deutlich weniger rezipiert.⁶⁹ Der Fall 3 tritt zwölf Mal auf und zwar vor allem vor 2009. Der Fall 4 tritt 16 Mal auf. Dies zeigt, dass die meisten Erwähnungen des „gerechten Krieges" durch verschiedene Formen, Begründungen und Argumente näher erläutert oder zumindest inhaltlich kommentiert sind. Direkte für den Rezipienten ersichtliche, religiöse Argumentationsfiguren oder Autoritätsformen sind eher selten. Der Topos des „gerechten Krieges" ist mit einer implizit religiösen/moralischen oder sozialethischen Argumentationsweise in der medialen Berichterstattung eingespielt. Deutlich wurde in dieser Untersuchung, dass es sich um keinen Diskurs innerhalb der Kirche handelt, der Eingang in die Medien findet. Vielmehr führt die Debatte um die gegenwärtige Friedensethik und die mediale Skandalisierung von Aus-

---

⁶⁵ Z. B. in REINHARD BINGENER: Die Bischöfin und der Krieg, in: Frankfurter Allgemeine Zeitung, 13.01.2010.
⁶⁶ MATTHIAS DROBINSKI: Vom gerechten Krieg zum gerechten Frieden, in: Süddeutsche Zeitung, 07.01.2010.
⁶⁷ TICHOMIROWA, EKD-Ratsvorsitzende, 24.12.2009.
⁶⁸ BERGER, Käßmann für Abzug deutscher Soldaten aus Afghanistan, 24.12.2009.
⁶⁹ BERGER, Käßmann für Abzug deutscher Soldaten aus Afghanistan, 24.12.2009.

sagen religiöser Akteure dazu, dass in erster Linie diese religiösen Akteure zunächst als Personen im Zentrum der medialen Aufmerksamkeit stehen. Nur zweitrangig werden die theologischen/religiösen Inhalte der Debatten um die Friedensethik, spezieller des „gerechten Krieges", medial thematisiert. Dabei macht es qualitative Unterschiede, gerade bei der medialen inhaltlichen Auseinandersetzung, welcher Autor für welche Zeitung schreibt. Die beispielhaft herangezogenen Artikel aus der *Berliner Zeitung* und dem *Tagesspiegel* zeigen, dass kleinere und regionale Zeitungen ebenso eine inhaltliche Auseinandersetzung mit dem Untersuchungsgegenstand vornehmen wie die Qualitätszeitungen. Allerdings wird in Bezug auf die Käßmann-Kontroverse 2010 nach der Neujahrspredigt deutlich, dass die Interviews, die jeweils am 24. Dezember 2009 erschienen, erst in den anderen Printmedien rezipiert wurden, nachdem fast eine Woche später die Predigt im öffentlich-rechtlichen Fernsehen ausgestrahlt wurde. Somit wird die Bedeutung der Reichweite der jeweiligen Printmedien unterstrichen. Mit Blick auf die Nachrichtenwerttheorie[70] lässt sich zum einen ableiten, dass anscheinend der Berichterstattung über theologische Themen dann mediale Aufmerksamkeit zuteilwird, wenn sie eine niedrige Aufmerksamkeitsschwelle, also einen hohen Nachrichtenwert hat. Dabei wird Religion zum medialen Event.[71] Diese These kann vor allem durch die Artikel in der Boulevardzeitung *Bild* und in den Zeitschriften *Stern*, *Focus* und *Spiegel* gestützt werden. Auch langwierige Debatten werden vor allem in Qualitätszeitungen medial hervorgehoben, weshalb es scheint, als hätten religiöse Themen per se einen hohen Nachrichtenwert. Vielleicht ist dies der Dopplung geschuldet, dass Religion nicht nur als Gegenstand der Berichterstattung in den Medien auftreten kann, sondern gleichermaßen auch als Subjekt. Die Mehrfachengagierten, welche gerade in der deutschen Politik häufig und über fast alle Parteien hinweg anzutreffen sind, werden in den Printmedien ebenso neutral wie selbstverständlich hingenommen und ihre Funktion nicht explizit betont. Bei den Qualitätszeitungen *FAZ*, *SZ*, *taz* und *Welt* fällt diese kontinuierliche Debattenverfolgung auf und stützt damit nicht die These der medialen Wahrnehmung von „Religion als Event". Hinzu kommt ab 2010 der Faktor der starken Personalisierung der medialen Berichterstattung. Zwar vermitteln diese Personen als religiöse Akteure ebenso christliche Werte, aber die Frage nach den theologischen Inhalten hinter diesen Werten bleibt bestehen. Denn wie gezeigt wurde, werden mehrheitlich Zitate wie „Es gibt keinen gerechten

---

[70] Die Nachrichtenwerttheorie geht auf Walter Lippmann (1949) zurück und ist ein ereignisbezogener Ansatz, welcher von der Unabhängigkeit der individuellen Prägung der Journalisten ausgeht. vgl. MICHAELA MAIER / KARIN STENGEL, / JOACHIM MARSCHALL: Nachrichtenwerttheorie, Baden-Baden 2010, S. 14.

[71] CHRISTEL GÄRTNER: Die Rückkehr der Religionen in der politischen und medialen Öffentlichkeit, in: Religion heute – öffentlich und politisch. Provokationen, Kontroversen, Perspektiven, hg. von KARL GABRIEL / HANS-JOACHIM HÖHN, Paderborn 2008, S. 93–108, hier: 108.

Krieg" weitergehend begründet. Es fällt auf, dass implizit religiös-theologische Begründungsfiguren und moralische Begründungsfiguren, also genau die Kategorien, welche durch ihre Unschärfe in der Möglichkeit der Bestimmung am unsichersten sind, am häufigsten auftreten. Nach der Untersuchung in dieser Arbeit können folgende Schlüsse gezogen werden: Erstens wurde deutlich, dass der Topos „gerechter Krieg" – sichtbar im Protestantismus – mit friedensethischen Aussagen medial in Verbindung gebracht wird. Zweitens rückt die innertheologische Debatte um die Lehre des „gerechten Krieges", insbesondere in Form eines Paradigmawechsels hin zur Lehre des „gerechten Friedens", vornehmlich in die Aufmerksamkeit der Medien durch offizielle Verlautbarungen in Form von Denkschriften, auf die sich selbst lange nach deren Publikation als Erklärung berufen wird oder drittens, dass der Untersuchungsgegenstand im Rahmen medialer Skandalisierungen von Aussagen religiöser Akteure medial thematisiert wird. Dies wurde deutlich an der Kontroverse um die Neujahrspredigt 2010. Problematisch ist hierbei, dass sich anscheinend die private Religiosität und das kirchlich repräsentierte, öffentliche Christentum bei gleichzeitiger Kritik an der Kirche als Institution markant auseinanderentwickeln.[72] Die Divergenz von Theologie und Religion weist in den theologisch leeren Begründungsfiguren, welche eher moralisch oder sozialethisch geprägt sind, wie in dieser Arbeit festgestellt wurde, vielleicht auf eine Entwicklung dahingehend hin, dass das Christentum in den Medien zu Teilen nur noch als Kulturfaktor und Zivilreligion präsent ist.[73] Medien tragen leitend zu dem Bild von Religion bei, denn durch die mediale Präsenz mit religiöser Selbstdeutung und medialer Fremddeutung wird sie für die breite Masse als Teilöffentlichkeit unserer Gesellschaft sichtbar. Dennoch kann als Ergebnis dieser Arbeit Reiner Anselm zugestimmt werden, wenn er feststellt, dass „[d]ie Stimmen beider großen Kirchen in Fragen der moralischen Orientierung [...] ein selbstverständlicher Faktor der öffentlichen Meinungsbildung [sind]."[74] Dies würde wieder für die These der Kirche als moralische Instanz der Öffentlichkeit sprechen. Demnach seien innertheologische und innerkirchliche Themen, solange kein öffentlich relevanter Diskurs vorliege, von keinem größeren Interesse für die Berichterstattung.[75]

---

[72] REINER ANSELM: Ein Land zwischen Kirchendämmerung und Renaissance des Religiösen. Die ambivalente Situation in Deutschland zu Beginn des 21. Jahrhunderts, in: Staat und Kirche im 21. Jahrhundert. Berichte und Studien der Hanns-Seidel-Stiftung, Bd. 96, hg. von PHILIPP W. HILDMANN / STEFAN RÖßLE, München 2012, S. 209–223, hier: 209.

[73] Vgl. BIRGIT ROMMELSPACHER: Wie christlich ist unsere Gesellschaft? Das Christentum im Zeitalter von Säkularität und Multireligiosität, Bielefeld 2017, hier: S. 18.

[74] ANSELM, Land zwischen Kirchendämmerung und Renaissance, 2012, S. 215.

[75] CHRISTEL GÄRTNER / KARL GABRIEL / HANS-RICHARD REUTER (Hg.): Religion bei Meinungsmachern. Eine Untersuchung bei Elitejournalisten in Deutschland, Wiesbaden 2012, hier: S. 54f.

6 Abschließende Bemerkung

Es hat den Anschein, dass Kirchen sich als öffentliche moralische Instanz bei ethischen Fragen des gesellschaftlichen Zusammenlebens sichtbar machen,[76] sich allerdings mit den kirchlichen Partikularinteressen zurückhalten sollten. Ausgangspunkt dieser Untersuchung war die Frage, inwiefern der Protestantismus und die Debatte um den „gerechten Krieg" am Beispiel der Berichterstattung über den Afghanistaneinsatz der Bundeswehr medial präsent sind. Die Handlungsdevise „Ihr beherrscht den Krieg und wir die Moral"[77] kann man nach dieser Arbeit weder der evangelischen Kirche in ihrer medialen Selbstdarstellung, noch deren gesamten religiösen Akteuren für den Untersuchungszeitraum zuschreiben. Es wurde deutlich, dass die von den Akteuren angesprochenen, implizit religiösen Begründungsfiguren für die Rezipienten nicht immer ersichtlich sind und somit eine Kluft zwischen dem Gesagten, dem medial Wiedergegebenen und dem vom Rezipient Empfangenen entsteht. Es wäre in einer weiteren Untersuchung einerseits die mediale Präsenz des Topos „gerechter Krieg" themenungebunden über einen längeren Zeitraum und andererseits die vermeintliche mediale Wahrnehmung der Kirche als rein moralische Instanz zu behandeln. Daraus folgend ist die heutige Problematik der Darstellung des Protestantismus mit seiner – medial schwer wiederzugebenden – Pluralität zu betonen. Durch die mediale Berichterstattung findet eine starke Konzentration auf einzelne religiöse Akteure statt, welche eine für die Medien hohe Authentizität nach den journalistischen Selektionskriterien haben. Dabei findet gleichzeitig eine Reduktion der inhaltlichen theologischen Aussagen statt, die in tendenziell „leeren" Begründungsfiguren mit vermeintlich theologischem Inhalt mündet. Die Pluralität der evangelischen Kirchen mit all ihren unterschiedlichen Bekenntnisständen, religiösen Akteuren, kirchlichen und friedensethischen Publikationen und die Vielzahl der protestantischen theologischen Positionen werden in der medialen Berichterstattung nicht wahrgenommen.

Literatur und (ausgewählte) Quellen

ANSELM, REINER: Ein Land zwischen Kirchendämmerung und Renaissance des Religiösen. Die ambivalente Situation in Deutschland zu Beginn des 21. Jahrhunderts, in: Staat und Kirche im 21. Jahrhundert. Berichte & Studien der Hanns-Seidel-Stiftung, Bd. 96, hg. von PHILIPP W. HILDMANN / STEFAN RÖßLE, München 2012, S. 209–223.

---

[76] A. a. O., S. 58.
[77] BINGENER, Nicht gerecht, nicht selbstgerecht, 05.02.2011.

ARNOLD, GERHARD: Auslandseinsätze der Bundeswehr – ethische Zugänge. in: Am Hindukusch – und weiter? Die Bundeswehr im Auslandseinsatz. Erfahrungen, Bilanzen, Ausblicke, hg. von RAINER L. GLATZ / ROLF TOPHOVEN, Bonn 2015, S. 173–186.

ARNOLD, GERHARD: Gerechter Frieden am Hindukusch. Die evangelische Kirche und der Afghanistan-Konflikt 2008-2010, in: Kirchliches Jahrbuch für die Evangelische Kirche in Deutschland 2/2010, hg. von HORST GORSKI / KLAUS-DIETER KAISER / CLAUDIA LEPP / HARRY OELKE, Gütersloh 2013.

BEHAM, MIRA: Kriegsberichterstattung – vom Telegrafen zum Echtzeitkrieg und Internet, in: Gute Medien – Böser Krieg? Medien am schmalen Grat zwischen Cheerleadern des Militärs und Friedensjournalismus, hg. von THOMAS ROITHNER, Wien 2007, S. 39–55.

BERGER, MICHAEL B.: Käßmann für Abzug deutscher Soldaten aus Afghanistan. Interview mit Margot Käßmann, in: Hannoversche Allgemeine Zeitung, 24.12.2009.

BINGENER, REINHARD: Die Bischöfin und der Krieg, in: Frankfurter Allgemeine Zeitung, 13.01.2010.

BINGENER, REINHARD: Nicht gerecht, nicht selbstgerecht. Die Reise der EKD nach Afghanistan soll das Bild der Kirche zurechtrücken – nicht nur bei den Soldaten, in: Frankfurter Allgemeine Zeitung, 05.02.2011.

Charta der Vereinten Nationen und Statut des Internationalen Gerichtshofs, in: Bundesgesetzblatt 1973, II. Tag der Ausgabe, Bonn 1973, S. 505–531. Online-Ausgabe: https://www.unric.org/html/german/pdf/charta.pdf (zuletzt geprüft am 08.06.2018).

CHIARI, BERNHARD: Der Afghanistan-Einsatz der Bundeswehr aus militärhistorischer Sicht, in: Am Hindukusch – und weiter? Die Bundeswehr im Auslandseinsatz. Erfahrungen, Bilanzen, Ausblicke, hg. von RAINER L. GLATZ / ROLF TOPHOVEN, Bonn 2015, S. 139–155.

GENERALBUNDESANWALT BEIM BUNDESGERICHTSHOF: Ermittlungsverfahren gegen Oberst Klein und Hauptfeldwebel W. wegen des Verdachts einer Strafbarkeit nach dem VStGB und anderer Delikte, 3 BJs 6/10-4, S. 3, https://www.generalbundesanwalt.de/docs/einstellungsvermerk20100416offen.pdf (zuletzt geprüft am 11.06.2018).

DEUTSCHER BUNDESTAG, Stenografischer Bericht 14/186, S. 18293.

DEUTSCHER BUNDESTAG, Stenografischer Bericht 14/202, S. 19893.

DEUTSCHER BUNDESTAG, Stenografischer Bericht 14/210, S. 20826.

DEUTSCHER BUNDESTAG, Stenografischer Bericht 15/97, S. 8601.

DROBINSKI, MATTHIAS: Wider den gerechten Krieg. Evangelische Kirche kritisiert Auslandseinsätze der Bundeswehr, in: Süddeutsche Zeitung, 25.10.2007.

DROBINSKI, MATTHIAS: Helm ab zum Gebet, in: Süddeutsche Zeitung, 25.09.2014.

DROBINSKI, MATTHIAS: Vom gerechten Krieg zum gerechten Frieden, in: Süddeutsche Zeitung, 07.01.2010.

FINDERSON, MARLIES: Das Bild der evangelischen Kirche in der medialen Öffentlichkeit. dargestellt und analysiert anhand der Zeitungsberichte über den 19. Deutschen Evangelischen Kirchentag Hamburg 1981, Göttingen 1991.

GÄRTNER, CHRISTEL: Die Rückkehr der Religionen in der politischen und medialen Öffentlichkeit, in: Religion heute – öffentlich und politisch. Provokationen, Kontroversen, Perspektiven, hg. von KARL GABRIEL / HANS-JOACHIM HÖHN, Paderborn 2008, S. 93–108.

GÄRTNER, CHRISTEL / GABRIEL, KARL / REUTER, HANS-RICHARD (Hg.): Religion bei Meinungsmachern. Eine Untersuchung bei Elitejournalisten in Deutschland, Wiesbaden 2012.

HASPEL, MICHAEL: Friedensethik und Humanitäre Intervention. Der Kosovo-Krieg als Herausforderung evangelischer Friedensethik, Neukirchen-Vluyn 2002.

HÖHNE, FLORIAN: Einer und alle. Personalisierung in den Medien als Herausforderung für eine evangelische Öffentliche Theologie der Kirche. Öffentliche Theologie Bd. 32, hg. von HEINRICH BEDFORD-STROHM / WOLFGANG HUBER, Leipzig 2015.

HORNIG, FRANK / WENSIERSKI, PETER: „Wo soll ich hin?" Ex-Bischöfin Margot Käßmann, 52, über ihre Fahrt mit Alkohol am Steuer, das Leben nach dem Rücktritt und ihr kompliziertes Verhältnis zur Öffentlichkeit, in: Der Spiegel, 25/2010.

HUBER, WOLFGANG: Rückkehr zur Lehre vom gerechten Krieg? Aktuelle Entwicklungen in der evangelischen Friedensethik, in: Zeitschrift für Evangelische Ethik 49 (2005), S. 113–130.

KAMANN, MATTHIAS: Käßmanns Pazifismus weckt Unmut bei Protestanten, in: Die Welt, 23.08.2014.

KARMASIN, MATTHIAS / FAULSTICH, WERNER (Hg.): Krieg – Medien – Kultur. Neue Forschungsansätze, Paderborn 2007.

KÄSSMANN, MARGOT: Fantasie für den Frieden oder: Selig sind, die Frieden stiften, Frankfurt a. M. 2010.

KÄSSMANN, MARGOT / WECKER, KONSTANTIN (Hg.): Entrüstet euch! Warum Pazifismus für uns das Gebot der Stunde bleibt. Texte zum Frieden, Gütersloh 2015.

KELLER, CLAUDIA: „Der Einsatz ist im Moment nicht zu rechtfertigen." Rückendeckung in der evangelischen Kirche für die EKD-Ratsvorsitzende Käßmann und ihre umstrittenen Aussagen zu Afghanistan, in: Der Tagesspiegel, 05.01.2010.

KELLER, CLAUDIA: Kaum etwas ist gut, in: Der Tagesspiegel, 28.01.2014.

KIRCHENAMT DER EKD: Evangelische Kirche in Deutschland. Zahlen und Fakten zum kirchlichen Leben. Hannover 2010.

KIRCHENKANZLEI DER EKD (Hg.): Frieden wahren, fördern und erneuern. Eine Denkschrift der Evangelischen Kirche in Deutschland, Gütersloh 1981.

KIRCHSCHLAGER, BERND: Kirche und Friedenspolitik nach dem 11. September 2001. Protestantische Stellungnahmen und Diskurse im diachronen und ökumenischen Vergleich. Kontexte. Neue Beiträge zur historischen und systematischen Theologie Bd. 38, Göttingen 2007.

KLEINE, ROLF: Drei deutsche Soldaten fallen im Kampf – Bundeswehr im Krieg! Verletzte, schwere Gefechte – wie blutig wird Afghanistan noch?, in: Bild, 24.06.2009.

KÖHLER, HORST: Einsatz für Freiheit und Sicherheit. Rede von Bundespräsident Horst Köhler bei der Kommandeurtagung der Bundeswehr am 10. Oktober 2005 in Bonn, http://www.bundespraesident.de/SharedDocs/Reden/DE/Horst-Koehler/Reden/2005/10/20051010_Rede_Anlage.pdf;jsessionid=985BB3E8B8A36C73644248013DDC6E4B.1_cid378?__blob=publicationFile&v=2 (zuletzt geprüft am 15.05.2018).

KÖRTNER, ULRICH: Evangelische Sozialethik. Göttingen (1999) 22008, S. 214–219.

KÖRTNER, ULRICH: Notorisch ausgeblendet. Das Konzept vom Gerechten Frieden weist zu viele Ungereimtheiten auf, in: Zeitzeichen 5 (2003), S. 14–16.

KÖRTNER, ULRICH: „Gerechter Friede" – „gerechter Krieg". Christliche Friedensethik vor neuen Herausforderungen, in: Zeitschrift für Theologie und Kirche 100 (2003), S. 348–377.

VON KRAUSE, ULF: Die Afghanistaneinsätze der Bundeswehr. Politischer Entscheidungsprozess mit Eskalationsdynamik, Wiesbaden 2011.

LEICHT, ROBERT: LEICHTS Sinn: So einfach gibt es in Afghanistan keinen Frieden, in: Der Tagesspiegel, 04.01.2010, S. 8.

LINDER, BERNADETTE: Terror in der Medienberichterstattung, Wiesbaden 2011.

LÖFFELHOLZ, MARTIN: Kriegsberichterstattung in der Mediengesellschaft, in: Aus Politik und Zeitgeschichte 16–17 (2007), S. 25.

LUHMANN, NIKLAS: Die Realität der Massenmedien, Wiesbaden (1995) ⁵2017.

LUIK, ARNO: Nett sein kann nicht meine Aufgabe sein, in: Stern, 21.01.2010, S. 58–64.

MAD: Krieg, Frieden, Ernüchterung, in: Süddeutsche Zeitung, 04.11.2002.

MAIER, MICHAELA / STENGEL, KARIN / MARSCHALL, JOACHIM: Nachrichtenwerttheorie, Baden-Baden 2010, S. 14.

MAURER, TORSTEN / VOGELGESANG, JENS / WEIß, MORITZ / WEIß, HANS-JÜRGEN: Aktive oder passive Berichterstatter? Die Rolle der Massenmedien während des Kosovo-, Afghanistan- und Irakkriegs, in: Massenmedien als politische Akteure. Konzepte und Analysen, hg. von BARBARA PFETSCH / SILKE ADAM, Wiesbaden 2008.

O. A.: „Gestern, 21.21 Uhr. Michael Jackson. Herzstillstand!", in: Bild, 26.6.2009.

OBAMA, BARACK: A Just and Lasting Peace. Rede zum Friedensnobelpreis am 10. Dezember 2009 in Oslo, https://www.nobelprize.org/nobel_prizes/peace/laureates/2009/obama-lecture_en.html (zuletzt geprüft am 25.05.2018).

OLL: Evangelische Kirche warnt vor weiteren Auslandseinsätzen, in: Frankfurter Allgemeine Zeitung, 25.10.2007, S. 4.

PAUSCH, EBERHARD: „Selig sind die Friedfertigen" – Genese, Inhalt und Rezeption eines EKD-Textes zur friedenspolitischen Situation in Afghanistan, in: Kirchliches Jahrbuch für die Evangelische Kirche in Deutschland 1/2014, hg. von HORST GORSKI / KLAUS-DIETER KAISER / CLAUDIA LEPP / HARRY OELKE, Gütersloh 2017, S. 61–96.

PETERS, ANNE / PETER, SIMONE: Lehre vom „gerechten Krieg" aus völkerrechtlicher Sicht, in: Der „gerechte Krieg". Zur Geschichte einer Denkfigur, hg. von GEORG KREIS, Basel 2006, S. 43–96.

PÖTTER, BERNHARD: Die Kirchen müssen sich gegen den Krieg aussprechen. Keine Rücksicht auf Realpolitik, in: Die Tageszeitung, 09.11.2001, S. 12.

RAUCHENZAUNER, ELISABETH: Schlüsselereignisse in der Medienberichterstattung, Wiesbaden 2008.

REUTER, HANS-RICHARD: Gerechter Friede! – Gerechter Krieg? Die neue Friedensdenkschrift der EKD in der Diskussion, in: Zeitschrift für Evangelische Ethik 52/3 (2008), S. 163–168.

REUTER, HANS-RICHARD: Recht und Frieden. Beiträge zur politischen Ethik. Öffentliche Theologie Bd. 28, hg. von HEINRICH BEDFORD-STROHM / WOLFGANG HUBER, Leipzig 2013.

ROMMELSPACHER, BIRGIT: Wie christlich ist unsere Gesellschaft? Das Christentum im Zeitalter von Säkularität und Multireligiosität, Bielefeld 2017.

SEKRETARIAT DER DEUTSCHEN BISCHOFSKONFERENZ (Hg.): Gerechter Friede, Bonn (2000) 42013.

SIEPMANN, CHRISTIAN: Wir leben nun einmal nicht in einer sündlosen Welt, in: Berliner Zeitung, 11.01.2010.

THIELS, CHRISTIAN: In weiter Ferne so nah, in: Am Hindukusch – und weiter? Die Bundeswehr im Auslandseinsatz: Erfahrungen, Bilanzen, Ausblicke, hg. von RAINER L. GLATZ / ROLF TOPHOVEN, Bonn 2015, S. 284–298.

TICHOMIROWA, KATJA: Die EKD-Ratsvorsitzende, Margot Käßmann, über Krieg, Gewalt als Mittel der Politik und den Trost der Weihnachtsbotschaft: „Was in Afghanistan geschieht, ist nicht zu rechtfertigen", in: Berliner Zeitung, 24.12.2009.

TICHOMIROWA, KATJA / SCHMALE, HOLGER: Die Ratsvorsitzende der evangelischen Kirche, Margot Käßmann, dringt auf geordneten Abzug der Bundeswehr aus Afghanistan / SPD-Führung schreibt an die Soldaten: „Es gibt keinen gerechten Krieg", in: Berliner Zeitung, 24.12.2009.

UN-SICHERHEITSRAT: Resolution 1510 (2003) vom 13. Oktober 2003, in: Resolutionen und Beschlüsse des Sicherheitsrats vom 1. August 2003 bis 31. Juli 2004, S. 153, http://www.un.org/depts/german/sr/sr_03-04/sr1510.pdf (zuletzt geprüft am 25.04.2018).

WANKE, CHRISTINA: Die Darstellung Afghanistans in den Hauptnachrichtensendungen. Eine Struktur- und Inhaltsanalyse, Wiesbaden 2012.

WEINLEIN, ALEXANDER: Mit „uneingeschränkter Solidarität" in den Krieg, in: Das Parlament 50–51, 08.12.2014.

WIEGOLD, THOMAS: 15 Jahre Bundeswehreinsatz in Afghanistan, Website der Bundeszentrale für politische Bildung, https://www.bpb.de/politik/grundfragen/deutsche-verteidigungspolitik/238332/15-jahre-afghanistan-einsatz (zuletzt geprüft am 28.04.2018).

WIRSCHING, ANDREAS: Der Preis der Freiheit. Geschichte Europas in unserer Zeit, Bonn 2012.

Kirchliches Wächteramt heute

Reichen friedensethische Appelle?

Anne Friederike Hoffmann

Der Rekurs auf das kirchliche Wächteramt und die provokative Frage „Reichen friedensethische Appelle?" sprechen brisante Themen an. Zum einen wird die Rolle der Kirche innerhalb der Gesellschaft verhandelt und zum anderen geht es darum, in welcher Weise sich Kirche äußern soll und was ihre Äußerungen glaubwürdig macht. Weiterführend stellt sich die Frage, wie dies alles ins Verhältnis zur einzelnen Christin, zum einzelnen Christen zu setzen ist.

Im Folgenden sollen diese angedeuteten Fragestellungen beleuchtet werden: Den Einstieg bilden unter 1. einige Vorbemerkungen, die den zeitlichen Rahmen zwischen den 1970er bzw. 1980er Jahren und heute aufspannen. Die heutigen Debatten wurden grundlegend geprägt durch die Erfahrungen dieser Jahre und wichtige Weichenstellungen wurden damals vorgenommen. Daher erscheint ein Blick zurück lohnend. Unter 2. folgen Ausführungen zum kirchlichen Wächteramt und zum Öffentlichkeitsauftrag der Kirche. Darauf aufbauend widmet sich der dritte Abschnitt der Denkschriftenpraxis der EKD. Ein kurzer zeitgeschichtlicher Rückblick auf die Friedensbewegung unter 4. soll den Diskurs über den Frieden historisch verankern und bestimmte Argumentationslinien und Positionierungen und deren Kontinuitäten aufzeigen. Der fünfte Abschnitt beleuchtet in der Folge die zwei Modi des Umgangs mit der Friedensfrage, wie sie in den frühen 1980er Jahren entstanden sind: Einerseits die Friedensdenkschrift „Frieden wahren, fördern und erneuern"[1] der EKD von 1981 und andererseits die Erklärung „Das Bekenntnis zu Jesus Christus und die Friedensverantwortung[2] der Kirche" des Reformierten Bundes von 1982; beide bieten darüber hinaus Einblicke in das jeweilige Kirchenverständnis. Abschließend werden unter 6. in einem Resümee nochmals beide Fragen aufgegriffen: Kirchliches Wächteramt *heute*? Reichen friedensethische Appelle?

---

[1] Kirchenkanzlei der Evangelischen Kirche in Deutschland (Hg.): Frieden wahren, fördern und erneuern, Gütersloh 1981 (im Folgenden: Friedensdenkschrift).
[2] Moderamen des Reformierten Bundes: Das Bekenntnis zu Jesus Christus und die Friedensverantwortung der Kirche. Eine Erklärung des Moderamens des Reformierten Bundes, Gütersloh 1982 (im Folgenden: Das Bekenntnis zu Jesus Christus und die Friedensverantwortung der Kirche).

1 Vorbemerkungen

Mit welchem Recht und wie kann und darf sich Kirche zu politischen Entscheidungen und Entwicklungen äußern? Manche sagen, sie müsse dies tun, andere sagen, das sei eine klare Kompetenzüberschreitung. Und weiter: Kirche solle sich ihrer Kernkompetenz widmen, nämlich der Verkündigung des Evangeliums. Die Frage nach dem Wächteramt der Kirche heute weist auf einen nach wie vor schwierigen Sachverhalt hin: Mit welchem Selbstverständnis äußert sich Kirche und wer genau äußert sich da? Wer sind die Adressaten der kirchlichen Verlautbarungen wie beispielsweise der Denkschriften? Gerade in den 1970er und 1980er Jahren avancierte das Thema Frieden zu einem der Topthemen und wurde kontrovers diskutiert. Es war die Zeit der Friedensbewegung, die vor allem gegen die im Dezember 1979 von der NATO beschlossene atomare Nachrüstung protestierte und die Ängste der Menschen aufnahm. Durch die Medien wurden die Bilder breitenwirksam transportiert.[3] Auch Protestantinnen und Protestanten engagierten sich und waren an den Auseinandersetzungen beteiligt. Von protestantischer Seite wurden damals zwei gänzlich verschiedene Äußerungen publiziert: Die eher ausgleichsuchende Friedensdenkschrift der EKD 1981 und die streitbare Erklärung des Moderamens des Reformierten Bundes 1982, die die Friedensfrage zur Bekenntnisfrage erklärte. Im Vorwort der Erklärung „Das Bekenntnis zu Jesus Christus und die Friedensverantwortung der Kirche" werden deutliche Worte gefunden und die Dringlichkeit und Eindeutigkeit des Themas hervorgehoben:

> „Wir wissen uns aufgerufen, der alles Leben zerstörenden Gotteslästerung atomarer Bewaffnung mit dem *Bekenntnis des Glaubens* entgegenzutreten. Die nukleare Vorbereitung des universalen Holocaust ist kein ‚Adiaphoron' (entscheidungsfreies Thema); sie geschieht im Gegensatz zu den Grundartikeln des christlichen Glaubens."[4]

Heute leben wir in anderen Zeiten und bisweilen erscheinen die Formulierungen der 1980er Jahre befremdlich und apokalyptisch, trotzdem bleibt die Friedensthematik relevant unter veränderten Vorzeichen, anderen politischen Konstellationen und technischen Entwicklungen. Was aber lässt sich aus der Geschichte lernen und wie kann mit diesem Wissen und vor diesem Hintergrund heute fundiert theologisch argumentiert werden?

---

[3] Vgl. MARTIN GRESCHAT: Der Protestantismus in der Bundesrepublik Deutschland (1945–2005), Leipzig 2010, S. 170; CHRISTOPH BECKER-SCHAUM / PHILIPP GASSERT / MARTIN KLIMKE / WILFRIED MAUSBACH / MARIANNE ZEPP (Hg.): Die Nuklearkrise der 1980er Jahre, NATO-Doppelbeschluss und Friedensbewegung, Einleitung in: „Entrüstet Euch!" Nuklearkrise, NATO-Doppelbeschluss und Friedensbewegung, Paderborn 2012, S. 7–37.
[4] A. a. O., S. 4; kursiv im Original.

2 Das kirchliche Wächteramt

Zunächst lohnt sich eine grundlegende Klärung des Begriffs „Wächteramt" und seiner Herkunft. Die Bezeichnung „Wächteramt" lässt sich zurückführen auf zwei biblische Passagen im Buch Ezechiel und ist gewählt im Anschluss an Ez 3,16f. und 33,7.[5] Heute mutet die Bezeichnung „Wächteramt" eher antiquiert und altmodisch an. Sie klingt nach „Bevormundung"[6] und erhobenem Zeigefinger. Wie im Bibelzitat zum Ausdruck kommt, handelt es sich um eine Warnfunktion, die vom Propheten gegenüber dem Volk Israel auszuführen ist. Sollte der Prophet dieser nicht nachkommen, macht er sich selbst auch schuldig. Die dogmatische Figur des Wächteramtes scheint auf den ersten Blick eindeutig, erweist sich aber als schwer fassbar. Zudem muss sie in einen größeren Rahmen eingebettet werden, um verständlich zu werden. Die Figur des Wächteramtes ist verortet in einem größeren Argumentationsrahmen, der sich im Kontext der Verhältnisbestimmung von Staat und Kirche ergibt. Vereinfacht lassen sich dieser Zusammenhang und die beiden grundlegenden Positionierungen folgendermaßen fassen: Wer die Intention verfolgt, Kirche und Politik möglichst weit auseinanderhalten, argumentiert bzw. argumentierte in der Regel mit Luther und seiner sog. Zwei-Reiche-Lehre: „Demnach soll Luther für eine strikte Trennung von Kirche und Staat eingetreten sein. Nun hat Luther in der Tat auf eine klare Unterscheidung von Evangelium und Politik, nicht aber auf eine Trennung gedrängt."[7] Auf der anderen Seite wird mit der sogenannten „Königsherrschaft Christi" argumentiert, die eine solche Trennung nicht intendiert, sondern Christus als den einen Herrn der Welt ansieht.[8] Die Vorstellung vom prophetischen Wächteramt der Kirche wurde aus der dogmatischen Lehre vom prophetischen Amt Jesu Christi weiterentwickelt. Diese Lehre ist refor-

---

[5] In Ez 3,16f. heißt es ausführlich: Und als die sieben Tage um waren, geschah des HERRN Wort zu mir: Du Menschenkind, ich habe dich zum Wächter gesetzt über das Haus Israel. Du wirst aus meinem Munde das Wort hören und sollst sie in meinem Namen warnen. Wenn ich dem Gottlosen sage: Du musst des Todes sterben!, und du warnst ihn nicht und sagst es ihm nicht, um den Gottlosen vor seinem gottlosen Wege zu warnen, damit er am Leben bleibe, – so wird der Gottlose um seiner Sünde willen sterben, aber sein Blut will ich von deiner Hand fordern. Wenn du aber den Gottlosen warnst und er sich nicht bekehrt von seinem gottlosen Wesen und Wege, so wird er um seiner Sünde willen sterben, aber du hast dein Leben errettet.
Die zweite Bibelstelle Ez 33,7 fasst prägnant zusammen:
Dich aber, du Menschenkind, habe ich zum Wächter gesetzt über das Haus Israel. Wenn du ein Wort aus meinem Munde hörst, sollst du sie vor mir warnen.
Zitation nach der revidierten Lutherbibel von 2017.
[6] Vgl. REINER PREUL: Kirchentheorie. Wesen, Gestalt und Funktionen der Evangelischen Kirche, Berlin / New York 1997, S. 347.
[7] ULRICH H. J. KÖRTNER: Evangelische Sozialethik, Göttingen (2008) ³2012, S. 84.
[8] Vgl. hierzu kritisch: BERND WANNENWETSCH: Art. „Königsherrschaft Christi II.", in: RGG⁴ IV (2001), Sp. 1588f.

mierten Ursprungs: Calvin machte die Drei-Ämter-Lehre zu einer Grundlage seiner Christologie. Demzufolge habe Christus das priesterliche, das königliche und das prophetische Amt inne. Im Heidelberger Katechismus lautet die Antwort auf Frage 31 „Warum wird er Christus, das heißt ‚Gesalbter' genannt?" entsprechend: „Weil er oberster Prophet und Lehrer, sodann einziger Hohepriester und schließlich ewiger König sei."[9] Jeder Christ repräsentiere die Amtstätigkeit Christi in der Welt und ist damit aufgefordert, prophetisches Zeugnis abzulegen. Nach Calvin soll die Kirche das prophetische Amt Christi weiterführen.[10] Zwingli und Bullinger führten in Zürich diese Linie weiter, sie schätzten die Prophetie sehr. Zwingli etwa interpretierte die „pastorale Existenz als prophetische Existenz".[11] Bullinger als Nachfolger legte Wert darauf, dass die prophetische Aufgabe in der Schriftauslegung liege, auf diese Weise grenzte er das prophetische Amt ein. In der reformierten Tradition wird sich bis heute auf das sogenannte politische Wächteramt berufen. Beispielsweise berichtete die Zeitung *Reformiert.* im Kontext der Durchsetzungsinitiative 2016[12] von der aktiven Beteiligung der Pfarrer in Zürich, die im Talar am Hauptbahnhof Flyer verteilten und sich explizit auf das Wächteramt beriefen.[13] Das Wächteramt ist in den reformierten Kirchenordnungen fest verankert.

Mit Blick auf die neueren Entwicklungen, die das kirchliche Wächteramt betrafen, lassen sich grob drei Schritte der Entwicklung aufzeigen.

Erstens war im Kirchenkampf die Barmer Theologische Erklärung entscheidend: Besonders mit These 5 wurde eine Lesart möglich, mit der die Macht des Staates durch Aufnahme von Elementen der reformierten Tradition eingegrenzt werden konnte. Der Staat wurde nicht länger als göttliche Ordnung angesehen, nur noch seine Aufgabe verdankte sich göttlicher Anordnung, nämlich für Recht und Frieden zu sorgen und Unrecht zu wehren. Die Maßstäbe für dieses Handeln wurden der Vernunft entnommen und nicht dem göttlichen

---

[9] Evangelisch-reformierte Kirche / Lippische Landeskirche / Reformierter Bund (Hg.): Der Heidelberger Katechismus. Revidierte Ausgabe, Neukirchen-Vluyn (1997) ⁶2013, S. 26.

[10] Vgl. hierzu FRIEDRICH WILHELM GRAF: Vom Munus Propheticum Christi zum prophetischen Wächteramt der Kirche? Erwägungen zum Verhältnis von Christologie und Ekklesiologie, in: ZEE 32 (1988), S. 88–106; anders: MARCO HOFHEINZ: De munere prophetico – Variationen reformierter Auslegung des Prophetischen Amtes. Zur theologiegeschichtlichen Entwicklung eines dogmatischen Topos vor der Aufklärung (von Zwingli bis Lampe), in: Calvins Erbe. Beiträge zur Wirkungsgeschichte Johannes Calvins, hg. von MARCO HOFHEINZ / WOLFGANG LIENEMANN / MARTIN SALLMANN, Göttingen 2011, S. 115–168.

[11] HOFHEINZ, De munere prophetico, 2011, S. 121.

[12] Am 28.02.2016 stimmten in der Schweiz das Volk und die Stände über die eidgenössische Volksinitiative „Zur Durchsetzung der Ausschaffung krimineller Ausländer (Durchsetzungsinitiative)" ab; vgl. https://www.admin.ch/gov/de/start/dokumentation/abstimmungen/20160228/durchsetzungsinitiative.html (zuletzt geprüft am 07.06.2019).

[13] Vgl. DELF BUCHER: Der Zürcher Kirchenrat wird politischer, in: Reformiert, 29.02.2016.

Gebot. Der Staat gehörte damit zur noch nicht erlösten Welt und wurde auf diese Weise eschatologisch relativiert.[14]

Zweitens übte auch Dietrich Bonhoeffer an der neulutherischen Interpretation von Luthers Zwei-Reiche-Lehre Kritik und wandte sich gegen die propagierte Eigengesetzlichkeit des politischen Bereichs. Seiner Ansicht nach ist es das Wort von der Liebe Gottes, das sowohl den einzelnen Christen als auch die Gemeinde bzw. die Kirche in ein „verantwortliches Verhältnis zur Welt" stelle.[15] Mithilfe seiner Mandatenlehre, die die Zuständigkeitsbereiche klärte, intendierte Bonhoeffer, klar zwischen Staat und Kirche zu unterscheiden: „Das *Mandat des Staates* (Bonhoeffer: „Obrigkeit") besteht darin, Leben zu schützen, Gerechtigkeit und Frieden zu wahren und die allgemeine Wohlfahrt zu fördern. Das *Mandat der Kirche* hingegen besteht in der Evangeliumsverkündigung."[16] Sowohl der einzelne Christ als auch die Kirche sind damit in der Pflicht, wie Bonhoeffer sagte und wie so gerne wiederholt wird, „dem Rad in die Speichen zu fallen", aber nur unter der Bedingung und dem Ausnahmefall, dass der Staat sein Mandat nicht mehr entsprechend ausfülle.[17]

Drittens war es nach dem Ende des Zweiten Weltkriegs und nach dem offensichtlichen Versagen des deutschen Protestantismus vor allem Karl Barth, der diese Linie weiterführte in den heftigen Auseinandersetzungen um das Staatsverständnis innerhalb des Protestantismus. Schon während der Nazizeit hatte er sich dazu geäußert, dass die Kirche nicht „zwei Herren untertan" sein könne, deswegen „nahm er auch in der Schweiz ‚das politische Wächteramt der Kirche' ernst". Allerdings wurde er in der Schweiz ab 1942 ruhiggestellt. Vorträge und Veröffentlichungen wurden ihm verboten.[18] Besonders in der Barth-Schule und in der Tradition der Bekennenden Kirche wird vom prophetischen Wächteramt der Kirche gesprochen.

In Zeiten des Kirchenkampfes kam darüber hinaus eine weitere Form der Begründung kirchlicher Verlautbarungen auf, man argumentierte mit dem Öffentlichkeitsauftrag der Kirche bzw. mit dem Öffentlichkeitsanspruch. Dieser wurde zum einen abgeleitet von Jesu Auftrag an seine Jünger: „Geht aber und predigt und sprecht: Das Himmelreich ist nahe herbeigekommen." (Mt 10,7)

---

[14] Vgl. REINER ANSELM: Politische Ethik, in: Handbuch der Evangelischen Ethik, hg. von WOLFGANG HUBER / TORSTEN MEIREIS / HANS-RICHARD REUTER, München 2015, S. 195–263, hier: 214.

[15] KÖRTNER, Sozialethik, 2012, S. 85.

[16] RAINER MAYER: Zuviel Staat oder zuwenig Staat? Das Wächteramt der Kirche nach Dietrich Bonhoeffer, in: RAINER MAYER / PETER ZIMMERLING: Dietrich Bonhoeffer aktuell. Biographie – Theologie – Spiritualität, Gießen (2001) ²2013, S. 116–148, hier: 133–134.

[17] DIETRICH BONHOEFFER: Die Kirche vor der Judenfrage, in: Berlin 1932–1933, DBW 12, hg. von CARSTEN NICOLAISEN / ERNST-ALBERT SCHARFFENORTH, S. 349–358, hier: 353.

[18] EBERHARD BUSCH: Karl Barth im Zeitgeschehen. „Eine Schweizer Stimme" zwischen 1935 und 1950, in: Karl Barth im europäischen Zeitgeschehen (1935–1950): Widerstand – Bewährung – Orientierung, hg. von MICHAEL BEINTKER / CHRISTIAN LINK / MICHAEL TROWITZSCH, Zürich 2010, S. 47–66, hier: 55.

und zum anderen vom Missionsbefehl Jesu am Ende des Matthäusevangeliums: „Gehet hin und machet zu Jüngern alle Völker: Taufet sie auf den Namen des Vaters und des Sohnes und des Heiligen Geistes und lehret sie halten alles, was ich befohlen habe." (Mt 28,19f). Hier findet sich ausdrücklich das Wort „lehren", was in der Konsequenz interpretiert werden kann als ein „allgemeiner Bildungsauftrag".[19] Außerdem ist die Verkündigung des Evangeliums nach traditionellem Verständnis öffentlich: „Der Christliche Glaube ist keine Geheimreligion; er wendet sich an jedermann und bleibt nicht im Verborgenen."[20] Auch in der Confessio Augustana im 14. Artikel findet sich das „*publice docere*", das an eine ordentliche Berufung gebunden ist.[21] Offiziell anerkannt wurde der „Öffentlichkeitsauftrag" im Loccumer Vertrag von 1955, einem Staatskirchenvertrag zwischen dem Land Niedersachsen und den Landeskirchen in Niedersachsen.

Resümierend kann an dieser Stelle festgehalten werden: Es ist zu würdigen, dass nach dem Zweiten Weltkrieg eine Bewältigung der Geschichte, vor allem aber eine Änderung des Verhaltens im Gegenüber und Miteinander in der Gesellschaft möglich wurde. Die Erfahrungen in der Zeit des Nationalsozialismus mussten verarbeitet werden. Der historische Blick kann an dieser Stelle hilfreich sein, um nicht vorschnell aus heutiger Sicht zu urteilen und die notwendige Bewältigung des NS-Zeit nicht zu vergessen. Die Erfahrungen der NS-Zeit mit einem totalitären Staat blieben der Erfahrungshintergrund auch bei der Neuordnung des politischen Lebens und Miteinanders nach dem Zweiten Weltkrieg:

> „In der Zeit unmittelbar nach dem Zweiten Weltkrieg hatte man in kirchlichen Kreisen verschiedentlich von einem Wächteramt gesprochen, das die Kirche wahrzunehmen habe, um Übergriffen von Seiten eines totalitären Staates entgegenzutreten. Hatten sich darin Erfahrungen aus der Zeit des ‚Dritten Reiches' niedergeschlagen, die man nun bei der politischen Neuordnung des politischen Lebens auszuwerten suchte, so erwies sich doch, daß ein Wächteramt sehr schnell zu überzogen erscheinenden Äußerungen von Seiten der Kirche führen kann."[22]

Diese Beobachtung wird durch die Denkschriften bestätigt, vor allem die sogenannte Denkschriften-Denkschrift von 1970, die offiziell den Titel „Aufgaben und Grenzen kirchlicher Äußerungen zu gesellschaftlichen Fragen" trägt, ist eine Stellungnahme der EKD zum Thema. Im kurzen Vorwort wird dieser Sach-

---

[19] HERMANN BARTH: Art. „Öffentlichkeitsanspruch der Kirche", in: Evangelisches Staatslexikon. Neuausgabe, hg. von WERNER HEUN / MARTIN HONECKER / MARTIN MORLOK / JOACHIM WIELAND, Stuttgart 2006, Sp. 1663–1669, hier: 1664.
[20] MARTIN HONECKER: Grundriss der Sozialethik, Berlin / New York 1995, S. 637.
[21] VOLKER LEPPIN: Die Confessio Augustana, in: Die Bekenntnisschriften der Evangelisch-Lutherischen Kirche, hg. von IRENE DINGEL, Göttingen 2014, S. 65–228, hier: 109.
[22] EDUARD LOHSE: Erneuern und Bewahren. Evangelische Kirche 1970–1990, Göttingen 1993, S. 85.

verhalt folgendermaßen auf den Punkt gebracht: „Viele stellen die Frage, wieweit und in welcher Weise es die Aufgabe der Kirche sein kann, zu wichtigen Fragen der gesellschaftlichen Entwicklung und des politischen Lebens öffentlich Stellung zu nehmen."[23] Auf diese Problemstellung soll die Denkschrift reagieren und eine fundierte Antwort geben. In der Argumentation wird das Wächteramt erwähnt; es könne nicht nur unter Gewaltherrschaft angewendet werden, sondern auch in freiheitlichen Gesellschaften. Nicht nur im „Falle äußerster Gefährdung", dann nämlich, wenn die „Menschenwürde" oder das „Menschsein des Menschen" bedroht wird, sondern auch im Nachdenken über eine „gute und glaubwürdige Ordnung für eine ‚verantwortliche Gesellschaft'" sei es auszuüben.[24] In der Nachfolgedenkschrift zu diesem Thema mit dem Titel „Das rechte Wort zur rechten Zeit. Eine Denkschrift des Rates der Evangelischen Kirche in Deutschland zum Öffentlichkeitsauftrag der Kirche" aus dem Jahr 2008, also 38 Jahre später, findet das Wächteramt keine Erwähnung mehr. Stattdessen wird mit dem Öffentlichkeitsauftrag argumentiert:

> „Aber im Rahmen des Öffentlichkeitsauftrags, der mit dem Verkündigungsauftrag der Kirche selbst gegeben ist, besteht eine besondere Aufgabe darin, in die Öffentlichkeit hinein zu Grundfragen des politischen und gesellschaftlichen Lebens Stellung zu nehmen."[25]

Die Neubestimmung der Rolle der Kirche im Miteinander und Gegenüber zu Politik und Gesellschaft sei nötig geworden und damit auch eine Neubearbeitung der Thematik, da sich in dieser Zeitspanne ganz grundlegend die „Struktur und Gestalt gesellschaftlichen Lebens" gewandelt habe. Außerdem gelte es, die „gesammelten Erfahrungen mit unterschiedlichen Prozessen gesellschaftlicher und politischer Kommunikation und Partizipation" zu berücksichtigen.[26]

3 Die Denkschriftenpraxis der EKD

Nach 1945 nahm die EKD an den gesellschaftlichen Diskursen teil unter Berufung auf ihre öffentliche Verantwortung.[27] Seit 1962 wurde dafür ein neuer

---

[23] EVANGELISCHE KIRCHE IN DEUTSCHLAND (Hg.): Aufgaben und Grenzen kirchlicher Äußerungen zu gesellschaftlichen Fragen. Eine Denkschrift. Herausgegeben vom Rat der Evangelischen Kirche in Deutschland, Gütersloh 1970, S. 5.
[24] A. a. O., S. 8; anders PREUL, Kirchentheorie, 1997, S. 347.
[25] EVANGELISCHE KIRCHE IN DEUTSCHLAND (Hg.): Das rechte Wort zur rechten Zeit. Eine Denkschrift des Rates der Evangelischen Kirche in Deutschland zum Öffentlichkeitsauftrag der Kirche, Gütersloh 2008, S. 7.
[26] A. a. O., S. 14.
[27] Vgl. TRUTZ RENDTORFF: Die Autorität der Freiheit. Theologische Beobachtungen zur öffentlichen Rolle der Evangelischen Kirche in Deutschland, in: ZThK 101 (2004), S. 379–396, hier: 381.

Typus der Publikation bzw. ein neues Genre verwendet: die Denkschriften. Die Denkschriften wurden und werden seither von Fachgremien ausgearbeitet, vor allem von den beiden Kammern für soziale Ordnung bzw. für öffentliche Verantwortung oder von eigens dafür berufenen Kommissionen bzw. Ausschüssen. Diese Dokumente, neben denen noch weitere Studien und ähnliches veröffentlicht werden, verstehen sich als „Dokumente für die öffentliche Diskussion und Meinungsbildung".[28] Dabei kommt es auf ihren Sachgehalt an, denn eine „formale lehramtliche Verbindlichkeit"[29] können sie nicht beanspruchen. Auch wenn diese Gattung unter gänzlich anderen gesellschaftlichen Bedingungen entstanden ist – ohne Internet und Digitalisierung – sollen die Denkschriften weiterhin auch gerade deshalb zu einem „differenzierten Diskurs in der Zivilgesellschaft"[30] unaufgeregt Argumente beitragen und aus evangelischer Perspektive Orientierung zu wichtigen gesellschaftlichen Fragen bieten. Als Adressaten richten sich die Denkschriften nach innen, also an kirchliche Mitarbeiterinnen und Mitarbeiter und an alle evangelischen Christinnen und Christen. Nach außen sind die Äußerungen zu verstehen als Stellungnahmen zu gesellschaftlich-politischen Fragen und Problemen – im Auftrag ihres Herrn setze sich die Kirche für eine „friedfertige und gerechte Welt" ein.[31] Dabei müsse klar sein und gelte grundsätzlich, dass dies im „Interesse des Gemeinwesens" geschehe.[32] Insgesamt stehe im Fokus, „eher die Sach- als die Amtsautorität der ev. Kirche, eher deren faktische Öffentlichkeitsrelevanz als deren bloßen Öffentlichkeitsanspruch [zu] repräsentieren".[33]

4 Die Friedensbewegung – Zeitgeschichte und Kontextualisierung

Zum Thema Frieden lohnt sich ein Blick in die 70er und 80er Jahre des 20. Jahrhunderts und auf die Auseinandersetzungen damals innerhalb der Gesellschaft und innerhalb der Kirche. Hier wurden entscheidende Weichenstellungen vorgenommen, die ihre Auswirkungen bis heute haben – auch wenn sich die politische Situation gewandelt hat. Ende der 1970er Jahre änderte sich die sicherheitspolitische Lage in Deutschland grundlegend. Mit der Entwicklung der Neutronenbombe und vor allem mit der Aufstellung sowjetischer SS-20-Raketen und dem NATO-Doppelbeschluss vom 12. Dezember 1979 entstand ein

---

[28] HENNING SCHRÖER: Art. „Denkschriften", in: TRE 8, S. 493–499, hier: 494.
[29] MARTIN HONECKER: Sind Denkschriften „kirchliche Lehre"?, in: ZThK 81 (1984), S. 241–263, hier: 249.
[30] Evangelische Kirche in Deutschland (Hg.): Das rechte Wort zur rechten Zeit, S. 55.
[31] A. a. O., S. 41.
[32] Vgl. ebd.
[33] CHRISTIAN ALBRECHT: Art. „Denkschriften", in: RGG⁴ II (1999), Sp. 664–666, hier: 665.

„neues, massive Ängste auslösendes Bedrohungsszenario".³⁴ Zudem marschierte die Sowjetunion am 27. Dezember 1979 in Afghanistan ein. Daraufhin vereiste das Klima zwischen den Supermächten. Zwischen 1980 und 1983 unterzeichneten mehr als vier Millionen Menschen den Krefelder Appell gegen die Stationierung amerikanischer Mittelstrecken-Atomwaffen in Europa. Das Motto lautete: „Der Atomtod bedroht uns alle; keine Atomraketen in Europa."³⁵ Die sogenannte Friedensbewegung, eine Selbstbezeichnung, war keine homogene Gruppe, sondern „eine äußerst heterogene Vielfalt von Initiativen".³⁶ Sie wurde ins Leben gerufen ausgehend vom Engagement gegen den NATO-Doppelbeschluss. Ziel war es, das Wettrüsten zu beenden und einen Atomkrieg, der für alles Leben tödlich enden würde, zu vermeiden. Bereits seit Mitte der 1970er Jahre war die Friedensfrage ein zentrales Thema innerhalb der Kirche. Die Initiative dazu ging vom Ökumenischen Rat der Kirchen 1975 aus: „Dort wurde an die Kirchen appelliert, ihre Bereitschaft zu zeigen, ohne den Schutz von Waffen zu leben, und auf eine wirksame Abrüstung zu drängen."³⁷ Es gab verschiedene evangelische Initiativen, die unterschiedliche Ansichten zum Friedensauftrag der Christen vertraten. Beispielhaft soll das hier Spektrum anhand zweier Gruppierungen umrissen werden:

Die Gruppe „Ohne Rüstung leben" nahm die Forderung des ÖRK, sein „Antimilitarismusprogramm"³⁸, auf und formte diese Forderung um zu einer Selbstverpflichtung. Diese lautete: „Ich bin bereit, ohne den Schutz militärischer Rüstung zu leben. Ich will in unserem Staat dafür eintreten, daß Frieden ohne Waffen politisch entwickelt wird."³⁹

In Auseinandersetzung mit „Ohne Rüstung leben" entstand der Arbeitskreis „Sicherung des Friedens". Im Juli 1980 veröffentlichte der Arbeitskreis „Sicherung des Friedens" die Erklärung „An die evangelischen Christen" als Antwort auf „Ohne Rüstung leben". Nach Ansicht der Verfasser, zum Teil prominente evangelische Christen, war im Notfall für die Sicherung des Friedens der bewaffnete „Schutz des Lebens, der grundlegenden Menschenrechte und

---

[34] CLAUDIA LEPP: Zwischen Konfrontation und Kooperation. Kirchen und soziale Bewegungen in der Bundesrepublik (1950–1983), in: Zeithistorische Forschungen / Studies in Contemporary History 7/3 (2010), S. 364–385, hier: 379.
[35] GRESCHAT, Protestantismus, 2010, S. 174.
[36] HELMUT ZANDER: Die Christen und die Friedensbewegungen in beiden deutschen Staaten. Beiträge zu einem Vergleich für die Jahre 1978–1987, Berlin 1989, S. 46.
[37] LEPP, Zwischen Konfrontation und Kooperation, 2010, S. 380.
[38] SEBASTIAN KALDEN / JAN OLE WIECHMANN: Kirchen, in: „Entrüstet Euch!" Nuklearkrise, NATO-Doppelbeschluss und Friedensbewegung, hg. von CHRISTOPH BECKER-SCHAUM / PHILIPP GASSERT / MARTIN KLIMKE / WILFRIED MAUSBACH / MARIANNE ZEPP, Paderborn 2012, S. 247–261, hier: 248.
[39] OHNE RÜSTUNG LEBEN (Hg.): Der Aufruf „An alle Christen" 1978, in: Ohne Rüstung leben, Gütersloh 1981, S. 20–22, hier: 20.

der Freiheit"⁴⁰ angezeigt. Außerdem verwehrte man sich dagegen, „biblische Aussagen als konkrete sicherheitspolitische Handlungsanweisungen zu begreifen".⁴¹ Dem Staat wurde auch in der aktuellen Situation unter nuklearer Bedrohung „das Amt der Machtverwaltung als eine Notverordnung Gottes" zugesichert.⁴²

Auch „Aktion Sühnezeichen/Friedensdienste" spielte eine wichtige Rolle; durch Unterschriftenkampagnen und Friedenswochen erhielt die Organisation „Zugang zu kirchlichen Institutionen und Gemeinden"⁴³. Im November 1980 fand die erste Friedenswoche unter dem Motto „Frieden schaffen ohne Waffen" an etwa 350 Orten statt.⁴⁴ Die Landeskirchen setzten sich für die Friedenswochen ein und riefen zur Teilnahme auf. So entstand eine Form „eigenständiger christlicher Friedensarbeit".⁴⁵ Als Aktionsformen der Friedensbewegten im kirchlichen Kontext sind vor allem die Kirchentage der 1980er in Nürnberg (1979), Hamburg (1981), Hannover (1983), Düsseldorf (1985) und Frankfurt (1987) zu nennen.⁴⁶ Gerade auch der sogenannte „Markt der Möglichkeiten", den es seit dem Kirchentag in Frankfurt 1975 unter diesem Namen gibt⁴⁷, bot eine Plattform für friedenspolitische Aktivitäten.

Innerhalb der Friedensbewegung waren die Konturen und Positionen nicht immer trennscharf zu unterscheiden und es kam zu Vermischungen; christliche und nichtchristliche Positionen konnten nicht immer klar differenziert. Außerdem kam es auch innerprotestantisch zu „Grabenkämpfen" und gegensätzlichen Ansichten, wie sich nun eine Christin und ein Christ in der Friedensfrage zu äußern habe. Trutz Rendtorff beschreibt die damalige Situation folgendermaßen:

> „Nicht nur erreichte die Intensität der kirchlichen Auseinandersetzung einen Grad an Intensität wie bei kaum einem anderen Konflikt. Mehr noch: Die Grenzen zwischen Kirche und Öffentlichkeit schienen völlig aufgelöst, ineinander aufgegangen, nicht mehr unterscheidbar. [...] Die ‚Kirche' agierte als Teil, als Element in der massenhaften Bewegung einer Öffentlichkeit in actu."⁴⁸

---

40 O. A.: Sicherung des Friedens: An die evangelischen Christen!, in: Sicherung des Friedens. Eine christliche Verpflichtung, hg. von EBERHARD STAMMLER, Stuttgart 1980, S. 12–18, hier: 12f.
41 KALDEN / WIECHMANN, Kirchen, 2012, S. 248.
42 O. A., Sicherung des Friedens, 1980, S. 12f.
43 LEPP, Zwischen Konfrontation und Kooperation, 2010, S. 380.
44 Vgl. ebd.
45 Ebd.
46 Vgl. ZANDER, Friedensbewegungen, 1989, S. 87–100.
47 Vgl. HARALD SCHROETER-WITTKE: Der Deutsche Evangelische Kirchentag in den 1960er und 70er Jahren – eine soziale Bewegung?, in: Umbrüche. Der deutsche Protestantismus und die sozialen Bewegungen in den 1960er und 70er Jahren, hg. von SIEGFRIED HERMLE / CLAUDIA LEPP / HARRY OELKE, Göttingen (2007) ²2012, S. 213–225, hier: 220.
48 RENDTORFF, Die Autorität der Freiheit, 2004, S. 388.

In dieser gesellschaftlichen wie auch politischen Situation bezogen 1981 die EKD und ein Jahr später das Moderamen des Reformierten Bundes Stellung zur Friedensfrage. Für die EKD ging es ganz entscheidend darum, wieder Herr der Lage zu werden und auf die Diskussionen ausgleichend einzuwirken.

5 Zwei Modi: „Frieden wahren, fördern und erneuern" (1981) und „Das Bekenntnis zu Jesus Christus und die Friedensverantwortung der Kirche" (1982)

Im Folgenden sollen die beiden protestantischen Modi der Reaktion auf die politische Situation und die heiß diskutierte Friedensfrage dargestellt werden anhand der Friedensdenkschrift von 1981 und der Erklärung des Moderamens von 1982.

In einem ersten Schritt soll die Friedensdenkschrift „Frieden wahren, fördern und erneuern" im Fokus der Betrachtung stehen. Sie wurde 1979 vom Rat der EKD in Auftrag gegeben, von der Kammer für öffentliche Verantwortung unter der Leitung von Trutz Rendtorff erarbeitet und 1981 herausgegeben. Sie lässt sich nach Helmut Zander in fünf Teile gliedern: Auf eine „Analyse der aktuellen politischen Situation (I.)" folgt die Ausarbeitung der bisherigen „Versuche zur Friedenssicherung seit 1945 (II.)". In einem nächsten Schritt werden dann „Protestantische Beiträge zur Friedensdiskussion bis in zeitgenössische Stellungnahmen hinein (III.)" und darauf folgend „ein theologische[r] Rahmen[] christlicher Friedensethik (IV.)" erarbeitet und vorgestellt. Abschließend finden sich „Thesen zur Friedensaufgabe der Kirche (V.)".[49] Die dezidierte Absicht war, ausgleichend auf die Diskussion einzuwirken. Auch deshalb handelt es sich bei der sog. Friedensdenkschrift nicht um ein Programm wie bei anderen Denkschriften.[50] Eduard Lohse fasst die Lage im Vorwort folgendermaßen prägnant zusammen:

> „Ernste Sorge um den Frieden bestimmt gegenwärtig das Bewußtsein vieler Menschen. Akute Krisen in verschiedenen Teilen der Welt haben Kriegsfurcht ausgelöst. Die Spannung zwischen den großen Machtblöcken ist gewachsen. Die Rüstung, die der Sicherung des Friedens dienen soll, wird auch immer mehr als Gefährdung des Friedens angesehen. Die Kosten, die sie verschlingt, stehen in einem schreienden Mißverhältnis zum Elend der Welt. Aber der Weg zu ihrer Verminderung ist politisch umstritten. Eine tiefgreifende Kontroverse über die Frage, wie Christen dem Frieden dienen sollen, durchzieht auch unsere Kirche."[51]

---

[49] ZANDER, Friedensbewegungen, 1989, S. 51–52.
[50] Ebd., S. 53.
[51] Friedensdenkschrift, S. 9.

Das gewichtigste Anliegen der Denkschrift ist es, die divergierenden Positionen miteinander im Gespräch zu halten und darauf zu verweisen, dass es für Christen nicht nur den einen Weg zum Frieden gibt. Die Sicherung des Friedens wird insgesamt als politische Aufgabe begriffen, militärische Aspekte sollten dem nachgeordnet sein:

> „Die Sicherung und Erneuerung des Friedens unter den Völkern kann nicht allein und nicht auf Dauer durch militärische Gewaltmittel gelingen. Darum gebietet es die heutige weltpolitische Situation, den Vorrang einer umfassenden politischen Sicherung des Friedens vor der militärischen Rüstung wiederzugewinnen."[52]

Damit soll der Fokus vom militärischen Wettrüsten genommen und hin auf die politische Gestaltbarkeit ausgerichtet werden. Dem Krieg wird eine klare Absage erteilt und er wird nicht mehr als „Teil des Instrumentariums der Politik"[53] anerkannt: „Krieg kann heutzutage nicht mehr als Fortsetzung der Politik mit anderen Mitteln ausgegeben werden. Krieg bedeutet, prägnant und ohne Abstriche, das Scheitern von Politik."[54] Allerdings wird dies eingeschränkt, denn es könne Fälle in der internationalen Politik geben, „in denen Gewalt nur durch Gewalt begegnet werden kann".[55] Diese Spannung soll aufgelöst werden durch die Forderung nach einer internationalen Friedensordnung, die immer wieder in der Denkschrift aufgenommen wird.[56] Eine internationale Friedensordnung, auf die sich Staaten gemeinsam einigen, soll die Grundlage bieten für den Ausgleich von Interessenkonflikten.[57] Denn es gehöre zur Friedensdiskussion dazu, anzuerkennen, dass Konflikte und Gegensätze existieren: „Friedensaufgabe heißt: Bejahung von Konflikten. Diese Konflikte müssen in die Erörterung der Friedensaufgabe mit einbezogen werden."[58] Die Denkschrift knüpft an die Heidelberger Thesen von 1959 an, die damals einen inoffiziellen, also nicht kirchlichen autorisierten, Konsens darstellten.[59] Die Thesen pointieren die Ansicht, dass ein Atomkrieg nicht nach der Lehre des gerechten Krieges gerechtfertigt werden könne. Waffenverzicht wurde grundsätzlich als christliche Handlungsweise akzeptiert (These VII). Gleichzeitig wurde der Versuch, durch Atomrüstung den Frieden zu stabilisieren, ebenso als eine christliche Hand-

---

[52] Friedensdenkschrift, S. 52.
[53] ZANDER, Friedensbewegungen, 1989, S. 54.
[54] Friedensdenkschrift, S. 53.
[55] A. a. O., S. 62.
[56] A. a. O., Einleitung S. 11; S. 27; S. 38; S. 67.
[57] A. a. O., S. 68: „Eine internationale Friedensordnung muss die individuellen und sozialen Menschenrechte verwirklichen, ein gemeinsames Konzept von Sicherheit einschließen und die Durchsetzung von Interessen mit gewaltsamen Mitteln verhindern; sie hat die Selbstständigkeit der Völker zu achten und soll die regionale und weltweite Zusammenarbeit fördern."
[58] A. a. O., S. 51.
[59] Die Heidelberger Thesen von 1959 sind auch im Anhang abgedruckt, vgl. Friedensdenkschrift, S. 76–87.

lungsweise anerkannt (These VIII). Allerdings wird diese Handlungsweise einschränkend als „heute noch möglich" klassifiziert, was bedeutet, dass dies nur für die konkrete Situation galt, also vorübergehend und nicht allgemeingültig. Die Friedensdenkschrift plädiert in dieser Linie für die weitere Gültigkeit der Heidelberger Thesen – das „Heute-noch" gelte weiterhin, wenn auch nicht auf unbegrenzte Zeit. Dies entlasse aber selbstverständlich nicht aus der Verantwortung:

> „Das atomare Zeitalter fordert von uns außerordentliche moralische Anstrengungen. Zu ihnen gehört nicht nur, sich mit der Tatsache atomarer Rüstung nicht abzufinden, sondern vor allem gilt es auch, die Erkenntnis auszuhalten, daß es für einen Frieden in Freiheit weder durch atomare Rüstung noch durch den Verzicht auf sie eine Garantie gibt. Beide Optionen sind mit hohen Risiken verbunden, die sich schwer gegeneinander abwägen lassen. Sie werden auch von Christen aufgrund unterschiedlicher Analysen unterschiedlich eingeschätzt."[60]

Es liegt in dieser Linie, dass der „Friedensdienst mit und ohne Waffen" bejaht wird. Außerdem werden detaillierte Vorschläge zur Sicherheitspolitik behandelt unter dem symptomatischen Stichwort „Näherungslösungen"[61], denn eine internationale Friedensordnung erscheine bisher nicht in Reichweite. Diese Vorschläge beinhalten unterschiedliche Aspekte wie das „Durchdenken alternativer Verteidigungskonzepte und vermehrte Einbeziehung defensiver Waffen (V. 3c)", die „Prüfung kalkulierter einseitiger Schritte innerhalb des Gleichgewichtskonzepts (V. 3d)", „Verhandlungen über weitere Rüstungsbeschränkungen (V. 31a) und den „Verzicht auf Modernisierung bestehender Waffensysteme (V. 3d)".[62]

Theologisch basiert der Text auf dem Verständnis des Friedens als Geschenk Gottes: „Frieden zu wahren, zu fördern und zu erneuern ist die von Christus geforderte Antwort auf den Frieden, den Gott in Jesus Christus verheißen hat."[63] Es bleibt aber grundsätzlich der Friede Gottes vom Frieden der Welt unterschieden; die Welt ist versöhnungsbedürftig. Der Mensch wird klassisch charakterisiert als Gerechtfertigter und Sünder zugleich.[64] Gott ist und bleibt als Herr der Geschichte der Urheber des vollkommenen Friedens.[65] Daraus folgt, dass der menschenmögliche Friede vor allem als Versöhnung mit Gott erscheint.[66] Damit erweist sich der Dienst am Frieden als Dienst an der Versöhnung und zeigt sich konkret im Leben als „Übernahme politischer

---

[60] Friedensdenkschrift, S. 58.
[61] A. a. O., S. 67.
[62] Vgl. ZANDER, Friedensbewegungen, 1989, S. 54.
[63] Friedensdenkschrift, S. 43.
[64] A. a. O., S. 65.
[65] A. a. O., S. 54.
[66] Vgl. ZANDER, Friedensbewegungen, 1989, S. 52.

Verantwortung durch Christen".⁶⁷ Zusammenfassend wird folgendes Diktum verwendet: „Will man dem Frieden wirklich – und das heißt praktisch – dienen, so ist die eigene Gewissensentscheidung zu überführen in die Wahrnehmung praktischer politischer Verantwortung."⁶⁸ Der Absicht der Verfasser der Denkschrift, „eine Denkschrift im eigentlichen Sinne"⁶⁹ vorzulegen, wurde seitens der Kritiker mit dem Vorwurf der Schwammigkeit und Uneindeutigkeit begegnet. Kritik gab es für das gleichzeitige Ja und Nein zur atomaren Bewaffnung, für den Bezug auf die Heidelberger Thesen und für die „Komplementaritätsformel für Wehr- und Zivildienst".⁷⁰ Genau dieser Versuch eines Kompromisses wurde jedoch andererseits von den Befürwortern hervorgehoben. Auch die „Näherungslösungen" der Denkschrift wurden positiv aufgenommen. Die Denkschrift bietet eine gemeinsame Grundlage für das weitere Gespräch und sollte vermittelnd wirken; Martin Honecker beispielsweise begründete damit seine Zustimmung zur Denkschrift:

> „Sie [die Denkschrift, A.F.H.] ist ein Angebot zur gesellschaftlichen und innerkirchlichen Verständigung, also zu einer dialogorientierten Kommunikation in einer Kontroverse trotz eines bestehenden Dissenses. Dies ist, so meine ich, ein Beitrag zur Wahrnehmung ethischer Verantwortung."⁷¹

Der zweite Modus der Reaktion auf die Friedensfrage wurde von Seiten des Reformierten Bundes veröffentlicht. Der Reformierte Bund ist ein Verein, in dem reformierte Kirchengemeinden, Gemeindeverbände, Synodalverbände, Kirchen und Einzelpersonen Mitglieder sind. Sein Leitungsgremium, das Moderamen, veröffentlichte seine Erklärung „Das Bekenntnis zu Jesus Christus und die Friedensverantwortung der Kirche" 1982. Die Erklärung kann auch als Reaktion auf die Friedensdenkschrift gelesen werden. Im Vorwort schreibt der damalige Moderator Hans-Joachim Kraus: „Problematische ‚Ausgewogenheit', Zweideutigkeit und Unentschlossenheit der Evangelischen Kirche in Deutschland haben dieses Sondervotum herausgefordert."⁷² Die gegenwärtige politische Lage wurde als extrem brisant eingeschätzt, eine Reaktion sei daher unerlässlich. Es wird ein Bedrohungsszenario mit drastischen Formulierungen beschrieben:

> „Die Möglichkeit eines Atomkriegs ist zur Wahrscheinlichkeit geworden. Die scheinbare Stabilität trügt. Durch die immer größer werdende Gefahr der atomaren

---

⁶⁷ ZANDER, Friedensbewegungen, 1989, S. 52.
⁶⁸ Friedensdenkschrift, S. 51.
⁶⁹ A. a. O., S. 12.
⁷⁰ ZANDER, Friedensbewegungen, 1989, S. 55.
⁷¹ HONECKER, Sind Denkschriften „kirchliche Lehre"?, 1984, S. 254.
⁷² Das Bekenntnis zu Jesus Christus und die Friedensverantwortung der Kirche, S. 4.

Vernichtung der Welt wird unser Jahrzehnt mehr und mehr zum gefährlichsten in der Geschichte der Menschheit."⁷³

Auch die Reformierte Kirche in den Niederlanden, die *Nederlandse Hervormde Kerk*, hatte im Vorhinein 1979 eine Denkschrift verfasst und 1980 einen Hirtenbrief an die Gemeinden versendet. Klar positionierte sie sich mit einem kompromisslosen Nein zu Atomwaffen. Dieses Nein bezieht sich nicht nur auf den Einsatz von Atomwaffen, sondern auch bereits auf ihren Besitz.⁷⁴ Diese Position wurde von Seiten des Reformierten Bundes als Anregung aufgenommen und im Wesentlichen übernommen.

Die Erklärung des Moderamens des Reformierten Bundes lässt sich in zwei Teile gliedern: Zunächst beinhaltet Teil A sieben kurze Thesen, welche dann in Teil B erläutert werden. Die Erläuterungen sind – analog zur Barmer Theologischen Erklärung – unterteilt in Bibelverse als Vorspruch, einen Bekenntnistext („Wir glauben") und eine politische Folgerung für die Friedensverantwortung der Kirche („Aus diesem Bekenntnis ergibt sich für die Friedensverantwortung der Kirche"). Allein durch die formale Übereinstimmung mit der Barmer Theologischen Erklärung wird der Ernst der Lage demonstriert. Der markanteste Unterschied zur Friedensdenkschrift besteht darin, dass die Friedensfrage in der Erklärung als Bekenntnisfrage angesehen wird, wie bereits in These I ausgeführt wird:

> „Jetzt, da stärker als zuvor die Möglichkeit des Atomkriegs zur Wahrscheinlichkeit wird, erkennen wir: Die Friedensfrage wird zur Bekenntnisfrage. Durch sie ist für uns der status confessionis gegeben, weil es in der Stellung zu den Massenvernichtungsmitteln um das Bekennen oder Verleugnen des Evangeliums geht."⁷⁵

In diesem Kontext wird auch mit den bisherigen Versäumnissen der Kirche und dem Versagen in der Vergangenheit argumentiert.⁷⁶ Obwohl die Bekenntnisfrage eine radikale Feststellung sei und, wie im Text steht, eine Frage „um Leben und Tod"⁷⁷, bleibt die Konsequenz der Kirchentrennung offen. Auf Dauer könnten zwei gegensätzliche Meinungen nicht innerhalb einer Kirche nebeneinander bestehen. Der *status confessionis* wird jedoch nicht verstanden als „Exkommunikation und Drohung mit der Spaltung, sondern als Einladung zum Glauben und Ruf in die verbindliche Entscheidung des Bekennens."⁷⁸ Hier lässt sich eine Verschiebung der ethischen Frage beobachten: Das Friedensthema wird stark aufgewertet und in den Kontext des Bekennens gerückt, indem es „aus dem Bereich der für den Glauben gleichgültigen weltlichen Angelegenhei-

---

[73] A. a. O., S. 14.
[74] A. a. O.; Anhang, S. 35.
[75] A. a. O., S. 6.
[76] A. a. O., S. 13.
[77] A. a. O., S. 15.
[78] Ebd.

ten in den Bereich des Glaubens hinein" verschoben wird.[79] Aus der christlichen Botschaft der Versöhnung des Menschen mit Gott wird unmittelbar eine bestimmte politische Einstellung abgeleitet. Im Nachhinein, nach einer Welle des Protests, wurde genau dies in einer Stellungnahme des Moderamen des Reformierten Bundes abgeschwächt: Mit dem *status confessionis* sollte die „Dringlichkeit einer vom Glauben her zu vollziehenden Entscheidung" unterstrichen und keine Kirchenspaltung herbeigeführt werden.[80]

Im Vergleich zur Denkschrift wird das Verhältnis von Staat und Kirche anders bewertet: Die lutherische Position (Friedensdenkschrift) vertritt die Lehre von den zwei Reichen, einem weltlichen und einem geistlichen – mit einer relativen Selbstständigkeit des weltlichen Reiches. Deswegen können die Fähigkeiten der Politik in der Friedensdenkschrift positiv eingeschätzt werden. Der Glaube fordert zwar eindeutig politische Entscheidungen, aber die Begründung dieser Entscheidungen bleibt Sache und Aufgabe politischer Vernunft, bedarf öffentlicher Diskussion und sachlicher Argumente.[81] Demgegenüber betont der durch Karl Barths Theologie geprägte Ansatz der Erklärung des Moderamens die Zentralstellung Christi gegen eine Verselbstständigung des weltlichen Reiches. Hier wird die „Entscheidung unmittelbar aus dem christlichen Glauben und dem Bekenntnis zum Herrsein Christi abgeleitet".[82] Insgesamt argumentiert die Erklärung stärker biblisch, theologische Erwägungen sind verflochten mit ihrer Umsetzung im politischen Handeln bzw. in der Ablehnung von Atomwaffen. Schritt für Schritt wird Dogmatik umgeformt in politische Imperative.[83] Dabei bleibt die Frage nach Alternativen zu den Atomwaffen allerdings offen. Das Nein zu den Atomwaffen wird theologisch begründet, aber die Konsequenzen kommen nur kurz zur Sprache und es werden einseitige Abrüstungsschritte genannt (vgl. Erläuterungen zur These V). Die Frage, wie der Frieden positiv umgesetzt werden kann, bleibt offen. Damit ist der Protest artikuliert, aber Lösungsvorschläge sind nicht mitbedacht. Insgesamt wird kein grundsätzlicher Pazifismus vertreten, wie man ausgehend von den bisherigen Ausführungen denken könnte, sondern nur mit Bezug auf den Besitz und die Anwendung von Atomwaffen.[84] Die Gefahr konventioneller Waffen wird zwar nicht negiert, aber vor allem die Möglichkeit der „uneingeschränkte[n] Ver-

---

[79] WOLFGANG VÖGELE: Leben und Überleben. Der Lebensbegriff im Kontext der protestantischen Friedensbewegung in Deutschland, in: Das Leben. Historisch-systematische Studien zur Geschichte eines Begriffs, Bd. 3, hg. von STEPHAN SCHAEDE / REINER ANSELM / KRISTIAN KÖCHY, Tübingen 2016, S. 141–161, hier: 153.

[80] MARTIN HONECKER: Die Diskussion um den Frieden 1981–1983, ThR 49 (1984), S. 372–411, hier: 397.

[81] Vgl. A. a. O., S. 399.

[82] Ebd.

[83] Vgl. ZANDER, Friedensbewegungen, 1989, S. 52.

[84] Das Bekenntnis zu Jesus Christus und die Friedensverantwortung der Kirche, S. 27.

nichtung"[85], die von atomaren, biologischen und chemischen Waffen ausgeht, wird als Bedrohung angesehen.

Ein weiterer Unterschied zwischen beiden Positionierungen besteht theologisch in der Charakterisierung des Menschen: In beiden Schriften wird der Mensch beschrieben als Erlöster und Sünder zugleich, jedoch mit unterschiedlicher Gewichtung. Nach der Erklärung des Moderamens ist der Mensch bereits jetzt in der „neuen Existenz": Gott schaffe dem Sünder in Christus eine neue Existenz und lasse ihn als „gerechtfertigten, geheiligten und berufenen Menschen unter seiner Herrschaft in Frieden leben."[86] Der Mensch gehöre damit hinein in den Frieden Gottes, auch wenn der endgültige Frieden eschatologisch noch ausstehe. Frieden sei von Gott geschaffen und es sei die Aufgabe des Menschen, „dem Frieden mit Gott in Wort und Tat zu entsprechen, in aller Vorläufigkeit den Frieden auf Erden zu suchen und miteinander in Frieden zu leben."[87] Dem steht die Friedensdenkschrift nicht entgegen, aber sie argumentiert anders, denn sie geht grundsätzlich von der Gefährdung des menschlichen Friedens aus.[88]

Insgesamt unterscheiden sich die beiden protestantischen Positionierungen deutlich, was sich auch auf ihre konfessionelle Prägung als eher lutherisch beeinflusst im Falle der Denkschrift und als dezidierte reformierte Stellungnahme in Abgrenzung von der Friedensdenkschrift im Falle der Erklärung des Moderamens zurückführen lässt. Im Bereich der reformierten Tradition ist das Wächteramt impliziert, auch wenn es nicht ausdrücklich benannt wird. Es stellt sich jedoch die Frage, ob dies heute nach wie vor ein Ansatzpunkt sein kann.

6 Das kirchliche Wächteramt heute – reichen friedensethische Appelle?

Die Frage nach dem kirchlichen Wächteramt heute ist nicht einfach mit ja oder nein zu beantworten. In einer pluralistischen Gesellschaft liegt es näher, auch um der Verständlichkeit willen, vom Öffentlichkeitsanspruch der Kirche zu sprechen. Durch die Rede vom Wächteramt wird eine scheinbar klare Trennung zwischen Kirche und Staat konstruiert, beide scheinen unterschiedlichen Sphären anzugehören bzw. einander gegenüber zu stehen. Die Kirche erscheint darüber hinaus in der Position, den Staat ermahnen zu können. Außerdem hat

---

[85] A. a. O., S. 20.
[86] Vgl. ZANDER, Friedensbewegungen, 1989, S. 62; Das Bekenntnis zu Jesus Christus und die Friedensverantwortung der Kirche, S. 11–12.
[87] Das Bekenntnis zu Jesus Christus und die Friedensverantwortung der Kirche, S. 12.
[88] Vgl. ZANDER, Friedensbewegungen, 1989, S. 62.

der Wächter vermeintlich eine übergeordnete Position inne und ist mit Autorität ausgestattet, was eine Hierarchisierung impliziert, die der Kirche nicht zukommt. In Extremsituationen, wie beispielsweise der Gewaltherrschaft der Nationalsozialisten, ist eine öffentliche Positionierung der Kirche sicherlich unumgänglich und zwingend notwendig; in einer Demokratie jedoch sollte sich die Kirche überlegt und kritisch in den gesellschaftlichen Diskurs einbringen[89], auf Argumente setzen und nicht auf vermeintliche Autorität, um so ihre Relevanz sichtbar zu machen. Zu welchen Themen sie sich äußert und wie sie dies tut, will weise überlegt, professionell platziert und sollte auf keinen Fall beliebig sein. Die Denkschriften als unaufgeregte und im Konsens verschiedenster Positionen erarbeitete Denkanstöße und Orientierungsvorschläge können einen Beitrag dazu leisten, gerade weil sie sich nicht mit tagespolitischen Fragestellungen auseinandersetzen können, sondern grundlegende Themenfelder bearbeiten, wie sich beispielsweise an der Friedensthematik zeigt. Die Friedensdenkschrift kann als ein Beispiel für den Versuch angesehen werden, auf die Debatten ausgleichend und zwischen den Konfliktparteien vermittelnd zu wirken. Divergierende Positionen sollten so zumindest im Gespräch miteinander gehalten werden, ohne als unchristlich diffamiert zu werden.

Da sich die politische Situation ändert, durch neue Technologien und mit der Digitalisierung auch andere Herausforderungen für den Frieden entstehen, gilt es immer wieder, diese neuen Entwicklungen in die Überlegungen miteinzubeziehen. Daher erstaunt es nicht, dass 2007 eine zweite Denkschrift zum Thema mit dem Titel „Aus Gottes Frieden leben – für gerechten Frieden sorgen" von der EKD herausgegeben wurde.[90] Aktuell werden in einem dreijährigen Konsultationsprozess zum Konzept des gerechten Friedens die Analysen fortgeführt und Konkretionen erarbeitet, um neueste weltpolitische Entwicklungen und Problemlagen in die Reflexion einzubeziehen.[91]

Neben der Rolle der Institution Kirche kommt es zugleich auf die einzelne Christin und den einzelnen Christen an, in ihrer Lebenswelt für ihre Überzeugungen einzustehen, diese klar zu formulieren und diese auch in der Übernahme politischer Verantwortung zum Ausdruck zu bringen. Diese Grundmotivation, sich als Christ in der Friedensfrage politisch zu engagieren, hat sich im Engagement für die Friedensbewegung zeigen lassen, die auch durch christliche Initiativen geprägt wurde. Wie bereits die Friedensdenkschrift aus dem Jahr 1981 anmahnt, kommt es neben allen großen politischen Lösungsansätzen auch im Kleinen darauf an, den Umgang mit Konflikten und mit Andersdenkenden einzuüben und zu verinnerlichen – die Erziehung zum Frieden und

---

[89] Vgl. WOLFGANG HUBER: Kirche in der Zeitenwende. Gesellschaftlicher Wandel und Erneuerung der Kirche, Gütersloh 1998, S. 305.
[90] RAT DER EVANGELISCHEN KIRCHE IN DEUTSCHLAND (Hg.): Aus Gottes Frieden leben – für gerechten Frieden sorgen. Eine Denkschrift des Rates der Evangelischen Kirche in Deutschland, Gütersloh (2007) ²2007.
[91] Vgl. http://www.konsultationsprozess-gerechter-frieden.de (zuletzt geprüft am 04.06.2019).

einem gelingenden Zusammenleben ist und bleibt grundlegend.[92] In dieser Linie steht auch die neueste Denkschrift auf der Basis der grundlegenden Prämisse: „Wer den Frieden will, muss den Frieden vorbereiten. Wer aus dem Frieden Gottes lebt, tritt für den Frieden in der Welt ein."[93] Dieses Eintreten für den Frieden kann nicht mit leeren Appellen gelingen, sondern nur auf der Basis des besseren und überzeugenden Arguments verbunden mit Kompetenz in Sachfragen.

Literatur

ALBRECHT, CHRISTIAN: Art. „Denkschriften", in: RGG⁴ II (1999), Sp. 664–666.
ANSELM, REINER: Politische Ethik, in: Handbuch der Evangelischen Ethik, hg. von WOLFGANG HUBER / TORSTEN MEIREIS / HANS-RICHARD REUTER, München 2015, S. 195–264.
BARTH, HERMANN: Art. „Öffentlichkeitsanspruch der Kirche", in: Evangelisches Staatslexikon. Neuausgabe, hg. von WERNER HEUN / MARTIN HONECKER / MARTIN MORLOK / JOACHIM WIELAND, Stuttgart 2006, Sp. 1663–1669.
BUSCH, EBERHARD: Karl Barth im Zeitgeschehen. „Eine Schweizer Stimme" zwischen 1935 und 1950, in: Karl Barth im europäischen Zeitgeschehen (1935–1950). Widerstand – Bewährung – Orientierung, hg. von MICHAEL BEINTKER / CHRISTIAN LINK / MICHAEL TROWITZSCH, Zürich 2010, S. 47–66.
BECKER-SCHAUM, CHRISTOPH / GASSERT, PHILIPP / KLIMKE, MARTIN / MAUSBACH, WILFRIED / ZEPP, MARIANNE (Hg.): Die Nuklearkrise der 1980er Jahre. NATO-Doppelbeschluss und Friedensbewegung, Einleitung in: „Entrüstet Euch!" Nuklearkrise, NATO-Doppelbeschluss und Friedensbewegung, Paderborn 2012.
Bonhoeffer, Dietrich: Die Kirche vor der Judenfrage, in: Berlin 1932–1933, DBW 12, hg. von Carsten Nicolaisen / Ernst-Albert Scharffenorth, S. 349–358.
BUCHER, DELF: Der Zürcher Kirchenrat wird politischer, in: Reformiert., 29.02.2016.
GRAF, FRIEDRICH WILHELM: Vom Munus Propheticum Christi zum prophetischen Wächteramt der Kirche? Erwägungen zum Verhältnis von Christologie und Ekklesiologie, in: ZEE 32 (1988), S. 88–106.
GRESCHAT, MARTIN: Der Protestantismus in der Bundesrepublik Deutschland (1945–2005), Leipzig 2010.
HOFHEINZ, MARCO: *De munere prophetico* – Variationen reformierter Auslegung des prophetischen Amtes. Zur theologiegeschichtlichen Entwicklung eines dogmatischen Topos vor der Aufklärung (von Zwingli bis Lampe), in: Calvins Erbe. Beiträge zur Wirkungsgeschichte Johannes Calvins, hg. von MARCO HOFHEINZ / WOLFGANG LIENEMANN / MARTIN SALLMANN, Göttingen 2011, S. 115–168.
HONECKER, MARTIN: Die Diskussion um den Frieden 1981–1983, ThR 49 (1984), S. 372–411.
DERS.: Grundriss der Sozialethik, Berlin / New York 1995.
DERS.: Sind Denkschriften „kirchliche Lehre"?, in: ZThK 81 (1984), S. 241–263.

---

[92] Vgl. Friedensdenkschrift, S. 61ff.
[93] RAT DER EVANGELISCHEN KIRCHE IN DEUTSCHLAND (Hg.): Aus Gottes Frieden leben – für gerechten Frieden sorgen. Eine Denkschrift des Rates der Evangelischen Kirche in Deutschland, Gütersloh (2007) ²2007, S. 9.

EVANGELISCH-REFORMIERTE KIRCHE / LIPPISCHE LANDESKIRCHE / REFORMIERTER BUND (Hg.): Der Heidelberger Katechismus. Revidierte Ausgabe, Neukirchen-Vluyn (1997)⁶2013.

HUBER, WOLFGANG: Kirche in der Zeitenwende. Gesellschaftlicher Wandel und Erneuerung der Kirche, Gütersloh 1998.

KALDEN, SEBASTIAN / WIECHMANN, JAN OLE: Kirchen, in: „Entrüstet Euch!" Nuklearkrise, NATO-Doppelbeschluss und Friedensbewegung, hg. von CHRISTOPH BECKER-SCHAUM / PHILIPP GASSERT / MARTIN KLIMKE / WILFRIED MAUSBACH / MARIANNE ZEPP, Paderborn 2012, S. 247–261.

KIRCHENKANZLEI DER EVANGELISCHEN KIRCHE IN DEUTSCHLAND (Hg.): Frieden wahren, fördern und erneuern. Eine Denkschrift der Evangelischen Kirche in Deutschland, Gütersloh 1981.

KÖRTNER, ULRICH H. J.: Evangelische Sozialethik, Göttingen (2008) ³2012.

LEPP, CLAUDIA: Zwischen Konfrontation und Kooperation. Kirchen und soziale Bewegungen in der Bundesrepublik (1950–1983), in: Zeithistorische Forschungen / Studies in Contemporary History 7/3 (2010), S. 364–385.

LEPPIN, VOLKER: Die Confessio Augustana, in: Die Bekenntnisschriften der Evangelisch-Lutherischen Kirche, hg. von IRENE DINGEL, Göttingen 2014, S. 65–228.

LOHSE, EDUARD: Erneuern und Bewahren. Evangelische Kirche 1970–1990, Göttingen 1993.

MAYER, RAINER: Zuviel Staat oder zuwenig Staat? Das Wächteramt der Kirche nach Dietrich Bonhoeffer, in: MAYER, RAINER / ZIMMERLING, PETER: Dietrich Bonhoeffer aktuell. Biographie – Theologie – Spiritualität, Gießen (2001) ²2013, S. 116–148.

MODERAMEN DES REFORMIERTEN BUNDES: Das Bekenntnis zu Jesus Christus und die Friedensverantwortung der Kirche. Eine Erklärung des Moderamens des Reformierten Bundes, Gütersloh 1982.

O. A.: Sicherung des Friedens. An die evangelischen Christen!, in: Sicherung des Friedens. Eine christliche Verpflichtung, hg. von EBERHARD STAMMLER, Stuttgart 1980, S. 12–18.

OHNE RÜSTUNG LEBEN (Hg.): Der Aufruf „An alle Christen" 1978, in: Ohne Rüstung leben, Gütersloh 1981, S. 20–22.

PREUL, REINER: Kirchentheorie. Wesen, Gestalt und Funktionen der Evangelischen Kirche, Berlin / New York 1997.

RAT DER EVANGELISCHEN KIRCHE IN DEUTSCHLAND (Hg.): Aus Gottes Frieden leben – für gerechten Frieden sorgen. Eine Denkschrift des Rates der Evangelischen Kirche in Deutschland, Gütersloh (2007) ²2007.

RAT DER EVANGELISCHEN KIRCHE IN DEUTSCHLAND (Hg.): Das rechte Wort zur rechten Zeit. Eine Denkschrift des Rates der Evangelischen Kirche in Deutschland zum Öffentlichkeitsauftrag der Kirche, Gütersloh 2008.

RENDTORFF, TRUTZ: Die Autorität der Freiheit. Theologische Beobachtungen zur öffentlichen Rolle der Evangelischen Kirche in Deutschland, in: ZThK 101 (2004), S. 379–396.

SCHRÖER, HENNING: Art. „Denkschriften", in: TRE 8, S. 493–499.

SCHROETER-WITTKE, HARALD: Der Deutsche Evangelische Kirchentag in den 1960er und 70er Jahren – eine soziale Bewegung?, in: Umbrüche. Der deutsche Protestantismus und die sozialen Bewegungen in den 1960er und 70er Jahren, hg. von SIEGFRIED HERMLE / CLAUDIA LEPP / HARRY OELKE, Göttingen (2007) ²2012, S. 213–225.

VÖGELE, WOLFGANG: Leben und Überleben. Der Lebensbegriff im Kontext der protestantischen Friedensbewegung in Deutschland, in: Das Leben. Historisch-systematische Studien zur Geschichte eines Begriffs, Bd. 3, hg. von STEPHAN SCHAEDE / REINER ANSELM / KRISTIAN KÖCHY, Tübingen 2016, S. 141–161.

WANNENWETSCH, BERND: Art. „Königsherrschaft Christi II.", in: RGG⁴ IV (2001), Sp. 1588f.

Zander, Helmut: Die Christen und die Friedensbewegungen in beiden deutschen Staaten. Beiträge zu einem Vergleich für die Jahre 1978–1987, Berlin 1989.

Ergebnisse der Abstimmung in der Schweiz am 28.02.2016 über die eidgenössische Volksinitiative „Zur Durchsetzung der Ausschaffung krimineller Ausländer (Durchsetzungsinitiative)", https://www.admin.ch/gov/de/start/dokumentation/abstimmungen/20160228/durchsetzungsinitiative.html (zuletzt geprüft am 07.06.2019).

Ziele des Konsultationsprozesses zur Prüfung des in der Friedensdenkschrift entwickelten Leitbildes des gerechten Friedens, http://www.konsultationsprozess-gerechter-frieden.de/ (zuletzt geprüft am 04.06.2019).

Religion & Gewalt – zwei Seiten einer Medaille?[1]

Monotheismuskritik, jüngere Gewaltexzesse & religiöse Lernprozesse

Lukas David Meyer

1 Einleitung

Der am häufigsten gewählte Taufspruch in Deutschland lautet: „Denn er hat seinen Engeln befohlen, dass sie dich behüten auf allen deinen Wegen." (Ps 91,11) Der Wunsch nach segensreicher Begleitung des Kindes wird mit diesem Vers artikuliert, was dessen große Beliebtheit erklärt. Zunächst weckt der Taufspruch die Vorstellung des Säuglings einer bürgerlichen Familie, der an diesem Tag von Gott den Segen und von den Großeltern neue Holzspielzeuge erhält. Allerdings ändert sich diese Vorstellung mit Blick auf die vorangehenden Verse grundlegend. Hier heißt es: „Dass du nicht erschrecken musst vor dem Grauen der Nacht, vor dem Pfeil, der des Tages fliegt. Vor der Pest, die im Finstern schleicht, vor der Seuche, die am Mittag Verderben bringt. Wenn auch tausend fallen zu deiner Seite / und zehntausend zu deiner Rechten, so wird es doch dich nicht treffen. Ja, du wirst es mit eigenen Augen sehen und schauen, wie den Frevlern vergolten wird. Denn der HERR ist deine Zuversicht, der Höchste ist deine Zuflucht. Es wird dir kein Übel begegnen, und keine Plage wird sich deinem Hause nahen." (Ps 91,5-10) Nicht das stabile, harmonische Setting der bürgerlichen Familie, sondern Schutz und Rachsucht inmitten eines tobenden Krieges prägen Psalm 91. Auf die Gegenwart bezogen wäre bei diesem Psalm sehr viel eher an die in Idlib drohende „Mutter aller Schlachten" zu denken als an das Neugeborene in der friedlichen Umgebung in Deutschland.

Beim Thema „Religion und Gewalt" ist wie beim Psalm eine selektive Wahrnehmung zu verzeichnen. Jüngst thematisierte Thilo Sarrazin einmal mehr die blutrünstigen Suren und schloss davon generell auf die Kriminalität und Gewalt „des Islams", die ganz besonders an den seit 2015 nach Deutschland gekommenen, mehrheitlich muslimischen Migranten deutlich werde. Inner-

---

[1] Am 18. Oktober 2018 habe ich im RPI Loccum im Rahmen der BBS Jahreskonferenz „Religion und Gewalt – zwei Seiten einer Medaille?" referiert. Im hier veröffentlichten Text habe ich die Vortragsform beibehalten.

koranische Spannungen zwischen Friedens- und Schwertversen kommen dabei ebenso wenig wie Übersetzungsfragen zur Sprache, weshalb Sarrazins These etwa so seriös ist wie die Behauptung, unser Täufling wäre durch Psalm 91 zum Kindersoldaten prädestiniert. Gleichwohl ist eine doppelte Selektivität festzuhalten: Während auf der einen Seite blutige Quelltexte zur kausalen Erklärung des Verhaltens herangezogen werden, wird auf der anderen Seite oft nicht einmal gesehen, dass der beliebteste aller Taufsprüche sorgfältig mit einer Laubsäge aus seinem Kontext herausgeschält wird. Zur Ehrenrettung unseres Täuflings und zur Verteidigung des Migranten sei daher noch einmal darauf hingewiesen, dass heilige Schriften aller Religionen zwar eine wichtige normierende Wirkung auf die Glaubensgemeinschaft haben – in der Regel aber innerhalb der Gemeinschaft als Lautsprecher der eigenen Frömmigkeit fungieren. Die christliche Friedensaktivistin beruft sich eben lieber auf die Bergpredigt, während der Grundschullehrer gerne im sozial orientierten Lukasevangelium liest.

Selektivität prägt nicht nur die Quelllektüre vieler, sondern auch die allgemeine Diskussion um Religion und Gewalt, die seit dem 11. September 2001 mit zunehmender Schärfe geführt wird. Der Religionsmonitor der Bertelsmann-Stiftung von 2013 ergab, dass 65 Prozent der Befragten in Deutschland Religion als konflikträchtig empfinden. Im Hinblick auf die jeweiligen Religionen unterschieden sich die jeweilig empfundenen Bedrohungsgefühle allerdings erheblich. Mit 51 Prozent gab die größte Menge an, sich durch den Islam bedroht zu fühlen.[2] Überraschender hingegen ist das am zweithäufigsten genannte Bedrohungsgefühl: Es wird dem Atheismus zugeschrieben, von dem 32 Prozent eine Gefährdung befürchten. An dritter Stelle fühlen sich 19 Prozent von Judentum bedroht – übrigens ohne Unterschiede zwischen Ost- und Westdeutschland, während das historisch zweifellos aggressivere Christentum lediglich von zehn Prozent, Hinduismus und Buddhismus nur noch von drei Prozent der Befragten als gefährlich angesehen werden. Es zeigt sich: Vor allem die monotheistischen Religionen und der Atheismus werden als bedrohlich wahrgenommen, während die Polytheismen als harmlos gelten – zu fern scheinen offenbar der Bürgerkrieg in Sri Lanka oder der aggressive, teils gewaltbereite Hindu-Nationalismus in Indien.

Um nicht bei dieser gefühlten Empirie stehen zu bleiben, ist eine Überprüfung erforderlich, da Bedrohungsgefühle auf ihre Berechtigung hin zu befragen sind, damit sie nicht selbst ein Gewaltpotenzial entwickeln. Bei dieser Überprüfung möchte ich zunächst anhand von fehlgeleiteten Gebrauchsweisen der

---

[2] Vgl. GERT PICKEL: Religionsmonitor – Verstehen was verbindet. Religiosität im internationalen Vergleich, Gütersloh 2013. In einer anderen Studie gaben ebenfalls 51 Prozent sogar an, der Islam sähe Gewaltausübung als Bestandteil der religiösen Praxis vor. MATTHIAS SCHMIDT: Der Islam gehört für Viele immer noch nicht zu Deutschland, https://yougov.de/news/2015/09/24/der-islam-gehort-fur-viele-immer-noch-nicht-zu-deu/ (zuletzt geprüft am 17.07.2019).

Begriffe „Religion" und „Gewalt" klären, welche Analyseperspektive ich einnehmen werde. Beim Begriff „Religion" ist eine Abstraktion zu beobachten: Erstens werden zum Teil sehr verschiedene Glaubensrichtungen zu einer generell-religiösen Haltung abstrahiert – zweitens wird von einer vielfältigen Persönlichkeit das eine religiöse Merkmal abstrahiert und exponiert. Beide Abstraktionen bringen Schwierigkeiten mit sich: Denn zum einen wird „die Religion", oft auch „der Islam", zu einer Entität gemacht, die nach kausalen Gesetzmäßigkeiten handle. Gerade das ist aber ein kategorialer Fehlgriff, da es stets Menschen sind, die handeln: Das Phänomen der religiösen Gewalt sollte also vor allem aus der Perspektive menschlichen Handelns analysiert werden.[3] Im Hinblick auf diese Menschen, die handeln, ist zudem festzuhalten, dass auch die gläubigsten Menschen nie ausschließlich religiös sind. Es bringt eben Unterschiede mit sich, ob ein Lutheraner aus Hannover oder aus Bayern kommt, hetero- oder homosexuell, linksliberal oder konservativ eingestellt ist und ob er Hannover 96 oder bedauerlicherweise Eintracht Braunschweig anfeuert.

Diese „entitären" Fehlgriffe lassen sich auch auf das Phänomen der Gewalt übertragen. In der Forschung wird zwischen drei Dimensionen von Gewalt unterschieden: Diese gliedern sich erstens in *personale* Gewalt, die eine physische Beeinträchtigung des Opfers durch einen identifizierbaren Täter meint. Davon unterschieden ist zweitens *strukturelle* Gewalt, bei der organisatorische oder gesellschaftliche Strukturen Opfer produzieren; drittens umreißt das Phänomen *kultureller* Gewalt Ideologien, Überzeugungen oder Legitimationssysteme, auf die sich personale oder strukturelle Gewalt gründet.[4] Insbesondere in den letzteren beiden Forschungsbereichen sind Versuche zu verzeichnen, die Gewalt entweder aus bestimmten Werten und Normen herleiten oder sie zur Reaktion auf sozialstrukturelle Unterdrückung zu erklären. Beide Analyseversuche greifen aber zu kurz: Denn Vorurteil oder Unterdrückung – ob nun religiös oder andersartig interpretiert – führen nur bei wenigen Menschen zu Gewalttaten. Zudem fällt bei Gewalttätern auf, dass sie einen sehr unterschiedlichen kulturellen wie sozialen Hintergrund haben und sie ihre Opfer häufig wahllos peinigen. Kausale Erklärungen haben die Attraktivität der klaren Zuordnung, können aber wenig bis gar nichts über den Ausbruch, die innere Dynamik und Ausbreitung von Gewalt aussagen. Insofern ist genau auf die jeweiligen Individuen, die sie umgebenden Gemeinschaften und die konkreten Situationen zu schauen, wenn über den Zusammenhang von Religion und Gewalt nachgedacht wird.

---

[3] Damit folge ich Hans Joas, der diese Perspektive in Weiterentwicklung von Max Weber und pragmatistischen Denkern entwickelt hat. Vgl. dazu HANS JOAS: Glaube als Option. Zukunftsmöglichkeiten des Christentums, Freiburg im Breisgau 2012, S. 165–184.

[4] Vgl. WOLFGANG HUBER: Religion, Politik und Gewalt in der heutigen Welt, in: Weltreligionen. Verstehen, Verständigung, Verantwortung, hg. von KARL KARDINAL LEHMANN, Frankfurt am Main 2009, S. 232–251, hier: 242.

Dies vorweggesagt komme ich zur Gliederung: Zunächst werde ich die moderne Religionskritik aufrufen, die an den Monotheismen einen intoleranten Zug kritisiert, der sich teilweise in Gewalt entlädt (1.). Diese These schlägt sich als Hintergrundgedanke auch in den Ergebnissen des Religionsmonitors nieder. Im zweiten Schritt werde ich die Monotheismuskritik anhand von drei Fallbeispielen jüngerer Gewaltexzesse einem Praxistest unterziehen: Dabei behandle ich in einem Schnelldurchlauf den Israel-Palästina-Konflikt, den Bosnien-Krieg und die Bataclan-Attacke in Paris (2.). Abschließend komme ich zu Lernprozessen in christlicher Perspektive: Hier möchte ich von der vorangegangenen Problemanalyse überleiten zum Sinn eines legalen staatlichen Gewaltmonopols und erklären, warum Religionen dieses nicht nur als legal anerkennen können, sondern auch als legitim unterstützen sollten (3.). Abschließend ziehe ich ein kurzes Fazit.

2 Monotheismuskritik und strukturelle Intoleranz

Moderne Religionskritik ist von einer doppelseitigen Struktur geprägt: Alle Monotheismen gleichen einander, jede Monotheismuskritik ist aber auf ihre eigene Weise besonders. Karl Marx kritisierte mit den Formeln „Seufzer der bedrängten Kreatur" oder „Opium des Volkes" die Indifferenz der christlichen Kirchen für die Soziale Frage im 19. Jahrhundert, die langfristig zu einer sozialpolitischen Sensibilisierung führte. Auf eine andere Konstellation reagierte Sigmund Freud, als er mit den Begriffen „Illusion" und „Projektion" christliche und jüdische Schuldkomplexe als neurotisch interpretierte. Auch hier wuchs trotz vieler apologetischer Zurückweisungen insgesamt das Bewusstsein für die nicht gerade lebensdienliche Vorstellung eines Überwachungsgottes, der jedes Fehlverhalten scannt und nur mühsam von einer Strafe abzuhalten ist. In der jüngeren Vergangenheit befasst sich die Monotheismuskritik allerdings häufiger mit dem Vorwurf der religiösen Intoleranz – in drastischen Ausprägungen geht diese Kritik so weit, dass sie unterstellt, alle monotheistischen Religionen führten zwangsläufig zu Gewalt. Die Globalisierung mit ihren Migrationsbewegungen sowie nun über Jahrzehnte andauernden Kriege und Konflikte im Mittleren Osten haben die Frage nach der weltpolitischen Rolle von Religion laut werden lassen.

Das Grundmuster der gegenwärtig am häufigsten verbreiteten Monotheismuskritik wurde erstmals 1757 von David Hume in seinem Werk „*The Natural History of Religion*" artikuliert. Die groß angelegte religionsgeschichtliche Studie war vor allem in sozialwissenschaftlicher Hinsicht bahnbrechend, weil sie erstmals das Christentum von einem distanzierten, kritischen Standpunkt aus mit anderen Religionen verglich. Hierbei analysierte Hume, dass der Monotheismus sich erst in Reaktion auf die ihn umgebenden Polytheismen entwickelte. Was heute historisch bestätigt wurde, war zu David Humes Zeit revolutionär. Für die heutige Religionskritik relevanter ist aber die ebenfalls vorgetragene These, dass die Monotheismen einen intoleranten Zug haben. Während die homogenen Monotheismen auf die Alleinverehrung ihres Gottes drängten und andere Götter verdrängten, seien die heterogenen Polytheismen in der Lage gewesen auch andere Götter in ihr Pantheon zu integrieren. Monotheistische Religionen seien demzufolge auch gegenwärtig strukturell intolerant, was besonders an der Unterdrückung und Vernichtung anderer Religionen sowie ihren Missions- und Expansionstendenzen deutlich werde.[5]

Lange Zeit schlummerte die These zum Gewaltpotenzial des Monotheismus, ehe sie in der jüngeren Vergangenheit vom Ägyptologen Jan Assmann aufgegriffen und weiterentwickelt wurde. Assmanns glänzend geschriebener Essay „Die Mosaische Unterscheidung. Oder der Preis des Monotheismus"[6] weckte ein großes öffentliches Interesse bei seiner Erscheinung im Jahr 2003 – zu einem Zeitpunkt also, als Islamismus medial wie kein anderes Thema präsent war und die US-amerikanische Außenpolitik unter George W. Bush sich mehr und mehr von evangelikaler Apokalyptik treiben ließ. Die „Mosaische Unterscheidung" datiert Assmann vor allem auf die Achsenzeit (800–200 v. Chr.), wobei er sie nicht auf ein allein zeitliches Ereignis beschränkt, sondern in ihr eine regulative Idee sieht, die über Jahrtausende bis in die Gegenwart eine weltverändernde Wirkung erzielt. Insofern geht es nicht um Versuche, den wahren historischen Mose aus der Achsenzeit herauszuschälen, sondern Mose als literarische Figur ernst zu nehmen, d. h. die mosaischen Ideen in den Spannungen zwischen ägyptischer und hebräischer, zwischen polytheistischer und monotheistischer Umwelt in den Blick zu nehmen.[7]

Assmann entwickelt in seinem Essay die Argumentation Humes in der Form weiter, dass er den Fokus stärker auf den monotheistischen Wahrheitsanspruch richtet: „Nicht die Unterscheidung zwischen dem Einen Gott und den vielen Göttern erscheint mir das Entscheidende, sondern die Unterscheidung zwischen wahr und falsch in der Religion, zwischen dem wahren Gott und den falschen Göttern, der wahren Lehre und den Irrlehren, zwischen Wissen und Unwissenheit, Glaube und Unglaube."[8] Die Entwicklung, die Assmann nachzeichnet, ist ambivalent. Einerseits würdigt er die rationalisierenden und orientierenden Wirkungen auf die Lebensführung, die eine monotheistische Gottesvorstellung mit sich brachte – andererseits beschreibt er auch die exkludierenden Wirkungen gegenüber anderen religiösen Überzeugungen. Rationalisierend an der Mosaischen Unterscheidung war vor allem die Entwicklung von der Kult- zur Buchreligion, die entscheidende Veränderungen in Bezug auf

---

[5] Vgl. HANS JOAS: Die Macht des Heiligen. Eine Alternative zur Geschichte von der Entzauberung, Berlin 2017, S. 36.
[6] Vgl. JAN ASSMANN: Die Mosaische Unterscheidung, oder: Der Preis des Monotheismus, München 2003.
[7] Vgl. A. a. O., S. 20.
[8] A. a. O., S. 12f.

das Heilige mit sich brachte. Während eine Kultreligion typischerweise davon ausgeht, dass das Universum mindestens leiden, möglicherweise gar untergehen würde, wenn sie ihre Riten nicht ordnungsgemäß vollziehen kann, wenden sich Buchreligionen der Schrift zu. Sie suchen das Heilige nicht in den innerweltlichen Riten, sondern unterscheiden strikt zwischen Immanenz und Transzendenz: als innerweltlicher Träger der Transzendenz bzw. des Heiligen ist vor allem die Schrift geblieben. Diese Entwicklung war – so Assmann – ohne den Preis scharfer Exklusion allerdings nicht möglich. Aus der welterschließenden Kraft der Offenbarung schöpfen die monotheistischen Religionen „ihre antagonistische Energie, die es ihnen möglich macht, das Falsche zu erkennen und auszugrenzen und das Wahre in ein normatives Gebäude von Richtlinien, Dogmen, Lebensregeln und Heilslehren auszubuchstabieren. Aufgrund dieser antagonistischen Energie und aus dem sicheren Wissen um das, was mit der Wahrheit unvereinbar ist, bezieht diese Wahrheit ihre Tiefe, ihre klaren Konturen und ihre handlungsleitende Orientierungskraft. [...] Nur sie [die Monotheismen, LM] kennen Ketzer und Heiden, Irrlehren, Sekten, Aberglauben, Götzendienst, Idolatrie, Magie, Unwissenheit, Unglauben, Häresie und wie die Begriffe alle heißen mögen für das, was sie als Erscheinungsformen des Unwahren denunzieren, verfolgen und ausgrenzen."[9]

Assmann wurde daher vielfach vorgeworfen, er würde alle Monotheismen unter Generalverdacht stellen, sie seien gewalttätig, während Polytheismen vorgeblich friedfertig seien.[10] Damit einher gehe eine antisemitische oder generell antimonotheistische Haltung, die sich mit der Forderung nach einer Rückkehr zum ägyptischen Polytheismus mit entsprechender Wiederverzauberung der Welt verbindet. Diese Kritik ist im Hinblick auf Peter Sloterdijk tatsächlich berechtigt, der sich zügig auf die Assmann-These draufsetzte und einmal mehr sein gutes Gespür für Trends bei gleichzeitig schlechtem Gespür für philosophische Seriosität zeigte.[11] „Peterchens Mondfahrt"[12] sei aber nur am Rande als effektheischende Degeneration der Monotheismus-These erwähnt. Deutlich differenzierter argumentiert Assmann selbst, der in Reaktion auf die Kritik sein Vorgehen näher erklärte. Zum einen betont er, dass er kein ethisches, sondern ein hermeneutisches Interesse verfolgt: „Ich plädiere weder für eine Rückkehr zum Mythos noch zur primären [d. h. der polytheistischen, LM] Religion. Ich plädiere überhaupt nicht, ich versuche zu beschreiben und zu verstehen."[13] In diesem Sinne ist das Vorgehen Assmanns im Wortsinn *kritisch*:

---

[9] A. a. O., S. 14.
[10] Vgl. dazu ROLF SCHIEDER: Sind Religionen gefährlich?, Berlin 2008, S. 69. Ähnlich JOAS, Glaube als Option, 2012, S. 173.
[11] Vgl. PETER SLOTERDIJK: Gottes Eifer. Vom Kampf der drei Monotheismen, Frankfurt am Main 2007.
[12] Vgl. die weitsichtige Polemik von ULRICH HOLBEIN: Peterchens Mondfahrt, in: Der Spiegel 42/1993, S. 42.
[13] ASSMANN, Mosaische Unterscheidung, 2003, S. 25.

Der Ägyptologe intendiert mit der Kritik also nicht eine bloße Bemängelung, sondern tieferes Bewusstsein durch Problembeschreibung. Er gesteht sehr wohl zu, dass die sekundären Monotheismen sehr viel leistungsfähiger darin waren, lebensgestaltende Normen und Verbindlichkeit zu gewährleisten. Den Sachverhalt, dass auch Polytheismen gewalttätig waren und sind, bestreitet er im Unterschied zu Sloterdijk keineswegs.

Theologen und Religionslehrer sind daher gut beraten, die Assmannsche These nicht einfach mit einer apologetischen Verzeichnung wegzuwischen, sondern sie ernst zu nehmen. Hierfür ist eine Schärfung des Toleranz-Aspekts hilfreich: Im streng etymologischen Sinne lässt sich *tolerare* als erdulden verstehen – und zwar Erdulden von dem, was den eigenen Anschauungen zuwiderläuft. Diese Unvereinbarkeit kann von einer toleranten Person geduldet werden, weil sie die andere Überzeugung nicht als Gefährdung empfindet. Umgekehrt besteht Intoleranz in der Unfähigkeit bzw. Unwilligkeit, abweichende Anschauungen und daraus folgende Praktiken zu ertragen.[14] Bezogen auf die Monotheismen führt Intoleranz noch nicht zum Gewaltausbruch – gerade die Erduldung von Gewalt schreibt Assmann dem Martyrium zu, das er als „passive Intoleranz" beschreibt. Diesem Verständnis zu Folge sind Märtyrer intolerant, weil sie bereit sind, „für den eigenen Glauben eher zu sterben, als sich zu Handlungen oder Überzeugungen bereit zu finden, die mit der wahren Religion unvereinbar sind."[15] Weit weniger drastisch ist das Beispiel Wissenschaft, die für Assmann ebenfalls ein Beispiel passiver Intoleranz ist.[16] So verstanden gibt es in Zeiten von Fake News auch gute Gründe, als monotheistisch eingestellter Wissenschaftler oder Staatsbürger sogar voller Überzeugung intolerant zu sein, etwa wenn offensichtlicher Unfug digitale Verbreitung findet und bedrohliches Gefahrenpotenzial entwickelt. Nur sollte jeder Monotheist problembewusst mit seiner Intoleranz umgehen, damit sie nicht in aktive Gewaltausübung abdriftet.

Bei der abschließenden Einordnung seiner Überlegungen bilanziert Assmann: „Ich will die Mosaische Unterscheidung nicht aufheben, aber ich plädiere für ihre Sublimierung. Ich halte auch [...] daran fest, daß wir uns dabei nicht mehr auf ‚absolute', sondern auf nur noch relative, d. h. ‚lebensdienliche' Wahrheiten berufen können, die es immer neu auszuhandeln gilt. [...] An der Unterscheidung zwischen wahr und falsch, an klaren Begriffen dessen, was wir mit unseren Überzeugungen als unvereinbar empfinden, werden wir festhalten müssen, wenn anders diese Überzeugungen irgendeine Kraft und Tiefe besitzen sollen."[17] Insofern zielen Assmanns Überlegungen nicht auf eine Fundamentalkritik und Abkehr vom Monotheismus, sondern über die Problembeschreibung

---

[14] Vgl. A. a. O., S. 31f.
[15] A. a. O., S. 34.
[16] Vgl. A. a. O., S. 25f.
[17] A. a. O., S. 165.

auf eine Weiterentwicklung desselben. Im Sinne einer normativen Weiterentwicklung können im ethischen Sinne durchaus stärker die universalisierenden Aspekte der Monotheismen betont werden – der französische Religionsphilosoph René Girard beispielsweise betont in diesem Sinne, dass Martyrium statt heroischer Gewaltanwendung, Universalismus statt partikularistischer Blutsbrüderschaft sowie Transzendenz statt Sakralisierung der irdischen Ordnung allesamt achsenzeitliche Errungenschaften sind.[18] Als Problembeschreibung monotheistischer Gewaltpotenziale ist die These aber anregend für eine selbstkritische Reflexion, die im Hinblick auf jüngere Gewaltexzesse mehr Wahrheitsmomente enthält, als Monotheisten lieb wäre.

3 Jüngere Gewaltexzesse: Religion als Brandbeschleuniger

Gewalt ist ein wiederkehrendes Motiv der Christentumsgeschichte. Zieht man dabei den Begriff „Erfahrungen der Selbsttranszendenz" (Hans Joas) heran, so fallen zunächst „unheimliche strukturelle Ähnlichkeiten"[19] zwischen religiösekstatischen und gewaltsamen Erfahrungen auf. In Max Webers „Schriften zur Religionssoziologie" findet sich dementsprechend eine Typologie von vier unterschiedlichen Erfahrungen der Selbsttranszendenz, die in einem Konkurrenzverhältnis zueinanderstehen: Diese vier Arten werden gefasst in *religiöse, ästhetische, erotische* und *gewaltsame* Erfahrungen. Davon ausgehend wird plausibel, warum religiöse Vertreter teils ein symbiotisches Verhältnis mit den drei je andersartigen Erfahrungsbereichen pflegen oder diese mit dem Ideal der Keuschheit, der Bild- und Gewaltlosigkeit bekämpfen. Bezogen auf die Ästhetik zeigen barocke Architektur oder Bachsche Arien ein kooperatives Verhältnis, während wiederkehrende Bilderstürme eine tiefe Rivalität offenbaren. Bezüglich der Erotik tendieren Religionen eher zur steten Eindämmung, wenn nicht sogar Bekämpfung. Allerdings sei neben der Sakralisierung des Erotischen im Tantra auch an Eva von Buttlar erinnert, die zur Zeit des Pietismus einen eigenen Gemeinschaft gründete, die „fleischliche Vermischung" mit ihr als „etwas Heiliges" gesehen und konsequenterweise den regelmäßigen Geschlechtsverkehr der Ordensbrüder mit ihr zur Glaubenspraxis erklärt haben soll.

Analog lässt sich ein spannungsreiches Verhältnis zwischen religiöser und gewaltsamer Erfahrung feststellen. Auch wenn das Ideal der Gewaltlosigkeit etwa in der Bergpredigt zu beobachten ist, zeigen viele umständliche Interpretationsversuche der christlichen Tradition gerade die Schwierigkeiten mit einer Adaption. In der lutherischen Dogmatik wurde die Bergpredigt vielfach

---

[18] Vgl. RENÉ GIRARD: Das Heilige und die Gewalt, Frankfurt am Main 1992.
[19] JOAS, Glaube als Option, 2012, S. 169.

zum bloßen „Sündenspiegel" (*speculum peccati*) reduziert, der zwar die Realität von Verfehlung und Gewalt vor Augen führt, darüber hinaus aber keine praktischen Konsequenzen für eine Friedensgestaltung fordert. Davon abgesehen finden sich aber auch Interpretationen von Gewalt, die sich als eine passive Sakralisierung bestimmen lassen. Hier ist an die Kreuzes- und Märtyrerverehrung der frühen Kirche zu denken, bei der die glaubensgewisse Erduldung des Todes zelebriert und zum Mittelpunkt des Glaubens erhoben wurde. Diese durch die Christenverfolgung erzwungene Praxis offenbart teils den Schrecken, teils die Faszination von Gewalterfahrungen – oder mit den Worten Rudolf Ottos: das *tremendum* und *fascinans* angesichts der Gewalttaten. Als Fortführung dessen lässt sich auch der 2002 von der katholischen Kirche heiliggesprochene Pater Pio nennen, der sich jüngeren Recherchen zufolge Karbolsäure bestellte, um in seine Hände permanente Stigmata hineinzuätzen und zur Bewunderung vieler als entsprechende Zeichenhandlung zu präsentieren.[20]

Damit ist die eher masochistische Seite des Christentums umschrieben – doch auch die aktiven, geradezu sadistischen Sakralisierungen von Gewalt sind nicht zu übersehen. Im Blick auf die jüngere Vergangenheit sind insbesondere die Arbeiten des Friedens- und Konfliktforschers Andreas Hasenclever anregend. In differenzierter Auseinandersetzung mit unterschiedlichen Fallbeispielen hat er herausgearbeitet, dass in politischen Konflikten neben ethnischen Identitäten oder politischen Ideologien auch religiöse Überzeugungen instrumentalisiert werden können, um als „Brandbeschleuniger" zu fungieren – was nicht mit der Braundursache zu verwechseln ist.[21] Dies lässt sich am Israel-Palästina-Konflikt zeigen: Zu Beginn handelte es sich nicht um einen religiösen, sondern einen politischen Konflikt, in dem seit 1947 sich dezidiert säkulare Zionisten und marxistisch geprägte arabische Nationalisten im Kampf um Wasser und Landbesitz gegenüberstanden. Erst seit den 1980er Jahren mutierte dies, mitbeeinflusst durch die Islamische Revolution im Iran, zum Konflikt um heiligen Boden zwischen ultraorthodoxen Siedlern und Islamisten. An diesem Beispiel zeigt sich ein Eskalationspotenzial, das vor allem dort liegt, „wo religiöse Gemeinschaften [...] in Konflikt geraten mit staatlichen Instanzen oder der Rechtsordnung" und sich sukzessive eine Terminologie etabliert, „die jede Art der Aushandlung von Konflikten mit ihnen als widersinnig erscheinen lässt. Es handelt sich demnach um Kulte, Fundamentalismus oder Terrorgruppen, denen echte Religiosität abgesprochen wird und die auf keinen Fall Vertragspartner sein können."[22]

---

[20] Dirk Schümer, Padre Pio – ein Säurenheiliger?, in: FAZ, 26. Oktober 2007, S. 33

[21] Vgl. ANDREAS HASENCLEVER: Getting Religion Right. Zur Rolle von Religionen in politischen Konflikten, in: Religion und globale Entwicklung, hg. von JÜRGEN WILHELM und HARTMUT IHNE, Berlin 2009, S. 70–186.

[22] HANS GERHARD KIPPENBERG: Gewalt als Gottesdienst. Religionskriege im Zeitalter der Globalisierung, München 2008, S. 207.

Eine Sakralisierung der Konfliktpositionen, die sich in einem anderen Kontext unterschiedlich entwickelte, lässt sich im Bosnien-Krieg beobachten. Von zentraler Bedeutung für das religiöse Gewaltpotenzial war hier, dass führende Vertreter der Religion sich gegen eine politische Instrumentalisierung durch mächtige Stakeholder nicht wehrten, sondern sie aus strategischen Gründen, besonders der Hoffnung auf Machtzuwachs, mittrugen. Bemerkenswert ist, dass beim Zerfall Jugoslawiens die institutionell besser organisierten Religionen – serbische Orthodoxie auf der einen, kroatisch geprägter Katholizismus auf der anderen Seite – anfälliger für eine solche Instrumentalisierung und Sakralisierung von Gewalt waren als der schwächer organisierte sunnitische Islam. Eine Ausnahme bildete die salafistische ‚Siebte Muslimische Brigade', die großenteils aus ehemaligen islamistischen Afghanistan-Kämpfern bestand, die von Osama bin Laden vom Hindukusch auf den Balkan und später weiter nach Tschetschenien verlegt wurde. Die Brigade beging mehrere Kriegsverbrechen, wurde aber von lokalen bosnisch-muslimischen Soldaten heftig kritisiert. Zum einen bestand der Vorwurf darin, dass Waffen und kein zusätzliches Personal von Nöten seien, zum anderen waren bosnische Muslime insgesamt zurückhaltender mit einer sakralen Aufladung der Kriegsgeschehnisse.

Verglichen damit vollzogen sich die serbisch-orthodoxen und kroatisch-katholischen Sakralisierungen von Gewalttaten früher, offener und verheerender.[23] In aller Knappheit seien an dieser Stelle die Verbindungen zwischen serbischer Armee und serbisch-orthodoxer Kirche beim Massaker von Srebrenica skizziert. Im Juli 1995 nahm die Armee unter Oberbefehlshaber Ratko Mladic die 10 000-Einwohnerstadt Srebrenica ein, in der sich zusätzlich 40 000 vor allem muslimische Flüchtlinge aufhielten. Mladic – übrigens von 1965 bis 1989 linientreuer Sozialist in der Jugoslawischen Volksarmee, der erst mit dem Zerfall Jugoslawiens aus nicht unerheblichen Karrieremotiven seine serbisch-orthodoxe Haltung deutlicher zeigte – verkündete in einer pathosgeschwängerten Radioansprache die „Rache an den Türken", womit er den bosnischen Muslimen trotz 500-jähriger Kulturtradition im Land absprach, legitime Bewohner des Landes zu sein. Der serbisch-orthodoxe Gedanke des homogenen Gemeinwesens auf heiligem Boden, auf dem in radikaler Zuspitzung allein Serben wohnen dürfen, stand unverkennbar im Hintergrund. Beim Einzug in die Stadt soll Mladic zudem gesagt haben: „Es wird ein Fest werden, dann reicht das Blut bis zu den Knien."[24] Sicher bezeugt sind diese Worte nicht – sie klingen aber plausibel angesichts der Ermordung von über 8.000 muslimischen Jugendlichen und Männern innerhalb von drei Tagen. Ein definitiv als authen-

---

[23] Vgl. ZORAN GROZDANOV / BRANKO SEKULIC: Geknebelte Universalität. Die Herausforderung der Ethnoreligiosität für das Christentum im ehemaligen Jugoslawien, MThZ 68 (2017), S. 146–154, bes. S. 152f.

[24] HANS MICHAEL KLOTH: Blutrausch auf dem Balkan, http://www.spiegel.de/einestages/massaker-von-srebrenica-a-947443.html (zuletzt geprüft am 18.07.2019).

tisch eingeschätztes Foto zeigt, wie sowohl Mladic als auch Radovan Karadzic vom Patriarchen Pavle, dem zu diesem Zeitpunkt höchsten Geistlichen der Serbisch-Orthodoxen Kirche, kurz nach dem Massaker von Srebrenica und an erster Stelle die Eucharistie empfingen.[25] Eine Schulderklärung zu den Gewaltexzessen der Jugoslawienkriege ist seitens der serbisch-orthodoxen Kirche bis heute ausgeblieben – stattdessen hat weiterhin der Heilige Synodenbeschluss des höchsten Leitgremiums Bestand, der die Zuschreibung der serbischen Armee als Aggressor als „unchristlich" definiert. Vergleichbare christliche Brandbeschleunigung ließe sich auch am faschistoiden Verhältnis zwischen kroatischer Armee und katholischer Kirche zeigen – es dürfte aber auch so bereits klargeworden sein, dass sich die Gegenüberstellung eines aufklärungsstolzen Christentums und eines vormodernen Islams im bosnischen Kontext als grundlegend falsch erweist.

Damit sollen islamistische Gewaltpotenziale aber nicht übergangen werden, auf die ich im letzten Fallbeispiel der Bataclan-Attacke in Paris eingehen möchte. In dem ersten Statement nach der Attacke sprach der sogenannte Islamische Staat von einer „gesegneten Attacke" und erklärte Paris zur „Hauptstadt der Prostitution und des Lasters"[26]. Die Attacke wurde damit begründet, dass sich dort „hunderte Götzendiener in einer perversen Feier" versammelt hätten. Wie bereits eingangs erwähnt, ist aber genauer auf den Kontext und die individuellen Akteure zu blicken. Die islamistischen Attentäter waren allesamt Konvertiten, die im mit Berlin-Neukölln vergleichbaren Brüsseler Stadtteil Molenbeek aufgewachsen waren. Der Terrorismusexperte Peter Neumann studierte u. a. die Lebensläufe der Attentäter und fasste sie unter dem Begriff der „islamisierten Kriminalität"[27] zusammen. Der IS rekrutiert in erster Linie unter bereits kriminell Gewordenen und erst nachgeordnet in salafistischen Moscheen – entsprechend waren 60 Prozent der europäischen Dschihadisten bereits im Gefängnis und viele von ihnen hatten zwar einen maghrebinischen oder arabischen Hintergrund, nicht aber eine ursprünglich religiöse Sozialisation. Neumann sieht als Konstante der Lebensläufe vor allem die Faszination von Gewalttaten und die Entwicklung von Kleinkriminellen zu Terroristen, die durch den sogenannten IS zu Gewaltunternehmern werden konnten.[28] Demzu-

---

[25] Gesellschaft für bedrohte Völker (GfbV): Serbisch-orthodoxe Kirche unterstützte Genozid an Bosniern. Srebrenica-Video belegt schwere Vorwürfe, https://www.gfbv.de/de/news/serbisch-orthodoxe-kirche-unterstuetzte-genozid-an-bosniern-2780/ (zuletzt geprüft am 18.07.2019).

[26] Vgl. Das mutmaßliche Bekennerschreiben des IS im Wortlaut, https://www.focus.de/politik/ausland/terror-attacke-in-paris-das-bekennerschreiben-des-is-im-wortlaut_id_5088281.html (zuletzt geprüft am 18.07.2019).

[27] Vgl. LAURA CWIERTNIA: „IS-Kämpfer haben kein Konto bei Goldman Sachs". Interview mit Sicherheitsexperte Peter Neumann, in: Die Zeit, 23.02.2017.

[28] PETER NEUMANN: Der Terror ist unter uns. Dschihadismus und Radikalisierung in Europa, Berlin 2016.

folge bestand das attraktive Angebot darin, den ehemaligen Brüsseler Kleinkriminellen eine Art Fortbildungsmöglichkeit für weitergehende Gewaltexzesse zu bieten, bei der die islamistische Ideologie als Brandbeschleuniger hinzutrat und jegliche Schuldfragen in verheerende Selbstgewissheit wandelte.

4 Lernprozesse in christlicher Perspektive: Unterwerfung der Gewalt unter die Herrschaft des Rechts

Der von mir gewählte Titel legt den Fokus auf den Zusammenhang von Religion und Gewalt, den ich im letzten Abschnitt mit der Metapher des „Brandbeschleunigers" anhand dreier Beispiele bestätigt habe. Ein typischer Brandbeschleuniger ist Ethanol, das als chemischer Stoff allerdings nicht nur für Spiritus und Spirituosen, sondern auch als Desinfektionsmittel und zu anderen medizinischen Zwecken verwendet wird. Um das Bild nicht zu sehr zu strapazieren: Es lassen sich auch Gegenbeispiele und eine entsprechend konstruktive Rolle von Religion in Krieg und Gewalt finden. In allen Religionen sind Impulse zur Überwindung von Gewalt zu finden, beispielsweise die prophetische Gewaltkritik des Alten Testaments, die religiös begründete Ablehnung von Zwang und Gewalt in Sure 2 oder die Zuspitzung der Nächstenliebe zur Feindesliebe im Neuen Testament. Theologisch habe ich bereits die Relativierung aller irdischen Ordnungen und damit auch der Gewalt als achsenzeitliche Errungenschaft genannt, die Rolf Schieder folgendermaßen auf den Punkt brachte: „Gott ist im Himmel – du bist auf Erden! Das ist eine elementare Differenz, die jeden wahrhaft Gläubigen davor warnt, sich selbst zum Sprachrohr oder zum Schwert Gottes zu ernennen."[29] Dies wäre kein exklusiver, sondern im Gegenteil ein inklusiver und gewaltfreier Monotheismus. Als konkrete Umsetzung der Gewaltfreiheit ließe sich verweisen auf die vatikanische Vermittlung 1971 im chilenisch-argentinischen Konflikt um den Beagle-Kanal, die erfolgreiche Friedensdiplomatie der ökumenischen Gemeinschaft St. Egidio in Mosambik 1992 oder den Protest ruandischer Muslime gegen den Genozid der Hutu an den Tutsi 1994.

Auch wenn diese Gegenbeispiele nur verständlich sind in Reaktion auf den säkularistischen Mythos, Religionen hätten ein unüberwindliches Gewaltpotential: Die Ambivalenzen monotheistischer Religionen sind unübersehbar. Aus der hier vorgetragenen christlichen Perspektive gehören daher die Auseinandersetzung mit Monotheismuskritik und jüngeren Gewaltexzessen konstitutiv zu einem Lernprozess, der „die Unterwerfung der Gewalt unter die Herrschaft

---

[29] SCHIEDER, Religionen, 2008, S. 88.

des Rechts"³⁰ anstrebt. Die Christentumsgeschichte sollte daher nicht triumphalistisch erzählt werden als lineare Entwicklung des christlichen Menschenbilds zum freiheitlich-demokratischen Rechtsstaat und zu den Menschenrechten – wie teilweise während des Reformationsjubiläums geschehen. Wenn schon eine politisch-ethische und nicht eine dogmatische Selbstvergewisserung so sehr in den Fokus gerückt wurde, hätte das Jubiläum eher zur Sensibilisierung für das verschlungene Verhältnis von Reformation und Religionsfreiheit genutzt werden können. Denn es waren die in Kontinentaleuropa verfolgten „Stiefkinder der Reformation" (Ernst Troeltsch), die aus traumatischen Gewalterfahrungen den Grundgedanken der Religionsfreiheit entwickelten: Sie waren es, die in den USA die freie Glaubensausübung für sonstige christliche oder anders-religiöse Individuen im Recht verankerten.

Vor diesem Hintergrund ist es erforderlich, heilige Quellen und Problemgeschichten in aller Ambivalenz zu reflektieren. Auch wenn nicht wenige Akteure in Theologie und Kirche biblische Moral, vergewissernde historische Beispiele und politischen Aktivismus als Inbegriff der Gewaltfreiheit sehen, so muss doch gerade das recht definierte Verhältnis von Religion zu staatlichem Gewaltmonopol als Ziel der Lernprozesse stehen. Dabei ist Artikel 20 des Grundgesetzes von tragender Bedeutung, der die Bindung der staatlichen Gewalt an Gesetz und Recht vorsieht. Der Artikel sieht bezüglich des Widerstandsrechts, das religiöse Aktivisten nicht selten für sich beanspruchen, vor, dass es lediglich beim Versuch einer Beseitigung dieser verfassungsmäßigen Ordnung vorgesehen ist. Das Prinzip der Rechtstaatlichkeit hat also den Vorrang vor der religiösen Praxis, gerade weil die Religionsfreiheit nur durch staatliches Recht geschützt werden kann. Dass dabei stets das jeweilige Verständnis von Religionsfreiheit neu erstritten, erprobt und ausgehandelt werden muss, liegt auf der Hand.

Während damit die Anerkennung des Legalen umrissen ist, sollten die Religionen darüber hinaus die „Unterwerfung der Gewalt unter die Herrschaft des Rechts" als legitimes Grundanliegen unterstützen. Die traditionelle religiöse Semantik bietet starke Überzeugungen, die dabei eine erhebliche Unterfütterung sein können. Aus christlicher Perspektive ist die Tradition daher so zum Recht zu bestimmen, dass in ambivalenten Situationen „der Vorrang der Gewaltfreiheit vor der Gewalt" und in den Situationen, in denen der Einsatz staatlicher Gewalt unvermeidlich erscheint „jeder religiösen Legitimation von Gewalt"³¹ eine Absage erteilt werden muss. Die Theologie unterschiedlicher Religionen und der Religionsunterricht bilden hierfür die entscheidenden Plattformen, um den richtigen Gebrauch des „Ethanols der Religionen" zu erlernen und zu erproben.

---

[30] HUBER, Religion, Politik und Gewalt, 2009, S. 249.
[31] A. a. O., S. 246.

5 Fazit

Ich habe im ersten Abschnitt die Monotheismuskritik von Jan Assmann ausgeführt und gegen eine vorschnell verzeichnende Ablehnung verteidigt. Daran anschließend habe ich an den Beispielen Israel/Palästina, Bosnien und Paris erklärt, dass Religion als Brandbeschleuniger fungieren kann. Im letzten Abschnitt habe ich die gewaltfördernde Wirkung von Religion relativiert und mit Gegenbeispielen auf die generelle Ambivalenz des Themas hingewiesen. Dies mündet in meine Antwort zur Medaillenfrage: Religion und Gewalt ist eine alte Währung. Durch selbstkritische Reflexion lässt sich aber eine neue Währung entwickeln und eine neue Medaille prägen. Die zwei Seiten dieser Medaille lauten: Religion und Herrschaft des Rechts.

Literatur

Assmann, Jan: Die Mosaische Unterscheidung, oder: Der Preis des Monotheismus, München 2003.

Cwiertnia, Laura: „IS-Kämpfer haben kein Konto bei Goldman Sachs". Interview mit Sicherheitsexperte Peter Neumann, in: Die Zeit, 23.02.2017.

Gesellschaft für bedrohte Völker (GfbV): Serbisch-orthodoxe Kirche unterstützte Genozid an Bosniern. Srebrenica-Video belegt schwere Vorwürfe, https://www.gfbv.de/de/news/serbisch-orthodoxe-kirche-unterstuetzte-genozid-an-bosniern-2780/ (zuletzt geprüft am 18.07.2019).

Girard, René: Das Heilige und die Gewalt, Frankfurt am Main 1992.

Grozdanov, Zoran / Sekulic, Branko: Geknebelte Universalität. Die Herausforderung der Ethnoreligiosität für das Christentum im ehemaligen Jugoslawien, MThZ 68 (2017), S. 146–154.

Hasenclever, Andreas: Getting Religion Right. Zur Rolle von Religionen in politischen Konflikten, in: Religion und globale Entwicklung, hg. von Jürgen Wilhelm und Hartmut Ihne, Berlin 2009, S. 70–186.

Holbein, Ulrich: Peterchens Mondfahrt, in: Der Spiegel 42/1993, S. 42.

Huber, Wolfgang: Religion, Politik und Gewalt in der heutigen Welt, in: Weltreligionen. Verstehen, Verständigung, Verantwortung, hg. von Karl Kardinal Lehmann, Frankfurt am Main 2009, S. 232–251.

Joas, Hans: Glaube als Option. Zukunftsmöglichkeiten des Christentums, Freiburg im Breisgau 2012, S. 165–184.

Ders.: Die Macht des Heiligen. Eine Alternative zur Geschichte von der Entzauberung, Berlin 2017, S. 36.

Kippenberg, Hans Gerhard: Gewalt als Gottesdienst. Religionskriege im Zeitalter der Globalisierung, München 2008, S. 207.

Kloth, Hans Michael: Blutrausch auf dem Balkan, http://www.spiegel.de/einestages/massaker-von-srebrenica-a-947443.html (zuletzt geprüft am 18.07.2019).

Neumann, Peter R.: Der Terror ist unter uns. Dschihadismus und Radikalisierung in Europa, Berlin 2016.

PICKEL, GERT: Religionsmonitor – Verstehen was verbindet. Religiosität im internationalen Vergleich, Gütersloh 2013.

SCHIEDER, ROLF: Sind Religionen gefährlich?, Berlin 2008, S. 69.

SCHMIDT, MATTHIAS: Der Islam gehört für Viele immer noch nicht zu Deutschland, https://yougov.de/news/2015/09/24/der-islam-gehort-fur-viele-immer-noch-nicht-zu-deu/ (zuletzt geprüft am 17.07.2019).

SLOTERDIJK, PETER: Gottes Eifer. Vom Kampf der drei Monotheismen, Frankfurt am Main 2007.

Das mutmaßliche Bekennerschreiben des IS [zum Terroranschlag im Konzertsaal Bataclan am 13.11.2015 in Paris] im Wortlaut, https://www.focus.de/politik/ausland/terror-attacke-in-paris-das-bekennerschreiben-des-is-im-wortlaut_id_5088281.html (zuletzt geprüft am 18.07.2019).

Schulseelsorge

Vom hilfreichen Umgang mit Trauer in der Schule

Estelle Kunad

Ein Amoklauf in der Schule mit Toten oder Verletzten. Ein tödlicher Unfall eines Schülers oder einer Lehrerin. Situationen, die eine ganze Schule und die Menschen, die in ihr tagtäglich ein- und ausgehen, aus dem Gleichgewicht bringen, ja, vielmehr in einen Krisenzustand versetzen. Die Entscheidungen müssen schnell getroffen werden. Mit den betroffenen Personen und ihrer Trauer, die sich situativ, aber auch prägend für die Zukunft manifestiert, muss ein Umgang gefunden werden.

Bekannt geworden ist Schulseelsorge durch Krisensituationen wie Amokläufe.[1] Aber was ist das Spezifische an Seelsorge im Unterschied zu Psychologie und Psychotherapie oder anderen Möglichkeiten der Beratung? Braucht es in unserer säkularen Welt so etwas in der Schule? Was genau ist *Schul*seelsorge? Und wie kann sie einen hilfreichen Umgang mit Trauer unterstützen?

Denn Schulseelsorge, so die These in diesem Aufsatz, kann sowohl in Notfallsituationen situativ intervenierend als auch präventiv einen hilfreichen Umgang mit Trauer schaffen. Dieser These soll unter Berücksichtigung folgender Gliederung im Artikel nachgegangen werden:

In einem ersten Teil soll das Thema theologisch wissenschaftlich und unter Einbezug von Forschungsergebnissen reflektiert werden. So sollen die Grundlagen zu Schulseelsorge, ihre Aufgabe und Zielsetzung sowie ihre Handlungsfelder, der Kontext Schule sowie Möglichkeiten der Trauerbegleitung und Einsichten der Entwicklungspsychologie und Trauerforschung in den Blick genommen werden. Im zweiten Teil erfolgt die Aufgliederung und Annäherung an das Thema auf zwei Wegen: Inwiefern kann Schulseelsorge erstens einen hilfreichen Umgang mit Trauer durch institutionalisierte Angebote (Prävention) und zweitens einen hilfreichen Umgang mit Trauer in Notfallsituationen (Intervention) bieten? Im dritten Teil soll in einer Zusammenschau der beiden Herangehensweisen die Relevanz von Schulseelsorge anhand der Ausführung von drei Ergebnissen im Umgang mit Trauer beleuchtet werden.

---

[1] Besonders medial präsent waren z. B. die Amokläufe von Erfurt 2002, von Winnenden 2009 oder Ansbach 2009.

1 Grundlagen zu Schulseelsorge und Trauerarbeit

Was genau ist Aufgabe und Zielsetzung der *Schul*seelsorge? Was ist im Kontext Schule zu beachten? Welche Möglichkeiten der Trauerbegleitung gibt es? Was ist aus Sicht der Entwicklungspsychologie und Trauerforschung zu bedenken?

Aufgabe und Zielsetzung der Schulseelsorge: Die Schulseelsorge (in der katholischen Theologie als Schulpastoral bezeichnet) hat sich als eigenes Handlungsfeld in den 1950er Jahren im katholischen Umfeld entwickelt, bevor sie in den 1980er Jahren Einzug in die evangelische Kirche gefunden hat. Die Evangelische Kirche in Hessen und Nassau (EKHN) war 1988 die erste, die Schulseelsorge explizit als ein spezielles Feld aus den anderen Seelsorgekontexten hervorgehoben hat.[2] Mittlerweile haben viele andere Landeskirchen sowohl ein Angebot als auch Ausbildungsmöglichkeiten für Schulseelsorge geschaffen; „das Verständnis von Schulseelsorge ist [jedoch] auch zwischen den Akteuren vielfältig. Eine einheitliche Definition von Schulseelsorge lässt sich noch nicht geben"[3]; Aufgaben und Zielsetzung lassen sich aber beschreiben und ähneln einander. Schulseelsorge wird – so im Artikel zu „Schulseelsorge" im Wissenschaftlich-Religionspädagogischen Lexikon (WiReLex) zu finden – als „kirchliches Engagement im Lebensraum Schule [beschrieben], das sich an alle Menschen an der Schule wendet und einen Beitrag zur Humanisierung der Schulwirklichkeit leistet"[4]. Damit sind Adressat*innen, Ort und Aufgabe in Kürze zusammengefasst und es ist deutlich ersichtlich, dass Schulseelsorge nicht nur als Interventionsmöglichkeit in Krisensituationen, sondern als breitgefächertes zum Sozialleben beitragendes Engagement im Lebensraum Schule gedacht ist. Mit welch unterschiedlicher praktisch-theologischer Begründung evangelische Schulseelsorge in den Schulkontext eingebettet werden kann, zeigt sich in unterschiedlichen Formen der Herangehensweisen evangelischer Theolog*innen: Während Harmjan Dam die Schulseelsorge als „Dach für religiöses Leben an der Schule" versteht, sieht Bernd Schneider Schulseelsorge als „eine Form christlicher Präsenz" an der Schule – neben Religionsunterricht, Schulgottes-

---

[2] Da die Literatur im Bereich der Schulseelsorge in Beispielen häufig auf die EKHN aufgrund ihrer Vorreiterrolle verweist, wird diese in der vorliegenden Arbeit immer wieder Bezugspunkt sein. Wenn möglich soll sich jedoch in diesem Aufsatz auf Beispiele der ELKB und den 2015 erschienen Orientierungsrahmen der EKD zur Schulseelsorge gestützt werden.

[3] HARMJAN DAM / MATTHIAS SPENN (Hg.): Schulseelsorge in Deutschland – eine Situationsbeschreibung, in: Schnittstelle Schule. Impulse evangelischer Bildungspraxis, Bd. 2: Evangelische Schulseelsorge. Hintergründe, Erfahrungen, Konzeptionen, Münster 2007, S. 11–20, hier: S. 15.

[4] UTE BAIERLEIN / ULRICH KUMHER: Art. Schulseelsorge / Schulpastoral, in: Wissenschaftlich-Religionspädagogisches Lexikon, https://www.bibelwissenschaft.de/de/wirelex/das-wissenschaftlich-religionspaedagogische-lexikon/lexikon/sachwort/anzeigen/details/schulseelsorgeschulpastoral/ch/157f29cee8bbad8626e86689838f221b/ (zuletzt geprüft am 20.06.2019).

dienst, Schulsozialarbeit, schulnaher Jugendarbeit und unterrichtsbezogenen Projekten.[5] Christoph Schneider-Harpprecht beschreibt die Schulseelsorge als systemische Praxis, d. h. als „Form der psychosozialen Beratung und Begleitung, der es um die Lösung von Lebensproblemen geht"[6]; Gerhard Büttner[7] legt besonderen Wert auf die seelsorgerlichen Dimensionen im Religionsunterricht. Die Evangelische Kirche in Deutschland (EKD) beschreibt in dem 2015 erschienenen Orientierungsrahmen zur Schulseelsorge deren Selbstverständnis folgendermaßen: „Schulseelsorge will Kindern und Jugendlichen eine im Evangelium begründete Lebenszuversicht eröffnen."[8]

So jung der Begriff Schulseelsorge also noch ist, wird er – wie sich bereits an dieser hier angeführten Auswahl an theologischen Ansätzen zeigt – in unterschiedlicher Weise definiert und gefüllt. Besondere Aufmerksamkeit verdient, dass in den angegebenen Definitionen unterschiedliche Schwerpunkte gesetzt werden, auf die im Folgenden mit Blick auf Prävention und Intervention durch Schulseelsorge noch eingegangen wird. Allen ist gemeinsam, dass sie von einem dezidiert christlichen Ansatz von Begleitung und Unterstützung auf der Grundlage eines christlichen Weltbildes ausgehen.[9]

Was nun ist im Kontext Schule zu beachten? Denn dass „Seelsorge in hohem Maße von ihrem jeweiligen Kontext abhängig ist"[10], ist in der Forschung unbestritten. Ein solcher Kontext ist in den letzten Jahrzehnten die Schule geworden, in der – als spezifischem Ort und Lebensraum – Seelsorge ausgeübt wird: „Schule ist nicht nur ein Lernort, sondern neben der Familie auch der wichtigste Lebensraum von Schüler_innen und Lehrer_innen"[11]. So bedarf es eines besonderen Umgangs mit den jeweiligen kontextabhängigen Adressat*innen. Besonderes Merkmal, das der Kontext Schule mit sich bringt, ist die hohe Heterogenität: Hier verbringen Menschen unterschiedlichster sozialer, kultureller

---

[5] Vgl. für beide Zitate BERND SCHRÖDER: Warum „Religion im Schulleben"?, in: Religion im Schulleben. Christliche Präsenz nicht allein im Religionsunterricht, hg. von BERND SCHRÖDER, Neukirchen-Vluyn 2006, S. 21.

[6] CHRISTOPH SCHNEIDER-HARPPRECHT: Seelsorge – christliche Hilfe zur Lebensgestaltung. Aufsätze zur interdisziplinären Grundlegung praktischer Theologie. Praktische Theologie interdisziplinär, Bd. 1, hg. von CHRISTOPH SCHNEIDER-HARPPRECHT / DIRK OESSELMANN, Münster 2012, S. 214.

[7] Vgl. GERHARD BÜTTNER: Schulseelsorge, in: Handbuch der Seelsorge. Grundlagen und Profile, hg. von WILFRIED ENGEMANN, Leipzig (2007) ³2016, S. 627–641.

[8] EVANGELISCHE KIRCHE IN DEUTSCHLAND (EKD) (Hg.): Evangelische Schulseelsorge in der EKD. Ein Orientierungsrahmen, Hannover 2015, S. 7.

[9] Zu betonen ist, dass – gerade durch die kulturelle und religiöse Pluralität an Schulen – Seelsorge immer auch interreligiöse Seelsorge im Blick haben muss. Vgl. hierfür Fußnote 47.

[10] UTA POHL-PATALONG: Seelsorge. Konzeptionen / Kontexte / Lebensgestaltung / Seelsorgegespräch, in: Handbuch Praktische Theologie, hg. von WILHELM GRÄB / BIRGIT WEYEL, Gütersloh 2007, S. 675–686, hier: S. 675.

[11] HANS-MARTIN GUTMANN / BIRGIT KUHLMANN / KATRIN MEUCHE: Praxisbuch Schulseelsorge, Göttingen 2014, S. 23.

und religiöser Prägung sowie verschiedenster Familiengefüge einen großen Teil ihrer Lebenszeit und befinden sich noch dazu in verschiedenen Alters- und Entwicklungsstufen. Daher ist ein hohes Maß an Sensibilität im Umgang mit Kindern und Jugendlichen für ihre Erfahrungen, Probleme und Fragen gefordert.

Gut geklärt muss im Kontext Schule der Seelsorgerahmen sein: Welche Person nimmt in der Schule die Rolle des*der Schulseelsorger*in ein? Gibt es einen professionell ausgebildeten Schulseelsorger oder eine Schulseelsorgerin? Übernehmen die Religionslehrkräfte oder andere Lehrer*innen diese Rolle? Sind sie dafür ausgebildet und wenn ja, wie? In vereinzelten Fällen – und dabei gibt es je nach Bundesland und Landeskirche große Unterschiede – werden für die Schulseelsorge extra Stellen bzw. ein spezifisches Deputat geschaffen.[12] Meistens übernehmen jedoch Religionslehrer*innen die Aufgabe des Schulseelsorgenden – neben und in ihrem eigentlichen Religionsunterricht. Hierbei besteht eine besondere Herausforderung darin, sich der jeweiligen Rolle bewusst zu sein, die in unterschiedlichen Situationen eingenommen wird: Lehrer*in, der oder die Leistungen innerhalb des Regelfaches bewertet oder beratende*r und betreuende*r Seelsorger*in außerhalb des Unterrichtsgeschehens. Diese Grenzen sind im praktischen Gebrauch häufig fließend, sollten jedoch so gut es geht in der jeweiligen Situation klar erkennbar sein: Einerseits, um Missverständnisse zu vermeiden, andererseits, um Hemmungen, den Lehrer oder die Lehrerin auf seelsorgerliche Themen anzusprechen, abzubauen.

Bei der Schulseelsorge stehen insbesondere die Schüler*innen im Fokus der Seelsorgenden, jedoch können auch alle anderen zur Schulgemeinschaft gehörenden Personen wie Lehrer*innen, Sekretär*innen, Hausmeister*innen o. a. der Seelsorge bedürfen.[13] Hierbei ist es wichtig die Personen in dem Beziehungs- und Schulgefüge wahrzunehmen, in dem sie sich befinden. Dabei ist zu beachten, dass Seelsorge immer ein Beziehungsgeschehen zwischen Personen ist, in dem jede Person schon durch den Schulkontext eine Rolle innehat.

Die Handlungsfelder der Schulseelsorge sind sehr stark ausdifferenziert. Im Kontext Schule gibt es die unterschiedlichsten Themen, die heranreifende Kinder und Jugendliche in der Sekundarstufe[14] beschäftigen und mit denen sie sich belastet fühlen. In der Schulzeit durchleben Kinder und Jugendliche viele Situationen zum ersten Mal, sie haben somit eine ganz andere Verarbeitung und Beziehung zu diesen Geschehnissen, müssen sie reflektieren und verarbeiten, und versuchen sich selbst und ihre Persönlichkeit noch zu finden. Als Themen der Schulseelsorge, die Trauer nach sich ziehen, kommen daher sehr

---

[12] In München und Umgebung gilt hierbei als Beispiel das Gymnasium Kirchheim: Vgl. hierfür: Schulpastoral und Schulseelsorge am Gymnasium Kirchheim, https://gymnasium-kirchheim.de/schulpastoral-und-schulseelsorge.html (zuletzt geprüft am 20.06.2019).
[13] In dieser Arbeit steht insbesondere die Schulseelsorge an SchülerInnen im Fokus.
[14] Diese Arbeit bezieht sich aufgrund der unterschiedlichen Entwicklungsstufen insbesondere auf die Sekundarstufe.

unterschiedliche zusammen: schulische Belange wie Leistungsdruck, Prüfungsangst, Herausforderungen auf Beziehungsebene wie Ausgrenzungserfahrungen, fehlende Freundschaften, Probleme in der Familie wie Trennung der Eltern, schwierige soziale Verhältnisse oder allgemein existenzielle Themen wie Trennungen unterschiedlichster Art oder ein Tod im Umfeld (Familie, Freund*innen, Haustiere). In diesem Aufsatz soll es v.a. um den Teilbereich der Trauer in Bezug auf das Thema Tod gehen.

Trauerbegleitung im umgebenden System: Trauer wird im Duden beschrieben als „[tiefer] seelischer Schmerz über einen Verlust oder ein Unglück"[15] und charakterisiert damit den dahinterstehenden Grund, die ungewollte, vielleicht auch plötzliche Veränderung des bisherigen Lebens durch einen Verlust. Interessant für die Schulseelsorge ist, dass die neue Trauerforschung deutlich macht, dass Trauerbegleitung nicht mehr nur den Trauernden selbst, sondern „auch sein soziales Umfeld, das ihn umgebende System mit seiner ganzen Dynamik in den Blick nehmen muss."[16] Die Schule ist ein solches System, in dem es von Vorteil ist, den Gesamtzusammenhang zu betrachten. Die Schulseelsorge ist hierbei Teil dieses Systems, das in diesem wirken kann.

Was ist aus Sicht der Entwicklungspsychologie und Trauerforschung zu bedenken? Kinder und Jugendliche kommen zu den unterschiedlichsten Zeiten das erste Mal mit dem Thema Sterben und Tod in Berührung. Aus entwicklungspsychologischer Sicht ist deutlich, dass Kinder in verschiedenen Altersstufen auf unterschiedliche Art mit Tod umgehen; dazu gehören verschiedene Todesvorstellungen und Trauerreaktionen.[17] In der Sekundarstufe der Schulzeit bewegen sich Kinder und Jugendliche ungefähr zwischen dem 10. und dem 20. Lebensjahr und somit in verschiedenen Entwicklungsstufen. Die Grundbeobachtung, dass Kinder mit eher unemotionaler, sachlicher Neugier und Jugendliche häufig mit extremer (unterschiedlich ausgeprägter) Emotionalität und erwachsenen Fragestellungen reagieren, sollte in der Seelsorge mit ihnen berücksichtigt, darf aber nicht verabsolutiert werden, da jede Person individuell und abhängig von eigenen bisherigen Erfahrungen unterschiedliche Trauerreaktionen aufweist.

---

[15] Eintrag zu: Trauer, die, http://www.duden.de/rechtschreibung/Trauer (zuletzt geprüft am 20.06.2019).

[16] ULRICH KELLER: Der Trauer einen Raum geben – Trauer und Trauerbegleitung, in: „Wenn der Notfall eintritt." Handbuch für den Umgang mit Tod und anderen Krisen in der Schule, hg. von der EVANGELISCH-LUTHERISCHEN KIRCHE IN BAYERN / KATHOLISCHES SCHULKOMMISSARIAT IN BAYERN, München 2006, S. 15.

[17] Vgl. hierfür u. a.: HARALD TRAMPERT: Kinder und Jugendliche und die Frage nach dem Tod und Sterben aus entwicklungspsychologischer Sicht, in: „Wenn der Notfall eintritt." Handbuch für den Umgang mit Tod und anderen Krisen in der Schule, hg. von der EVANGELISCH-LUTHERISCHEN KIRCHE IN BAYERN / KATHOLISCHES SCHULKOMMISSARIAT IN BAYERN, München 2006, S. 22-25; STEPHANIE WITT-LOERS: Sterben, Tod und Trauer in der Schule. Eine Orientierungshilfe mit Kopiervorlagen, Göttingen 2009.

In der Trauerforschung gibt es viele Versuche einer Modellbildung, um den Prozess der Trauer systematisch zu analysieren bzw. „typische" Verhaltensmuster zu erkennen: so z. B. das Trauerphasenmodell oder das Resilienzkonzept. Meines Erachtens stellen beide Konzepte durchaus als zu kombinierende Ansätze einen wichtigen Hintergrund für die Schulseelsorge dar:

So umstritten die Trauerphasen-Modelle heute sind, so sehr haben sie die Trauerforschung beeinflusst und lassen sich gerade in der Schulseelsorge als hilfreiche Grundlage für den Umgang mit Trauer verstehen. Die Stärke des Phasenmodells besteht für die Schulseelsorge darin, ein Gefühl dafür zu bekommen, wann Kinder und Jugendliche wie reagieren könnten und als Seelsorger*in darauf vorbereitet zu sein, dass es Phasen des Schocks, kontrollierte Phasen, Phasen der Regression oder Phasen der Adaption gibt.[18] Hilfreich ist es bestimmte Reaktionen einordnen zu können.[19]

Ein anderes Konzept, das in den letzten Jahren neben die Theorie der Trauerphasen gestellt wurde bzw. diese ablöst, ist das Resilienzkonzept und darauf aufbauend das Konzept der Traueraufgaben. Dahinter steht die Überzeugung, dass „Kummer [...] ‚funktional' [ist], er hilft Hinterbliebenen, sich über ihren Verlust klar zu werden. [...] Er hilft Menschen sich auf ein neues Leben ohne die Verstorbenen einzustellen."[20] Dabei wird angenommen, dass Menschen nicht unbedingt bestimmte Phasen durchschreiten, sondern die Trauer in einem wellenartigen Wechsel mit Ruhepausen abläuft. Die Stärke des Resilienzkonzepts liegt in der Betonung des individualisierten Trauerprozesses und somit auf der Verstärkung des Blickes auf das Individuum und dessen Trauer, nicht so sehr auf eine schematische Einordnung in einen für alle gleich bestimmten Verlauf. Mit dem Begriff Resilienz ist gemeint, dass jeder Mensch eine „psychische Widerstandskraft; Fähigkeit, schwierige Lebenssituationen ohne anhaltende Beeinträchtigung zu überstehen"[21] besitzt. Dabei steht in der Theorie der Resilienz im Fokus, dass der Mensch so viele natürliche Ressourcen besitzt, dass er schwierigen Situationen, Lebenskrisen und Notfällen mit eigener Kraft

---

[18] Als ein Beispiel das Phasenmodel von Yorick Spiegel, das vier Phasen der Trauer unterscheidet. Vgl. hierfür: YORICK SPIEGEL: Der Prozeß des Trauerns. Analyse und Beratung, München (1973) ⁷1989. Sowie GUTMANN et al., Praxisbuch Schulseelsorge, 2014, S. 116f.

[19] Die Phasenmodelle haben ihre Stärke nicht nur in der Beschreibung und Einordnung der Reaktionen, sondern sind zudem hilfreich, wenn bedacht wird, dass die Trauerphasen weniger zeitlich schematisch oder „geordnet" ablaufen, sondern sich abwechseln und individuell verlaufen.

[20] Vgl. GEORGE A. BONANNO: Die andere Seite der Trauer. Verlustschmerz und Trauma aus eigener Kraft überwinden. Aus dem Amerikanischen von Michael Halfbrodt. Mit einem Vor- und Nachwort von Hilarion G. Petzold, Bielefeld/Basel 2012, S. 108.

[21] Vgl. Eintrag zu: Resilienz, die, in: http://www.duden.de/rechtschreibung/Resilienz (zuletzt geprüft am 20.06.2019).

standhält und diese überstehen kann.²² Die Traueraufgaben²³ bauen auf dem Konzept von Resilienz auf. „Die Annahme von Aufgaben bietet den Trauernden die Möglichkeit, selber dazu beizutragen, ihre neue Situation zu meistern."²⁴ Dabei zeigt sich, dass eine optimistische Sichtweise und die Stärkung von Selbstvertrauen nachweislich eine positive Wirkung auf Trauerprozesse hat, denn „Menschen, die besser zurechtkommen, [haben] auch ein größeres Verhaltensrepertoire. Einfach gesagt, sie haben mehr Werkzeuge in ihrer Kiste"²⁵, um mit der Trauer umzugehen.

Daran anschließend lässt sich überlegen, wie in der Schule solche Kompetenzen gefördert werden können, damit Schüler*innen in Trauersituationen auf eine vorher aufgebaute Resilienz zurückgreifen können – auf einen „Werkzeugkasten", der präventiv durch den Umgang mit Trauer im Religionsunterricht oder durch andere institutionalisierte Formen zusammengestellt wurde.

2 Schulseelsorge – Hilfreicher Umgang mit Trauer in der Schule – Prävention *und* Intervention

2.1 *Vom hilfreichen Umgang mit Trauer durch institutionalisierte Angebote (Prävention)*

In der Schule ist es wichtig, eine Sensibilität für Probleme der Menschen, die dort Zeit verbringen, zu entwickeln. Hierzu kann Schulseelsorge in sehr unterschiedlicher Form einen hilfreichen Umgang bieten, indem sie durch institutionalisierte Angebote eine präventive Lebensseelsorge darstellen kann. Drei Möglichkeiten seien hier herausgegriffen: *a.) Religionsunterricht mit seelsorgerlicher Begleitfunktion; b.) Trauer als Thema im Lehrplan; c.) Hilfreicher Umgang mit Trauer durch spirituelle Angebote.*

---

[22] Weiterführend und kritisch zum Resilienzkonzept vgl. auch CORNELIA RICHTER (Hg.): Ohnmacht und Angst aushalten. Kritik der Resilienz in Theologie und Philosophie. Religion und Gesundheit, Bd. 1, Stuttgart 2017.
[23] Nach Ansicht des Psychologen J. William Worden gibt es vier Traueraufgaben: 1. Verlust als Realität akzeptieren, 2. Schmerz verarbeiten, 3. Sich einer Welt ohne die verstorbene Person anpassen, 4. Eine dauerhafte Verbindung zu der verstorbenen Person inmitten des Aufbruchs in ein neues Leben finden. Vgl. WILLIAM J. WORDEN: Beratung und Therapie in Trauerfällen, Bern (1987) ⁴2011, S. 44. Hier zitiert in MARTIN ROTH: Kirchliche Trauerbegleitung in der Perspektive der neuen Trauerforschung, in: Wege zum Menschen. Zeitschrift für Seelsorge und Beratung, heilendes und soziales Handeln 66/3 (2014), S. 289–305, hier: S. 290f.
[24] ROTH, Trauerbegleitung, 2014, S. 290.
[25] A. a. O., S. 89.

a) Religionsunterricht mit seelsorgerlicher Begleitfunktion

Wie kann Schulseelsorge einen hilfreichen Umgang mit Trauer im Religionsunterricht bieten? Kann sie das überhaupt? Schulseelsorge scheint insbesondere außerhalb des Religionsunterrichts stattzufinden, sind doch Tür-und-Angel-Gespräche dafür das bekannteste Beispiel. Inwiefern ist Seelsorge im Religionsunterricht notwendig und möglich?

Die meisten Schüler*innen kommen während ihres Schullebens mit Sterben und Tod in Kontakt und durchleben somit ihren ersten Trauerprozess in dieser Zeit. „Heute ist man in der Trauerforschung der Auffassung, dass eine Auseinandersetzung mit Sterben, Tod und Trauer zur geistig-seelischen Entwicklung von Kindern dazugehört."[26] Daher sollte Trauer zum Thema gemacht werden können, wenn es bei Schüler*innen gerade als eigenes Thema ansteht. Gerhard Büttner sieht insbesondere im Religionsunterricht die Verankerung von Schulseelsorge und spricht sogar davon, dass „der Religionsunterricht den Kristallisationspunkt für alle seelsorgerlichen Aktivitäten an der Schule bildet."[27] Im Religionsunterricht ist es für die Lehrkraft möglich, auf im Unterricht aufkommende Themen näher einzugehen; gerade in Antworten der Schüler*innen lässt sich für den oder die geübte Hörer*in manches Mal mehr Bedeutung heraushören, als es die Antwort im Unterrichtsgeschehen vordergründig erkennen lässt. Hierfür sind ein gutes Gespür der Lehrkraft und die richtige Ansprache – ob im Unterrichtsgespräch, im Austausch mit anderen oder danach im Gespräch zu zweit – vonnöten. Büttner geht es um ein „niederschwelliges Angebot von seelsorgerlichen Interventionen von Religionslehrerinnen oder -lehrern an der Schule."[28] Denn Schüler*innen fällt es häufig schwer, aktiv das Gespräch zu suchen, umso mehr, wenn es um die direkte Ansprache einer Lehrperson geht. Im Religionsunterricht ergibt sich die Möglichkeit, durch die anders verorteten und häufig existentiellen Themen, die der Unterricht selbst bereithält, eigene Fragen zu stellen. So lassen sich diese entweder thematisch zum Unterrichtsgespräch einordnen, oder man betrachtet „dieselbe Aussage im Kontext von Seelsorge, dann werde ich [als Seelsorger*in] fragen, was mir der Schüler mit seinem Votum mitteilen möchte."[29] Mit der Kenntnis, die ein*e Lehrer*in nach einiger Zeit über Schüler*innen hat, lassen sich Verhaltens- und Beteiligungsänderungen bei sensiblem Umgang gut erkennen. „In diesem Horizont erfahrungsnaher Identitätshilfe kommt dem Religionsunterricht mitunter auch eine seelsorgliche Begleitfunktion zu."[30] Diese gilt es sensibel und mit Bedacht seelsorglich zu erkennen. Die besondere

---

[26] WITT-LOERS, Sterben, 2009, S. 12.
[27] BÜTTNER, Schulseelsorge, 2016, S. 636.
[28] GERHARD BÜTTNER: Seelsorge im Religionsunterricht, in: Religion im Schulleben. Christliche Präsenz nicht allein im Religionsunterricht, hg. von BERND SCHRÖDER, Neukirchen-Vluyn 2006, S. 167–170, hier: S. 167.
[29] A. a. O., S. 168.
[30] EKD, Schulseelsorge, 2015, S. 12.

Herausforderung ist hierbei der Beobachterwechsel der Lehrperson, die abschätzen muss, wann etwas als Lehrer*in und wann als Seelsorger*in zu hören ist.[31] „D. h. der Religionsunterricht bietet von seinem Inhalt und seinem Rahmen her viele Gesprächsanlässe, die bei Bedarf kurzfristig zu Seelsorge werden können und dann auch wieder zu Unterricht."[32] Somit kann eine seelsorgerliche Dimension gerade durch die existentiellen Themen, die der Religionsunterricht behandelt, entstehen, indem sie Anknüpfungspunkte für die Lebenssituation von Kindern und Jugendlichen darstellen. Inwiefern Trauer als Thema dabei in den Religionslehrplänen der weiterführenden Schulen verankert ist, möchte ich im Folgenden nennen.

b) Trauer als Thema im Lehrplan

Sterben, Tod und Trauer sind in allen Lehrplänen der verschiedenen Schularten der Sekundarstufe in Bayern Thema. Findet man das Thema in Mittel- und Realschule in der 9. Klasse unter „Sterben, Tod und Auferstehung", so ist das Thema im Gymnasium in der 10. Klasse unter der Überschrift „Mitten im Tod: das Leben" zu finden.[33] Deutlich zeigt sich hier die Verortung des Themas in den mittleren bis höheren Klassenstufen, was sich mit den entwicklungspsychologischen Erkenntnissen, d. h. der Verarbeitung und dem Weiterdenken von Todeskonzepten, deckt. Die Schüler*innen befinden sich zu diesem Zeitpunkt ca. im 14. bis 16. Lebensalter, entwickeln daher ihr eigenes Verständnis und ihre tiefergreifenden Fragen zu Sterben und Tod und sind in einer emotionalen Phase bezüglich des Umgangs mit Trauer.

So explizit das Thema Trauer daher in der Mittelstufe bzw. Oberstufe thematisiert wird, so implizit wird es auch in anderen Altersgruppen angeschnitten: Neben der Behandlung im Kirchenjahr durch Karfreitag und Ostern beispielsweise auch thematisch in der 5. Klasse von Mittelschule, Realschule und Gymnasium unter dem bei allen ähnlich lautenden Oberthema: „Gott begleitet auf dem Lebensweg". In allen Schularten soll demnach schon ab der 5. Klasse über Umbruchssituationen im eigenen Lebensweg nachgedacht und in spezifisch christlicher Verwurzelung eine Reflexion über Halt, Geborgenheit und

---

[31] Gleichzeitig ist jedoch Vorsicht geboten, damit Seelsorge im RU nicht „bewusst betrieben" wird: innerhalb des Regelfachs, das für die SchülerInnen Pflicht ist, darf keine Pflicht für Schulseelsorge entstehen – diese soll und muss ein freiwilliges Angebot bleiben. Vgl. diesbezüglich auch Anm. 36. Zudem muss ein*e Lehrer*in in der Lage sein, ihre verschiedenen Rollen zu reflektieren und bewusst einzusetzen, je nach dem, was wann angemessen ist. Weiterführend und kritisch reflektiert Wolfhard Schweiker die „Doppelbeauftragung von Lehre und Seelsorge" in seinem Artikel: WOLFHARD SCHWEIKER: Evangelische Schulseelsorge. Ihre kontextuelle und disziplinäre Verortung in der Theoriebildung, in: Wege zum Menschen. Zeitschrift für Seelsorge und Beratung, heilendes und soziales Handeln 69/3 (2017), S. 273–288, hier: S. 287.
[32] BÜTTNER, Seelsorge, 2006, S. 168.
[33] Vgl. die Lehrpläne für Evangelische Religionslehre in den verschiedenen Schularten: https://www.lehrplanplus.bayern.de/ (zuletzt geprüft am 09.08.2016).

Umgang mit Umbruch- und Trauersituationen ermöglicht und gefördert werden. Wenn möglich erleben die Schüler*innen, dass der Religionsunterricht einen sicheren Rahmen darstellt, in dem existentielle Themen ihren Platz haben.

Wird das Thema Sterben, Tod und Trauern im Unterricht behandelt, so sollte an der Erfahrungswelt der Schüler*innen angeknüpft werden. Im öffentlichen Leben kommen sie durch Nachrichten, Computerspiele und Fernsehen ständig in Kontakt mit Sterben und Tod, doch im eigenen sozialen Umfeld wird dieses Thema meist ausgeklammert. Gerade der Religionsunterricht kann hierbei einen wichtigen Beitrag leisten, indem in geplantem Rahmen Tod und Trauer thematisiert und damit enttabuisiert wird. „Bestenfalls beginnt die Auseinandersetzung mit Sterben, Tod und Trauer, bevor ein konkreter Verlust zu betrauern ist"[34], denn nur auf diese Weise lässt sich ein Umgang mit Trauer schulen ohne, dass die Schüler*innen emotional schon zu beteiligt sind.

Die Lehrperson sollte ihren eigenen Standpunkt zum Thema Tod und Jenseitsvorstellungen reflektiert haben, um offen zu sein für die Vorstellungen der Jugendlichen, gleichzeitig aber auch verschiedene Konzepte entfalten können (z. B. verschiedene religiöse Todesvorstellungen[35], Rituale). Nach Stephanie Witt-Loers ist es „sinnvoll, sich frühzeitig, das heißt, bevor ein aktueller Anlass dazu zwingt, mit Sterben, Tod und Trauer zu beschäftigen. Die akute Situation könnte dadurch entschärft werden, der Umgang damit liefe entspannter ab. In einer durch aktuelle Ereignisse ausgelösten Trauersituation könnten wir auf gemeinsame Ressourcen im Umgang miteinander zurückgreifen, wenn wir uns zuvor mit Gedanken an Trauer und Tod beschäftigt haben."[36]

Die Behandlung im Religionsunterricht kann bewirken, dass sich Kinder und Jugendliche bisherige Situationen von Trauer und Tod bewusstmachen und diese reflektieren. Das Nachspüren in vergangene Trauererfahrungen und die Überlegung wie diese Situationen überstanden wurden, wäre eine Übung zur Resilienz und kann den Schüler*innen Ressourcen deutlich machen, auf die sie in kommenden Trauererfahrungen zurückgreifen können.

c) *Hilfreicher Umgang mit Trauer durch spirituelle Angebote*
In erster Linie lässt sich hierbei an regelmäßige Schulgottesdienste und -andachten in der Adventszeit oder zu Schuljahresbeginn und -abschluss denken, die in ihrer Beständigkeit in den meisten bayerischen Schulen als freiwilliges Angebot[37] einen festen Bestandteil im Schuljahr bilden. „Evangelische Schul-

---

[34] STEPHANIE WITT-LOERS: Trauernde Jugendliche in der Schule, Göttingen 2012, S. 20.
[35] Vgl. hierzu z. B. HEINZ STREIB / CONSTANTIN KLEIN: Todesvorstellungen von Jugendlichen und ihre Entwicklung – ein empirischer Beitrag, in: Jahrbuch der Religionspädagogik 26 (2010): Was letztlich zählt – Eschatologie, S. 50–75.
[36] WITT-LOERS, Sterben, 2009, S. 14.
[37] Vgl. auch Art. 141 der Weimarer Verfassung, https://www.gesetze-im-internet.de/wrv/art_141.html (zuletzt geprüft am 20.06.2019).

seelsorge ist immer auch religiöse und liturgische Begleitung. Gottesdienste, besonders bei Tod und Trauer, Rituale und Meditation sind ein wichtiger Teil ihres Angebots."[38] In schulgemeinschaftlichem Rahmen können diese Formate daher auch Menschen auffangen, die mit ihren Gedanken und ihrer Trauer nicht von sich aus auf Schulseelsorger*innen zugegangen wären.

Neben Gottesdiensten gibt es noch viele andere Angebote, die innerhalb des Schulsystems einen festen institutionalisierten Charakter bekommen und einen hilfreichen Umgang mit Trauer bieten können. In Bayern gibt es 74 schulseelsorgerliche Angebote an Schulen, die beim Religionspädagogischen Zentrum Heilsbronn gemeldet sind und die unterschiedlichsten Formate aufweisen: So beispielsweise „Stille Pause", „Offenes Ohr", „Den dunklen Themen Raum geben" oder „Walk+Talk".[39] Die Angebote reichen von direkten Gesprächsangeboten von Schulseelsorger*innen zu bestimmten Zeiten, räumlichen Orten der Stille, die selbst aufgesucht werden können, bis hin zu Schüler*innenprojekten, bei denen gegenseitige Wahrnehmung gefordert und bedacht wird. Welche Angebote an welcher Schule die geeignetsten sind, lässt sich von außen schwer sagen; meist sind es diejenigen Projekte, die auf eigene Initiative innerhalb der Schulgemeinschaft geplant werden.

Dass sich Schulseelsorge etabliert und institutionalisiert, hängt immer auch von dem Engagement der Schule bzw. der Schulleitung ab. Denn auch seelsorgerliche Kurzgespräche[40], die sich in der Schule immer wieder im Flur, auf dem Pausenhof oder vor dem Lehrerzimmer entwickeln, sind nur dann möglich, wenn sie Raum und Zeit im Schulsystem bekommen. So sind sie in gewisser Weise dann auch institutionalisiert: Nicht in Ort, Zeit, Form und Inhalt, aber in der Entscheidung einer Schule, eine Stelle für Schulseelsorge zu schaffen, Religionslehrer*innen eine Fortbildung zur Schulseelsorge zu genehmigen bzw. sie dazu anzuregen und/oder ein Deputat für Schulseelsorge zu ermöglichen.

---

[38] EKD, Schulseelsorge, 2015, S. 11.

[39] Vgl. Arbeitsbereich Schulseelsorge, https://www.rpz-heilsbronn.de/arbeitsbereiche/schulseelsorge-notfallseelsorge-in-schulen/ (zuletzt geprüft am 12.08.2019) und die Liste von Aktivitäten der „Kirche im Lebensraum Schule", https://www.elkb-lebensraum-schule.de/aktivitaeten.html (zuletzt geprüft am 12.08.2019).

[40] Vgl. hierfür weiterführend TIMM H. LOHSE: Das Kurzgespräch in Seelsorge und Beratung. Eine methodische Anleitung, Göttingen (2003) ³2008; TIMM H. LOHSE: Das seelsorgerliche Kurzgespräch im Arbeitsfeld Schule, in: Praxisbuch Schulseelsorge, hg. von HANS-MARTIN GUTMANN / BIRGIT KUHLMANN / KATRIN MEUCHE, Göttingen 2014, S. 59–74.

2.2 Hilfreicher Umgang mit Trauer in Notfallsituationen (Intervention)

Schulseelsorge ist zusätzlich zu den bereits skizzierten Alltagssituationen „besonders gefordert [...], wenn Krisensituationen auftreten; wenn zum Beispiel ein plötzlicher Todesfall professionell verarbeitet werden muss"[41]. Insbesondere ist dabei zu beachten, dass verschiedene Todesfall- und Trauersituationen[42] auch unterschiedliche Trauerbegleitung nach sich ziehen und der Seelsorgerahmen im Kontext Schule in Notsituationen umso genauer beachtet werden muss. Die Schule stellt für Schüler*innen und Lehrer*innen sowie für alle anderen Beteiligten einen zuverlässigen (Lebens-)Rahmen dar. Gibt es einen Todesfall in der Schulgemeinschaft oder im näheren Umfeld, kann dies die Grundfesten des eigentlich so verlässlichen Rahmens der Schulinstitution erschüttern. Ein Todesfall zieht Trauer nach sich – insbesondere Trauer der besonders nahestehenden Personen, d. h. der Familie, aber auch der Freund*innen und des Bezugssystems, in dem sich die Person aufgehalten hat. In der Schule lässt sich zwischen den Personen, die innerhalb der Schulgemeinschaft (u. a. Schüler*innen, Lehrer*innen) und denjenigen Personen, die außerhalb der Schulgemeinschaft (Familienmitglieder) stehen, unterscheiden. Je nach Person und auch Todesursache (Unfall, Krankheit, Gewalttat, Suizid)[43] sind bestimmte Personenkreise stärker in den Trauerprozess involviert, was dann Auswirkungen für den Umgang mit Trauer durch die Schulseelsorge hat. Zwei Gesichtspunkte seien in Bezug auf den hilfreichen Umgang mit Trauer in akuten Notfallsituationen hier herausgegriffen: *a.) Möglichkeiten der Schulseelsorge; b.) Zusammenspiel von Krisenmanagement und Schulseelsorge sowie Grenzen der Schulseelsorge.*

a) Möglichkeiten der Schulseelsorge[44]
An welcher Stelle ist die Schulseelsorge in einer solchen Krisensituation tätig? Mit welchen Möglichkeiten kann Schulseelsorge ganz praktisch den oder einen Trauerprozess in der Schule begleiten? Hierfür lassen sich viele Beispiele nen-

---

[41] ANNA-CHRISTINA PETERMANN: Schulseelsorge – ein junges kirchliches Handlungsfeld im Schulalltag und in Krisenzeiten. Der Trauer-Koffer – in der Trauer füreinander da sein. Neue Wege der evangelischen Schulseelsorge nach dem Tod eines Schülers, in: Forum Theologie und Pädagogik. Beihefte, Bd. 4, hg. von MONIKA JAKOBS / ROBERT SCHELANDER / MARTIN SCHREINER / WERNER SIMON, Berlin 2013, S. 25.

[42] Vgl. hierfür weiterführend UTA MARTINA HAUF / JÜRGEN KARASCH: Vom Umgang mit Tod und Trauer. Eine Arbeitshilfe für die Schule, München 2015, S. 67–78.

[43] Vgl. hierfür detailliert: GABRIELE RÜTTIGER: Todesereignis im schulischen Kontext, in: „Wenn der Notfall eintritt." Handbuch für den Umgang mit Tod und anderen Krisen in der Schule, hg. von der EVANGELISCH-LUTHERISCHEN KIRCHE IN BAYERN / KATHOLISCHES SCHULKOMMISSARIAT IN BAYERN, München 2006, S. 2ff.

[44] Vgl. im Folgenden GUTMANN et al., Praxisbuch Schulseelsorge, 2014, S. 108–114.

nen und Vorlagen zitieren.[45] An dieser Stelle sollen nur einzelne Methoden und Verfahrensabläufe, die immer wieder als besonders stimmige Möglichkeiten für den Umgang mit Trauer in der Schule genannt werden, in Kürze umrissen werden:

Gestaltung des Trauerprozesses, Trauerbegleitung: Neben der starken Anbindung an das Schulleitungs-/Kriseninterventionsteam[46] werden Schulseelsorger*innen diejenigen sein, die besonders schnell den Kontakt zu Betroffenen aufnehmen. Hierfür ist die vorherige Absprache über bisherige Informationen zur Todesursache vonnöten, um angemessen und hilfreich auf die Personen eingehen zu können. In der Kontaktaufnahme ist es wichtig, Sicherheit zu vermitteln, weil „der frühzeitige Tod eines jungen Menschen zu großer Verunsicherung bei den SchülerInnen"[47] führt. Daher sollte versucht werden „Sicherheit zu vermitteln und die Grundbedürfnisse zu befriedigen."[48] Darunter zählt die knappe, aber klare Informationsweitergabe über das Geschehene, das Finden eines ruhigen Raumes und das Zeigen der eigenen Präsenz und Zeit für die Anwesenden; es sollte das Gefühl vermittelt werden, dass verschiedenste Gedanken und Emotionen Platz haben. Hierbei ist eine Kenntnis über den entwicklungspsychologischen Stand der Kinder oder Jugendlichen und somit die Art des möglichen Trauerprozesses von großer Hilfe.

Drei Aspekte sind bei dem Umgang mit Trauer in der Schule hervorzuheben: Erinnerungen, Wünsche und Abschied, welchen in unterschiedlichen Schritten Raum gegeben wird.[49] Wichtig ist gerade im schulischen Kontext, dass es für Kinder und Jugendliche im Trauerprozess eine Rückkehr in einen geordneten Alltag gibt, d. h. dass durch „normale" Unterrichtszeiten wieder ein gewisser Alltag einkehrt, um Struktur herzustellen.

Trauerkoffer[50]: Der Trauerkoffer wird als Anschaffung für Schulen empfohlen. In ihm lassen sich Dinge verstauen, die für eine Trauerbegleitung von Hilfe sein können. In diesem Koffer können sich zum Beispiel ein Bilderrahmen, Musik, Texte, Symbole für Religionen, ein dunkles Tuch, eine Kerze, leere Karten, usw. befinden.

Trauerrituale, Andachten, Trauerfeier: Gerade die Schulseelsorge kann – und das ist ihr Alleinstellungsmerkmal im Gegensatz zu Schulpsychologie oder

---

[45] Vgl. z. B. EVANGELISCH-LUTHERISCHE KIRCHE IN BAYERN / KATHOLISCHES SCHULKOMMISSARIAT IN BAYERN (Hg.): „Wenn der Notfall eintritt." Handbuch für den Umgang mit Tod und anderen Krisen in der Schule, München 2006; HAUF / KARASCH: Vom Umgang mit Tod und Trauer, 2015; PETERMANN, Schulseelsorge, 2013.

[46] Weiterführende Informationen u. a. zum Bilden eines Kriseninterventionsteams oder Checklisten für Notfälle finden sich in: EVANGELISCH-LUTHERISCHE KIRCHE IN BAYERN / KATHOLISCHES SCHULKOMMISSARIAT (Hg.): „Wenn der Notfall eintritt." Handbuch für den Umgang mit Tod und anderen Krisen in der Schule, München 2006.

[47] GUTMANN et al., Praxisbuch Schulseelsorge, 2014, S. 108.

[48] Ebd.

[49] Vgl. für die drei Schritte HAUF / KARASCH: Vom Umgang mit Tod und Trauer, 2015, S. 84.

[50] Vgl. a. a. O., S. 64f.

Schulberatung – durch Angebote, die durch den christlichen Glauben bereitstehen, einen hilfreichen Umgang mit Trauer mittels Trauerritualen, Andachten und Trauerfeiern bieten – z. B. in Form von kleinen Andachten oder in einer großen offiziellen Trauerfeier. Hierbei sollten die Angehörigen die Möglichkeit haben, sich in einer solchen Trauerfeier einzubringen. Die Mitarbeit bei einem Gottesdienst ermöglicht Trauernden, etwas zu tun zu haben in einer Zeit, in der sie sich handlungsunfähig fühlen, aber gerne etwas für die verstorbene Person machen würden. In Psalmen, Bibelworten und Gebeten kann die christliche Sprache Worte finden, wenn Sprachlosigkeit über ein Geschehen herrscht, das nicht erklärt werden kann oder das von Trauer überschattet wird. Die christliche Hoffnungsdeutung eines kommenden „Danachs" kann in der Seelsorge ein Anker für Betroffene sein. Gerade hier zeigen sich die Möglichkeiten in dieser Gesamtsituation – sowohl für die Betroffenen als auch für die Schulseelsorge: „In solchen Situationen im Umfeld des Todes werden Seelsorgende als kompetente Gesprächspartnerinnen und -partner mit institutionalisierter Distanz wahrgenommen"[51], mit denen in aller Offenheit über Fragen, die sich an einen Todesfall anschließen, gesprochen werden kann. Dies ist gerade deshalb von besonderer Bedeutung, da eine solche Ansprechperson im eigenen Umfeld von Familie und Freundeskreis bei schwindender christlicher Sozialisierung und Gesprächstabuisierung des Themas „Tod" häufig fehlt. Niederschwellig bildet Schulseelsorge in diesem Rahmen eine für Schüler*innen gut sichtbare Anlaufstelle im Alltags-Lebensraum.

Bei der Durchführung einer solchen Trauerveranstaltung und auch sonst in der Trauerarbeit in der Schule ist das ökumenische und interreligiöse Miteinander unerlässlich.[52]

b) *Zusammenspiel von Krisenmanagement und Schulseelsorge sowie Grenzen der Schulseelsorge*

Trauerarbeit beginnt mit der ersten Informationsweitergabe, daher liegen Krisenmanagement und Schulseelsorge eng beieinander. Um in solchen Krisensituationen handlungsfähig zu sein, benötigt es der Vorbereitungen auf solche Szenarien. „Für die Schule als Gesamtsystem ist es notwendig, schon präventiv

---

[51] Ebd.
[52] In dieser Arbeit wird vor allem von evangelischer Schulseelsorge gesprochen. Die Grundlage der Schulseelsorge im christlichen Glauben ist hierbei unumstritten und begründet ihr Selbstverständnis und ihre Ausrichtung. Gleichzeitig möchte und sollte christliche Schulseelsorge für alle Menschen, unabhängig von religiöser Zugehörigkeit, Ansprechpartnerin sein. In der Schulseelsorge stehen in besonderer Weise die trauernden Personen im Fokus. Gerade in der sehr interreligiösen und multikulturellen Zusammensetzung der heutigen Schulen, kann Schulseelsorge in ihrer Offenheit und Freiheit Ansprechpartnerin für alle sein und auf der Grundlage des – der Freiheit verpflichteten – Glaubens Schulseelsorge ausüben. Vgl. hierzu auch: MARTINA PLIETH: Seelsorge im Kontext von Sterben, Tod und Trauer, in: Handbuch der Seelsorge. Grundlagen und Profile, hg. von WILFRIED ENGEMANN, Leipzig (2007) ³2016, S. 555f.

Krisenteams zu bilden, Verantwortlichkeiten zu regeln und Verfahrensabläufe festzulegen."[53] Schulen sollten sich daher – wenn möglich zusammen mit Schulseelsorge, Schulpsychologie und Beratungsstellen – mit vorstellbaren Notfällen auseinandersetzen, um im Ernstfall handlungs- und sprachfähig zu sein.[54]

Wichtig ist, dass Schulseelsorgende auch ihre Grenzen kennen. Sich um sich selbst und um die eigene Psychohygiene zu kümmern ist von großer Bedeutung – für die Person selbst, aber auch für die Arbeit mit den Betroffenen. Daher ist es in Krisensituationen wichtig, Kooperationen mit der Schulseelsorge zu aktivieren. Nicht alles kann und nicht alles muss die Schulseelsorge leisten. Aus christlicher Perspektive gibt es hierbei die beiden Notfallseelsorgesysteme der großen Kirchen (NOSIS: Notfallseelsorge in Schulen der evangelischen Landeskirche; KIS: Krisenseelsorge im Schulbereich der katholischen Kirche in Bayern), aber auch zahlreiche andere Beratungs- und Notfall-Einrichtungen sowie die Möglichkeit von Supervision für Seelsorgende.

3 Zusammenschau und Relevanz

Die beiden großen Linien – der hilfreiche Umgang mit Trauer durch institutionalisierte Angebote (Prävention) und Handlungsmöglichkeiten in Notfallsituationen (Intervention) – sollen im Folgenden zusammengeführt werden. Was kann Schulseelsorge im Umgang mit Trauer in der Schule leisten? Drei Ergebnisse zur Relevanz:

Vom hilfreichen Umgang mit Trauer durch Enttabuisierung und Ressourcenerfahrung: Ein Todesfall trifft Menschen meistens unvorbereitet. Die Trauerreaktionen zeigen sich spontan und lassen sich nicht „planen", daher wird die Schulseelsorge in akuten Fällen zur Begleitung von Trauer in der bevorstehenden Herausforderung benötigt. Aber trotzdem bedingt sich beides. Institutionalisierte Angebote zu Trauer und Tod im Rahmen des Religionsunterrichts oder durch spirituelle Angebote können einen späteren Umgang mit Tod in einer „realen" Trauersituation präventiv vorbereiten und verbessern. Durch die Thematisierung von Sterben, Tod und Trauer ist im Vorfeld eine Enttabuisierung möglich, die eine Beschäftigung mit dem Thema zulässt und die sich in einer Notfallsituation indirekt dadurch auswirken kann, dass Schüler*innen bei einer Todesnachricht nicht vollkommen überfordert sind. Sie haben zu früheren Zeitpunkten im Religionsunterricht oder in Kurzgesprächen mit Schulseelsorger*innen bzw. Religionslehrer*innen ihren bisherigen Umgang mit Trauer reflektiert und sich dadurch ihre ganz eigenen Ressourcen bewusst gemacht.

---

[53] GUTMANN et al., Praxisbuch Schulseelsorge, 2014, S. 109.
[54] Vgl. Anm. 45.

Auf diese Ressource, durch Prävention nachgespürt, können Schüler*innen im situativen Notfall zurückgreifen.

Das Spezifische an der Schulseelsorge: Zu Beginn der Arbeit wurde die Frage aufgeworfen, was das Spezifische an dem Beitrag der Schulseelsorge im Gegensatz zu Psychologie, Sozialarbeit und anderen Beratungsstellen sei. Die Seelsorge gründet sich im christlichen Glauben und schöpft aus den reichen Bildern und der Zuversicht, die sich hieraus ergibt. Schulseelsorge leistet auf ganz andere Art und Weise als andere Beratungsstellen den „Versuch, dort Sprache zu finden, Verzweiflung einen Raum zu geben und Trostlosigkeit aufzufangen, wo Sprache, Hoffnung und Trost verloren scheinen"[55]. Die Möglichkeit, im christlichen Weltbild auf eine Hoffnung zu verweisen, die sich in nichts erklären, sondern nur glauben und erfahren lässt, gibt einen Reichtum an Möglichkeiten. Gerade in Situationen der Trauer, sowohl bei Todesfällen als auch bei vielen anderen Verlusterfahrungen, kann im christlichen Glauben die Möglichkeit zur Klage und Anklage sowie zu Trost- und Geborgenheitserfahrungen bestehen. „Schulseelsorge will Kindern und Jugendlichen eine im Evangelium begründete Lebenszuversicht eröffnen"[56], beschreibt die EKD-Orientierungshilfe – sowohl in akuten schwierigen Lebenssituationen als auch bei den Herausforderungen des Lebensalltags. Glaubende sind in gewisser Weise Optimist*innen – sie glauben, dass nach dem Tod etwas kommt. Sie vertrauen auf einen gnädigen Gott, der die Verstorbenen aufnimmt und an einen „besseren" Ort bringt. Kurz: sie haben Hoffnung und Zuversicht. Dabei lässt sich an die Resilienzforschung denken, die besagt, dass es „von Vorteil [ist], Optimist zu sein. Menschen, die gut zurechtkommen, haben einen unerschütterlichen Glauben, dass sich alles irgendwie zum Guten wenden wird. Sie neigen zur Zuversicht."[57] Dabei hat der Psychologe George A. Bonanno an dieser Stelle zwar nicht den „glaubenden Menschen" beschrieben, aber der resilienzfördernde Optimismus lässt sich gut auf die Glaubenszuversicht übertragen. Schulseelsorgende als religiöse Menschen können Lebenszuversicht geben und so einen Umgang mit Trauer ermöglichen.[58]

---

[55] GUTMANN et al., Praxisbuch Schulseelsorge, 2014, S. 22.
[56] EKD, Schulseelsorge, 2015, S. 7.
[57] BONANNO, Die andere Seite der Trauer, 2012, S. 89.
[58] Neben der Hoffnungsperspektive, die der christliche Glaube aufmachen kann, ist theologisch zudem auf die Stärke der Kreuzestheologie zu verweisen: die Verbindung aus Schmerz, Tod und Erfahrung des Leidens zusammen mit der Hoffnung auf ein Leben nach dem Tod, nimmt das Leiden und die Trauer ernst ohne die Hoffnung aus dem Blick zu verlieren. Vertiefend zur Kreuzestheologie z. B.: MICHAEL KORTHAUS: Kreuzestheologie. Geschichte und Gehalt eines Programmbegriffs in der evangelischen Theologie. Beiträge zur historischen Theologie Bd. 142, Tübingen 2007; JÜRGEN MOLTMANN: Der gekreuzigte Gott. Das Kreuz Christi als Grund und Kritik christlicher Theologie, München (1972) ⁴1981.

Hierbei erscheint gerade die nicht-zweckgerichtete Intention als besondere Chance, Kinder und Jugendliche auf den christlichen Glauben aufmerksam zu machen, als etwas, das in Krisenzeiten Halt und Sicherheit geben und im Alltag Begleitung darstellen kann.

Wichtig ist hierbei, dass Schulseelsorge mit ihrem christlichen Ausgangspunkt ein Ansatz unter mehreren Ansätzen ist, um einen hilfreichen Umgang mit Trauer an der Schule zu ermöglichen.

Schulseelsorge – im Hier und Jetzt Verantwortung übernehmen: Eingangs wurde die Frage gestellt, ob Schulseelsorge in unserer heutigen säkularen Welt einen Platz hat. Gerade mit dem Wissen, dass sich Tod und Trauer nicht planen lassen, scheint die Verantwortung und die Notwendigkeit unerlässlich, diesem Thema in der Schule – dem Hauptlebensraum von Kindern und Jugendlichen – umso größere Bedeutung zukommen zu lassen. Schulseelsorge kann hierbei ihren ganz spezifischen und von breiter Vielfalt und Offenheit gekennzeichneten Beitrag leisten, gerade weil „SchulseelsorgerInnen in Einzelberatungen ebenso wie in der Gestalt von Trauergottesdiensten hilfreiche Arbeit leisten in dem Versuch, dort Sprache zu finden, Verzweiflung einen Raum zu geben und Trostlosigkeit aufzufangen, wo Sprache, Hoffnung und Trost verloren scheinen"[59]. Mit eigener Sprache, vor allem aber mit viel Gespür für und Wahrnehmung der Individuen im Trauerprozess kann Schulseelsorge einen hilfreichen Umgang mit Trauer in der Schule bieten. Auf diese Weise ist Christentum und Seelsorge auch an öffentlichem Ort präsent und theologisch relevant. Dass Schulseelsorge beides leisten kann – Prävention und Intervention – ist ihre große Stärke und lässt sie in dem komplexen und von Pluralität gekennzeichneten Kontext Schule im Hier und Jetzt zu einem hilfreichen und der Verantwortung um die Schulgemeinschaft bewussten Teil des Lebensortes Schule werden.

Literaturverzeichnis

BONANNO, GEORGE A.: Die andere Seite der Trauer. Verlustschmerz und Trauma aus eigener Kraft überwinden. Aus dem Amerikanischen von Michael Halfbrodt. Mit einem Vor- und Nachwort von Hilarion G. Petzold, Bielefeld / Basel 2012.

BÜTTNER, GERHARD: Schulseelsorge, in: Handbuch der Seelsorge. Grundlagen und Profile, hg. von WILFRIED ENGEMANN, Leipzig (2007) ³2016, S. 627–641.

BÜTTNER, GERHARD: Seelsorge im Religionsunterricht, in: Religion im Schulleben. Christliche Präsenz nicht allein im Religionsunterricht, hg. von BERND SCHRÖDER, Neukirchen-Vluyn 2006, S. 167–170.

DAM, HARMJAN / SPENN, MATTHIAS (Hg.): Schulseelsorge in Deutschland – eine Situationsbeschreibung, in: Schnittstelle Schule. Impulse evangelischer Bildungspraxis, Bd. 2: Evan-

---

[59] GUTMANN et al., Praxisbuch Schulseelsorge, 2014, S. 22.

gelische Schulseelsorge. Hintergründe, Erfahrungen, Konzeptionen, Münster 2007, S. 11–20.

EVANGELISCHE KIRCHE IN DEUTSCHLAND (EKD) (Hg.): Evangelische Schulseelsorge in der EKD. Ein Orientierungsrahmen, Hannover 2015.

EVANGELISCH-LUTHERISCHE KIRCHE IN BAYERN / KATHOLISCHES SCHULKOMMISSARIAT IN BAYERN (Hg.): „Wenn der Notfall eintritt." Handbuch für den Umgang mit Tod und anderen Krisen in der Schule, München 2006.

GUTMANN, HANS-MARTIN / KUHLMANN, BIRGIT / MEUCHE, KATRIN: Praxisbuch Schulseelsorge, Göttingen 2014.

HAUF, UTA MARTINA / KARASCH, JÜRGEN: Vom Umgang mit Tod und Trauer. Eine Arbeitshilfe für die Schule, München 2015.

KELLER, ULRICH: Der Trauer einen Raum geben – Trauer und Trauerbegleitung, in: „Wenn der Notfall eintritt." Handbuch für den Umgang mit Tod und anderen Krisen in der Schule, hg. von der EVANGELISCH-LUTHERISCHEN KIRCHE IN BAYERN / KATHOLISCHES SCHULKOMMISSARIAT IN BAYERN, München 2006, S. 15–21.

KORTHAUS, MICHAEL: Kreuzestheologie. Geschichte und Gehalt eines Programmbegriffs in der evangelischen Theologie. Beiträge zur historischen Theologie Bd. 142, Tübingen 2007.

LOHSE, TIMM H.: Das Kurzgespräch in Seelsorge und Beratung. Eine methodische Anleitung, Göttingen (2003) ³2008.

LOHSE, TIMM H.: Das seelsorgerliche Kurzgespräch im Arbeitsfeld Schule, in: Praxisbuch Schulseelsorge, hg. von HANS-MARTIN GUTMANN / BIRGIT KUHLMANN / KATRIN MEUCHE, Göttingen 2014, S. 59–74.

MOLTMANN, JÜRGEN: Der gekreuzigte Gott. Das Kreuz Christi als Grund und Kritik christlicher Theologie, München (1972) ⁴1981.

PETERMANN, ANNA-CHRISTINA: Schulseelsorge – ein junges kirchliches Handlungsfeld im Schulalltag und in Krisenzeiten. Der Trauer-Koffer – in der Trauer füreinander da sein. Neue Wege der evangelischen Schulseelsorge nach dem Tod eines Schülers, in: Forum Theologie und Pädagogik. Beihefte, Bd. 4, hg. von MONIKA JAKOBS / ROBERT SCHELANDER / MARTIN SCHREINER / WERNER SIMON, Berlin 2013.

PLIETH, MARTINA: Seelsorge im Kontext von Sterben, Tod und Trauer, in: Handbuch der Seelsorge. Grundlagen und Profile, hg. von WILFRIED ENGEMANN, Leipzig (2007) ³2016, S. 552–270.

POHL-PATALONG, UTA: Seelsorge. Konzeptionen / Kontexte / Lebensgestaltung / Seelsorgegespräch., in: Handbuch Praktische Theologie, hg. von WILHELM GRÄB / BIRGIT WEYEL, Gütersloh 2007, S. 675–686.

RICHTER, CORNELIA (Hg.): Ohnmacht und Angst aushalten. Kritik der Resilienz in Theologie und Philosophie. Religion und Gesundheit, Bd, 1, Stuttgart 2017.

ROTH, MARTIN: Kirchliche Trauerbegleitung in der Perspektive der neuen Trauerforschung, in: Wege zum Menschen. Zeitschrift für Seelsorge und Beratung, heilendes und soziales Handeln 66/3 (2014), S. 289–305.

RÜTTIGER, GABRIELE: Todesereignis im schulischen Kontext, in: „Wenn der Notfall eintritt." Handbuch für den Umgang mit Tod und anderen Krisen in der Schule, hg. von der EVANGELISCH-LUTHERISCHEN KIRCHE IN BAYERN / KATHOLISCHES SCHULKOMMISSARIAT IN BAYERN, München 2006, S. 2–3.

SCHNEIDER-HARPPRECHT, CHRISTOPH: Seelsorge – christliche Hilfe zur Lebensgestaltung. Aufsätze zur interdisziplinären Grundlegung praktischer Theologie. Praktische Theologie interdisziplinär, Bd. 1, hg. von CHRISTOPH SCHNEIDER-HARPPRECHT / DIRK OESSELMANN, Münster 2012.

SCHRÖDER, BERND: Warum „Religion im Schulleben"?, in: Religion im Schulleben. Christliche Präsenz nicht allein im Religionsunterricht, hg. von BERND SCHRÖDER, Neukirchen-Vluyn 2006.

SCHWEIKER, WOLFHARD: Evangelische Schulseelsorge. Ihre kontextuelle und disziplinäre Verortung in der Theoriebildung, in: Wege zum Menschen. Zeitschrift für Seelsorge und Beratung, heilendes und soziales Handeln 69/3 (2017), S. 273–288.

SPIEGEL, YORICK: Der Prozeß des Trauerns. Analyse und Beratung, München (1973) ^{7}1989.

STREIB, HEINZ / KLEIN, CONSTANTIN: Todesvorstellungen von Jugendlichen und ihre Entwicklung – ein empirischer Beitrag, in: Jahrbuch der Religionspädagogik 26 (2010): Was letztlich zählt – Eschatologie, hg. von RUDOLF ENGLERT, S. 50–75.

TRAMPERT, HARALD: Kinder und Jugendliche und die Frage nach dem Tod und Sterben aus entwicklungspsychologischer Sicht, in: „Wenn der Notfall eintritt." Handbuch für den Umgang mit Tod und anderen Krisen in der Schule, hg. von der EVANGELISCH-LUTHERISCHEN KIRCHE IN BAYERN / KATHOLISCHES SCHULKOMMISSARIAT IN BAYERN, München 2006, S. 22–25.

WITT-LOERS, STEPHANIE: Sterben, Tod und Trauer in der Schule. Eine Orientierungshilfe mit Kopiervorlagen, Göttingen 2009.

WITT-LOERS, STEPHANIE: Trauernde Jugendliche in der Schule, Göttingen 2012.

WORDEN, J. WILLIAM: Beratung und Therapie in Trauerfällen. Ein Handbuch, Bern (1987) ^{4}2011, S. 44. Hier zitiert in MARTIN ROTH: Kirchliche Trauerbegleitung in der Perspektive der neuen Trauerforschung, in: Wege zum Menschen. Zeitschrift für Seelsorge und Beratung, heilendes und soziales Handeln 66/3 (2014), S. 289–305.

BAIERLEIN, UTE / KUMHER, ULRICH: Art. Schulseelsorge / Schulpastoral, in: Wissenschaftlich-Religionspädagogisches Lexikon, https://www.bibelwissenschaft.de/de/wirelex/das-wissenschaftlich-religionspaedagogische-lexikon/lexikon/sachwort/anzeigen/details/schulseelsorgeschulpastoral/ch/157f29cee8bbad8626e86689838f221b/ (zuletzt geprüft am 20.06.2019).

Eintrag zu: Trauer, die, http://www.duden.de/rechtschreibung/Trauer (zuletzt geprüft am 20.06.2019).

Eintrag zu: Resilienz, die, http://www.duden.de/rechtschreibung/Resilienz (zuletzt geprüft am 20.06.2019).

Liste von Aktivitäten der „Kirche im Lebensraum Schule", https://www.elkb-lebensraum-schule.de/aktivitaeten.html (zuletzt geprüft am 12.08.2019).

Schulpastoral und Schulseelsorge am Gymnasium Kirchheim, https://gymnasium-kirchheim.de/schulpastoral-und-schulseelsorge.html (zuletzt geprüft am 20.06.2019).

Art. 141 der Weimarer Verfassung, https://www.gesetze-im-internet.de/wrv/art_141.html (zuletzt geprüft am 20.06.2019).

Lehrpläne für Evangelische Religionslehre in den verschiedenen Schularten, https://www.lehrplanplus.bayern.de/ (zuletzt geprüft am 09.08.2016).

Arbeitsbereich Schulseelsorge, https://www.rpz-heilsbronn.de/arbeitsbereiche/schulseelsorge-notfallseelsorge-in-schulen/ (zuletzt geprüft am 12.08.2019).

„Den Glauben der anderen besser kennen lernen"

Zugänge zu religiöser Pluralität in ausgewählten Kindermedien

Verena Marie Eberhardt

Das Themenfeld Religion hat sich in deutschsprachigen Kindermedien als Aushandlungsort gesellschaftspolitischer Fragestellungen etabliert. Migration, Pluralität und Zugehörigkeit prägen die Repräsentation religionsbezogener Inhalte. Mit dem Anspruch, Wissen zu vermitteln und Werte zu kommunizieren, partizipieren mediale Produktionen für Kinder vermehrt an aktuellen Diskursen um Religion und religiöse Pluralität. Der katholische Religionspädagoge Georg Langenhorst argumentiert, dass sich die Kinder- und Jugendliteratur aufgrund eines *religious turn* seit etwa 2008 religiösen Fragestellungen zugewandt hat, er erklärt die vermehrte Medienproduktion als Versuch, dem Verlust religiöser Traditionen entgegenzuwirken.[1] Auch der evangelische Theologe Folkart Wittekind deutet die Zunahme informierender Literatur als Beleg dafür, dass das Vorkommen von Religion im Leben der Kinder abgenommen habe und dass die Kenntnis über Religion durch Wissen vermittelt werden müsse.[2] Während traditionelle Felder wie die Familie oder religiöse Institutionen marginalisierte Funktionen für religiöse Sozialisationsprozesse annehmen, steigt die Bedeutung medialer Produktionen für die religiöse Sozialisierung junger Menschen.[3] Kollektives Wissen, Praktiken und Gesellschaftsbilder werden durch Medien reflektiert, stereotypisiert und transformiert. Medien, die intendiert für Kinder produziert werden, zeichnen sich durch normative Konzepte aus. Sie verhandeln sowohl Werte, verstanden als Leitvorstellung, auf die der Mensch sein Denken und Handeln ausrichten kann oder sollte, als auch Normen, die durch Regeln und Vorschriften konkrete Verhaltensanforderun-

---

[1] Vgl. GEORG LANGENHORST: „Was wenn Gott einer, keiner oder viele ist?" Religion in der aktuellen Kinder- und Jugendliteratur, in: Kinder-/Jugendliteratur und Medien in Forschung, Schule und Bibliothek 4 (2017), S. 3–9, hier: 7.

[2] Vgl. FOLKART WITTEKIND: Religion im Kinder- und Jugendbuch, in: Kinder-/Jugendliteratur und Medien in Forschung, Schule und Bibliothek 1 (2009), S. 11–19, hier: 12.

[3] Vgl. MIA LÖVHEIM: Religious Socialization in a Media Age, in: Nordic Journal of Religion and Society, hg. von INGER FURSETH / PÅL REPSTAD, Trondheim 2012, S. 151–168, hier: 151.

gen stellen.⁴ Die vermittelten Werte und Normen tragen zur Festigung nationaler, sozialer und geschlechtsbezogener Identität bei.⁵

Mit diesem Beitrag wird das Forschungsfeld um eine religionswissenschaftliche Perspektive erweitert, die Religion als theoretisches, mediales und gesellschaftliches Konzept erfasst.⁶ Anhand der Analyse des Kinderbuches *Unsere Religionen* und des zugehörigen gleichnamigen Hörspiels, die 2003 und in einer Neuauflage 2014 unter dem Titel *Religionen der Welt* im Ravensburger Verlag erschienen sind, untersuche ich exemplarisch, wie religiöse Pluralität narrativ und ästhetisch in medialen Produktionen für Kinder repräsentiert wird. Folgende Leitfragen führen durch die Bearbeitung des Materials: Wie wird religiöse Pluralität präsentiert und organisiert? Aus welcher Perspektive werden Religionen verhandelt? Welche Rolle wird Religion in der Gesellschaft zugeschrieben? Die Analyse geht zudem der Frage nach, welche normativen Konzepte mit der Repräsentation religiöser Akteurinnen und Akteure, Traditionen und Handlungen diskursiv hervorgebracht werden. Für den theoretischen Rahmen ist es zunächst wesentlich, Religion und religiöse Pluralität als Begriffe zu konzeptualisieren sowie Identitäts- und Differenzprozesse zu skizzieren.

1 Religion und religiöse Pluralität

Religiöse Kommunikation erfolgt nicht nur innerhalb religiöser Organisationen, sondern auch in medialen Formen in der Öffentlichkeit. Repräsentationen, Identitäten, Werte und Normen werden in kommunikativen Aushandlungsprozessen konstituiert, tradiert und transformiert.⁷ Die Analyse der Repräsentation religiöser Akteurinnen und Akteure, Traditionen und Handlungen gründet auf der theoretischen Annahme, dass Religion als Teil von Kultur zu verstehen ist. Der britisch-jamaikanische Soziologe Stuart Hall entwickelte mit dem *Circuit of Culture* (Abb. 1) ein Modell, mit dem Aspekte der kulturellen Produktion von Bedeutungen erfasst werden können:

> „Our ‚circuit of culture' suggests that, in fact, meanings are produced at several different sites and circulated through several different processes or practices (the cultural circuit). Meaning is what gives us a sense of our own identity, of who we are

---

[4] Vgl. Jens Schlieter: Religion, Religionswissenschaft und Normativität, in: Religionswissenschaft, hg. von Michael Stausberg, Berlin / Boston 2012, S. 227–240, hier: 228.

[5] Vgl. Martina Winkler: Kindheitsgeschichte. Eine Einführung, Göttingen 2017, S. 156.

[6] Im Kontext der Religionsforschung wurde die Bedeutung medialer Produktionen für Kinder in der theologisch ausgerichteten Religionspädagogik erkannt, während in der Religionswissenschaft die systematische Auseinandersetzung mit Medien für Kinder bis heute vernachlässigt wird.

[7] Vgl. Stig Hjarvard: The mediatisation of religion: Theorising religion, media and social change, in: Culture and Religion. An Interdisciplinary Journal, 2 (2011), S. 119–135.

and with whom we ‚belong' – so it is tied up with questions of how culture is used to mark out and maintain identity within and difference between groups."[8]

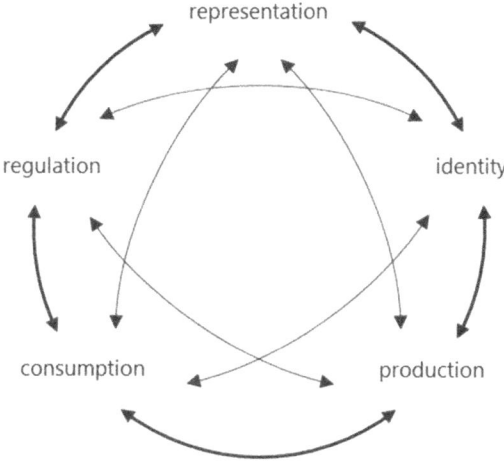

Abb. 1: Der „Circuit of Culture" nach Stuart Hall/Paul Du Gay 2013, xvii.

Um sowohl die performativen Dimensionen als auch den Verweischarakter religiöser Phänomene in einem Konzept von Religion berücksichtigen zu können, wird Religion im Rahmen des Aufsatzes als Symbolsystem verstanden, das sich als Dimension von Kultur durch die Repräsentation und Zirkulation religiöser Verweise in Bezug auf Sprache, Bilder und Praktiken auszeichnet:[9]

> „Religionen sind keine starren ‚Objekte' mit unveränderlichen Eigenschaften. Vielmehr handelt es sich – ähnlich wie bei Sprachen – um hochgradig flexible Zeichen- oder Symbolsysteme. Gegenüber anderen Symbolsystemen unterscheiden sich Religionen [...] durch den Verweis auf eine ‚andere Ebene' (Transzendenz). [...] Religiöse Symbolsysteme werden von Individuen und Gruppen verwendet, um Realität (und transzendente Realität) in einem ständig ablaufenden Prozess zu konstruieren."[10]

---

[8] STUART HALL: Introduction, in: Representation, hg. von STUART HALL / JESSICA EVANS / SEAN NIXON, London / Thousand Oakes / New Delhi 2013, S. xvii–xxvi, hier: xix.

[9] Vgl. FRITZ STOLZ: Religiöse Symbole in religionswissenschaftlicher Rekonstruktion, in: Religion und Rekonstruktion. Ausgewählte Aufsätze, hg. von DARIA PEZZOLI-OLGIATI, Göttingen 2004, S. 62–83, hier: 70.

[10] JÖRG STOLZ / MARTIN BAUMANN: Religiöse Vielfalt. Kulturelle, soziale und individuelle Formen, in: Eine Schweiz – viele Religionen. Risiken und Chancen des Zusammenlebens, hg. von JÖRG STOLZ / MARTIN BAUMANN, Bielefeld 2007, S. 21–38, hier: 23.

Mit dieser kommunikationstheoretischen Bestimmung von Religion werden Weltanschauungen, Gemeinschaften, Institutionen, Traditionen und Normen als diskursive Aushandlungsprozesse symbolischer Bedeutungen erfasst. Die Konstitution des Begriffes *religiöse Pluralität* erfolgt durch die Generalisierung repräsentierter Akteurinnen und Akteure, Traditionen und Handlungen. Religiöse Pluralität als gesellschaftliches Phänomen ist in Anbetracht der europäischen Religionsgeschichte keine neue Erscheinung.[11] Sie existiert auf der soziokulturellen sowie auf der individuellen Ebene, der Terminus bezeichnet sowohl Unterschiede zwischen verschiedenen Religionen oder religiösen Symbolsystemen hinsichtlich Riten, Glaubensüberzeugungen, Mythen, Botschaften und angestrebten Zielzuständen als auch religionsinterne Vielfalt.[12] Religionen sind insofern vielfältig, als Mehrheits- und Minderheitsverhältnisse oft wichtige soziale Effekte erzeugen.[13] Mit Blick auf Ethnizität – einem Gemeinschaftsgefühl aufgrund imaginierter gemeinsamer Abstammung, Sprache, Kultur und regionaler Herkunft – sowie auf die geografische Verteilung religiöser Gemeinschaften wird deutlich, dass sich religiöse Pluralität nicht nur auf kultureller Ebene ausdrückt, sondern in sozialen Gefügen erkennbar wird. Während sich die kulturelle und soziale Komponente auf Kollektive beziehen, betont die individuelle Ebene, dass Pluralität nicht nur zwischen und innerhalb von Symbolsystemen und Gruppen besteht, sondern auch das Individuum mit seiner Entscheidungsfreiheit, eine oder keine Religion zu wählen, miteinbezieht.[14]

Die Koexistenz und Interaktion verschiedener religiöser Symbolsysteme, die sich durch Legitimationsansprüche, divergierende Weltanschauungen und unterschiedliche Praktiken auszeichnen, wird – zum einen hinsichtlich religiöser Symbolsysteme untereinander, zum anderen in Bezug auf säkulare Konzepte – häufig als Konfliktpotenzial diskutiert.[15] Der Religionswissenschaftler Jens Schlieter konstatiert die normativen Einflüsse religiöser Gemeinschaften wie folgt:

> „Religionen legitimieren nicht nur konkretes Verhalten, sondern ebenso Auffassungen über die Wirklichkeit, über Mensch und Natur, Herrschaftsordnungen und Wirtschaftssysteme. Auch heute, im Zeitalter der Globalisierung, nehmen Religionen normativ Einfluss auf die Gestaltung der jeweiligen Moderne. Gerade dieser

---

[11] Vgl. HANS KIPPENBERG / KOCKU VON STUCKRAD: Einführung in die Religionswissenschaft. Gegenstände und Begriffe, München 2003, S. 131.
[12] Vgl. STOLZ / BAUMANN, Religiöse Vielfalt, 2007, S. 28.
[13] Vgl. a. a. O., S. 30.
[14] Vgl. STOLZ / BAUMANN, Religiöse Vielfalt, 2007, S. 35.
[15] Vgl. CHRISTIAN POLKE: Rechtspluralismus. Ein Weg zur Integration religiöser Pluralität? in: Integration religiöser Pluralität. Philosophische und theologische Beiträge zum Religionsverständnis in der Moderne, hg. von HANS-PETER GROSSHANS / MALTE DOMINIK KRÜGER, Leipzig 2010, S. 57–75, hier: 67.

normative Anspruch religiöser Akteure ist es, der in modernen Gesellschaften zahlreiche Konflikte erzeugt."[16]

In öffentlich-medialen Bereichen wird deutlich, dass religiöse Zugehörigkeit in der Konstruktion von Differenz zwischen Individuen oder Gruppen hochgradig relevant ist. An diese These anknüpfend soll im Folgenden durch die Analyse der Repräsentation religiöser Symbolsysteme untersucht werden, wie Diversität und Fremdheit konstruiert und welche normativen Konzepte in der Konstruktion religiöser Pluralität verhandelt werden.

2 Identität und Alterität

Repräsentationen religiöser Akteurinnen, Akteure und Gemeinschaften sind eng mit Identitätskonzepten und Aushandlungsprozessen zwischen Zugehörigkeit und Abgrenzung verbunden. Sowohl persönliche Identität – verstanden als relationale, interdependente Konstruktionen und Revisionen von Selbst- und Fremdbildern[17] – als auch kollektive Identitäten können eng mit Religion verknüpft sein. Ein Kollektiv ist „eine aufgrund von geteilten Bedeutungszuschreibungen bestehende und agierende Gruppe von Menschen. Kollektive sind dementsprechend keine fixen, statischen Entitäten, sondern historischen Veränderungen unterworfen, die mit der Anpassung von Vorstellungen und Erwartungen einhergehen."[18] Kollektive Identitäten sind Prozesse zur Bildung von Gemeinschaften, sie sind dynamisch, bedürfen der Binnenstärkung durch geteilte Bedeutungen und Praktiken sowie der Konstruktion einer kollektiven Alterität.[19] Diese Grenzziehungen – *boundaries* – von Innen- und Außenraum basieren auf einer gemeinsamen Vergangenheit, werden aber auch symbolisch durch Differenzkonstruktionen auf Basis religiöser Zugehörigkeiten erweitert[20]:

„Auf der einen Seite müssen sich Individuen bewusst von anderen unterscheiden wollen. Dies tun sie, indem sie Merkmale mobilisieren, die ihre Gleichheit und ihre

---

[16] SCHLIETER: Religion, Religionswissenschaft und Normativität, 2012, S. 227.

[17] Vgl. STEFAN GLOMB: Identität, persönliche, in: Metzler Lexikon Literatur- und Kulturtheorie. Ansätze – Personen – Grundbegriffe, hg. von ANSGAR NÜNNING, Stuttgart / Weimar 2008, S. 306–307.

[18] NATALIE FRITZ / ANNA-KATHARINA HÖPFLINGER / STEFANIE KNAUß / MARIE-THERESE MÄDER / DARIA PEZZOLI-OLGIATI: Sichtbare Religion. Eine Einführung in die Religionswissenschaft, Berlin / Boston 2018, S. 161.

[19] Vgl. ANNEGRETH HORATSCHEK: Identität, kollektive, in: Metzler Lexikon Literatur- und Kulturtheorie. Ansätze – Personen – Grundbegriffe, hg. von ANSGAR NÜNNING, Stuttgart / Weimar 2008, S. 305.

[20] Der Begriff *boundary work* wurde maßgeblich durch die kanadisch-US-amerikanische Soziologin Michèle Lamont geprägt. Siehe bspw. MICHÈLE LAMONT: Cultivating differences. Symbolic boundaries and the making of inequality, Chicago 1992.

geteilte Zugehörigkeit innerhalb der *ingroup* betonen. Eine solche Vergemeinschaftung kann als Form sozialer Schliessung verstanden werden, da Mitgliedschaft und Zugang klar definiert werden. Die Herausbildung beispielsweise von religiösen „Wir-Gruppen" bringt unweigerlich immer auch „Sie-Gruppen" hervor, da Gemeinsamkeiten nicht nur durch Teilnahme im Inneren, sondern auch durch Barrieren gegen aussen hergestellt werden."[21]

Die Konstruktion religiöser Pluralität beruht auf der Repräsentation als eigen und fremd wahrgenommener Kollektive sowie der normativen Regulierung von deren Verhältnis. Konzepte von *eigen* und *fremd* sind narrative und ikonografische Konstrukte, die sich in Beschreibungen, Bewertungen und Klassifizierungen von Individuen und Gruppen manifestieren.[22] Identitätsprozesse spielen im Kontext religiöser Pluralität insofern eine bedeutende Rolle, als plurale Weltanschauungen eng mit Fragen nach Zugehörigkeiten zu Gruppen verwoben sind.

3 Methodische Vorgehensweise

Um die Darstellung von Religion mit Identitätsprozessen und normativen Aspekten zu verknüpfen, fokussiert die Analyse des zu untersuchenden Sachbuches und des Hörspiels auf die Bereiche Repräsentation, Produktion und Identität in Stuart Halls Modell des *Circuit of Culture*. Die Untersuchung der Repräsentation religiöser Motive und Symbolsysteme sowie die Eruierung der Produktionskontexte sind beiden Quellen gemein. Die Fokussierung auf Produktionskontexte ist insofern wichtig, als sich die Medienschaffenden aktiv in einen Diskurs um Gesellschaft, Religion und Erziehung einschreiben. Die Analyse orientiert sich an der Repräsentation semantischer Verweise auf Religionen. Der Fokus liegt sowohl auf narrativen als auch auf ästhetischen Strategien, im Mittelpunkt stehen Figuren sowie Raum- und Zeitdimensionen der Narration. In diesem Schritt werden Prozesse der Zugehörigkeit und Abgrenzung erörtert und konstituierte Kollektive dekonstruiert. Die Analyse der Bilder und Illustrationen fokussiert darauf, welche Objekte und Personen dargestellt werden, wie die planimetrischen Verhältnisse gestaltet sind und welche Farben verwendet

---

[21] JANINE DAHINDEN / JOËLLE MORET / KERSTIN DUEMMLER: Die Herstellung sozialer Differenz unter der Bedingung von Transnationalisierung. Religion, Islam und boundary work unter Jugendlichen, in: Jugend, Migration und Religion. Interdisziplinäre Perspektiven, hg. von BIRGIT ALLENBACH / URMILA GOEL / MERLE HUMMRICH / CORDULA WEISSKÖPPEL, Zürich 2011, S. 225–248, hier: 228.

[22] Vgl. KERSTIN GERNIG: Einleitung. Zwischen Sympathie und Idiosynkrasie. Zur Wahrnehmung des anderen Körpers in kulturanthropologischer Perspektive, in: Fremde Körper. Zur Konstruktion des Anderen in europäischen Diskursen, hg. von KERSTIN GERNIG, Berlin 2001, S. 13–29, hier: 19.

werden.[23] Da sich Medien, die intendiert für Kinder produziert werden, häufig durch eine Kombination aus Text und Bild auszeichnen, wird das Verhältnis beider Elemente untersucht. Der Fokus der Analyse des Hörspiels liegt auf den Figuren- sowie auf Raum- und Zeitkonstellationen, die Untersuchung der dramaturgischen Gestaltung umfasst Stimmen, Musik und Geräusche.

4 Kindersachbuch und Hörspiel: Quellen

Das Kindersachbuch *Unsere Religionen* (Abb. 2) von Angela Weinhold wurde 2003 und mit einer neuen Covergestaltung 2014 in der zweiten Auflage unter dem Titel *Religionen der Welt* (Abb. 3) in der Reihe *Wieso? Weshalb? Warum?* im Ravensburger Buchverlag veröffentlicht. Das aufklappbare Spielbilderbuch richtet sich in der Ausgabe aus dem Jahr 2003 an Kinder ab dem Kindergartenalter, in der zweiten Auflage aus dem Jahr 2014 werden Kinder im Alter von vier bis sieben Jahren als Zielgruppe angegeben.

Abb. 2: Angela Weinhold: Unsere Religionen (Wieso, Weshalb, Warum 23), Ravensburg 2003.

Abb. 3: Angela Weinhold: Religionen der Welt (Wieso, Weshalb, Warum 23), Ravensburg 2014.

Die Absicht der Wissensvermittlung und der pädagogische Anspruch, Werte zu kommunizieren, werden bereits durch die Angaben auf dem hinteren Buchdeckel deutlich:

---

[23] Die Analyse der planimetrischen Komposition beschreibt das Verhältnis und die Aufteilung der Bildflächen hinsichtlich Linien und Formen.

"Kinder haben tausend Fragen: Wieso glauben wir an Gott? Weshalb gibt es verschiedene Religionen? Warum streiten wir uns, welcher Glaube der richtige ist? Jedes Volk hat seine eigene Geschichte, Sprache und seinen eigenen Glauben. Die Religionen der Welt sind wie die Völker: verschieden und doch sehr ähnlich. Meistens bestimmt unsere Herkunft auch unseren Glauben. Wo wir hineingeboren werden, kann sich keiner aussuchen. In diesem Buch stellen wir euch fünf Weltreligionen vor: Christentum, Islam, Hinduismus, Buddhismus und Judentum. Da gibt es vieles zu entdecken – Bekanntes und auch viel Neues. Das Wichtigste ist, dass wir den Glauben der anderen besser kennen lernen, denn erst, wenn wir die anderen Religionen kennen, achten und anerkennen, können wir gemeinsam eine friedliche Welt bauen!"[24]

Die Inhalte des Sachbuches wurden in adaptierter Form auch in einem Hörspiel publiziert. Laut Cover-Beschreibung stellen Kinder „ihre Religionen vor und erzählen, wie sie feiern, beten und ihren Glauben leben. Zusammen lernen sie Gemeinsamkeiten und Unterschiede ihrer Religionen kennen und laden die Hörer zu einem großen Friedensfest ein."[25] Auf der Rückseite des Covers wird darüber informiert, dass das Hörspiel von – nicht näher benannten – Religionsexperten geprüft sei. Text, Konzept und Illustrationen des Buches sowie des Hörspiels stammen von Angela Weinhold, die als Autorin und Illustratorin von Kinder-, Schul- und Jugendbüchern arbeitet.[26] Das Werk der Autorin umfasst neben der Ausgabe *Unsere Religionen* in der gleichen Reihe erschienene Kindersachbücher mit Titeln wie *Wir erforschen die Dinosaurier*, *Kinder dieser Welt*, *Wir entdecken den Wald* oder *Pass auf im Straßenverkehr*. Die Reihe *Wieso? Weshalb? Warum?* intendiert nach Angabe des Verlags die Beantwortung von Kinderfragen auf Augenhöhe, die spielerische Vermittlung von Wissen sowie Spaß am selbstständigen Entdecken.[27]

Das Kindersachbuch *Unsere Religionen* präsentiert auf neun Doppelseiten historische Entwicklungen, Traditionen, Rituale und Praktiken, materielle Repräsentationen sowie normative Positionen mit Fokus auf Hinduismus, Buddhismus, Judentum, Christentum und Islam. Die Vertiefung einzelner religiöser Traditionen wird durch plurale Perspektiven hinsichtlich der Funktion von Religion auf der ersten sowie diversen Gebetspraktiken und Festen auf den letzten drei Doppelseiten gerahmt. In der Kombination aus Texten und großformatigen Bildern vermittelt das Sachbuch Wissen über und Repräsentationen von Religionen auf faktualer und fiktionaler Ebene. Auf jeder Doppelseite werden unterschiedliche Dimensionen religiöser Symbolsysteme fokussiert.

---

[24] WEINHOLD, Unsere Religionen, 2003.
[25] Ebd.
[26] Vgl. o. A.: Ravensburger Autor/Illustrator: Angela Weinhold, https://www.ravensburger.de/produkte/kinderbuecher/wieso-weshalb-warum/religionen-der-welt-32895/authorDetail.form?authorId=2082 (zuletzt geprüft am 21.03.2019).
[27] Vgl. o. A.: Wieso? Weshalb? Warum? Die Nr. 1 im Kindersachbuch https://www.ravensburger.de/entdecken/ravensburger-marken/wieso-weshalb-warum/index.html (zuletzt geprüft am 21.03.2019).

Im Gegensatz dazu treten im zugehörigen gleichnamigen Hörspiel sieben Figuren auf, die je verschiedene religiöse Traditionen repräsentieren. Im Verlauf der Erzählung, die im dramatischen Modus ohne erzählerische Vermittlungsinstanz erscheint, lernen sich die Figuren kennen, tauschen sich über Glaubensinhalte und Praktiken aus und feiern abschließend ein gemeinsames Fest. Das Hörspiel, das 77:24 Minuten umfasst, besteht aus der Kombination aus Sprechstimmen, Instrumentalmusik, Gesang und Geräuschen. Während das Sachbuch auf der textuellen und visuellen Ebene sowohl auf Erwachsene als auch auf Kinder fokussiert, sind im Hörspiel sechs kindliche und eine erwachsene Stimme wahrnehmbar. Die Rollenverteilung der Figuren ist asymmetrisch: Je ein Kind wird als jüdisch, buddhistisch, hinduistisch und muslimisch bezeichnet, zwei Kinder sind christlich – katholisch und evangelisch – ebenso wie die erwachsene Figur, wobei sich deren Konfession nicht aus dem Hörspiel erschließen lässt. Inwiefern diese Asymmetrie die Wahrnehmung der Repräsentation religiöser Pluralität beeinflusst, wird im Folgenden diskutiert.

5 Repräsentationen religiöser Pluralität

Die Analyse der Perspektiven und Sprecherpositionen ermöglicht Reflexionen über Konstruktionen von Identität und Alterität. Grenzziehungen erfolgen auf der sprachlichen und visuellen Ebene durch Fokussierungen. Zu Beginn des Hörspiels tauschen sich die drei Figuren Robert, Maja und Jonas über den zuvor besuchten evangelischen Gottesdienst aus.[28] Maja und Jonas nehmen die Rolle der unwissenden Kinder ein, die aus christlicher Sichtweise andere Religionen aktiv kennenlernen möchten. Sowohl im Sachbuch als auch im Hörspiel wird diese christliche Grundperspektive deutlich. Der Begriff *Christentum* wird auf Basis einer ökumenischen Verbundenheit konstruiert, die Jesus als historische Figur, die Bibel und die sowohl in der evangelischen als auch der römisch-katholischen Kirche geteilten Sakramente der Taufe und des Abendmahls beziehungsweise der Eucharistie umfasst. Während die als hinduistisch, buddhistisch, jüdisch und muslimisch konzeptualisierten Figuren erst im Verlauf der Erzählung auftreten, führen Robert – der die Rolle des erwachsenen Mannes einnimmt –, Maja und Jonas von Beginn an durch das Hörspiel. Die Zielgruppe der Vier- bis Siebenjährigen kann sich insofern mit beiden Kinderfiguren identifizieren, als sie über wenig Wissen hinsichtlich fremder, aber auch eigener Traditionen verfügen. Robert erklärt sowohl die als eigen als auch die als fremd wahrgenommen Traditionen und Praktiken. Durch diese Konzeption der Wis-

---

[28] ANGELA WEINHOLD: Unsere Religionen (Wieso, Weshalb, Warum 23), Hörspiel, Hamburg 2003, Track 2, 00:00:14.

sensvermittlung reproduziert das Hörspiel Ungleichheits- und Machtverhältnisse zwischen Kindern und Erwachsenen:[29]

> Maja: „Ich bin evangelisch, da muss ich noch ein paar Jahre warten, dann habe ich Konfira- Wie heißt das noch, Robert?"
> Robert: „Konfirmation. Nach der Konfirmation oder Kommunion seid ihr für die christliche Kirche auch praktisch erwachsen."[30]

Die Grundperspektive wird auch im Sachbuch deutlich: Die Entstehung der Welt wird auf der ersten Doppelseite – trotz Verweis auf andere Schöpfungsmythen – auf der visuellen und textuellen Ebene in Anlehnung an Genesis 1–2 dargestellt (Abb. 4): „Die Bibel, das heilige Buch der Juden und Christen, erzählt, dass Gott die Welt in sechs Tagen erschaffen hat."[31]

Abb. 4: Visuelle Darstellung der Schöpfungsgeschichte in Gen 1–2. Angela Weinhold: Unsere Religionen (Wieso, Weshalb, Warum 23), Ravensburg 2003.

Diese Position wird auch dadurch verstärkt, dass im Glossar auf der letzten Seite des Buches die Begriffe „Koran" und „Thora" lediglich ins Deutsche über-

---

[29] Vgl. dazu: PETER GANSEN: Kindheitsforschung in kulturwissenschaftlicher Sicht, in: Lernen und Kultur. Kulturwissenschaftliche Perspektiven in den Bildungswissenschaften, hg. von OLAF HARTUNG / IVO STEINIGER / MATTHIAS C. FINK / PETER GANSEN / ROBERTO PRIORE, Wiesbaden 2010, S. 179–191, hier: 182.
[30] WEINHOLD, Unsere Religionen, Hörspiel, 2003, Track 7, 00:01:01. Roberts Aussage ist insofern unzutreffend, als mit dem Sakrament der Firmung die Initiationssakramente der katholischen Kirche vollendet werden, nicht mit der Erstkommunion.
[31] WEINHOLD, Unsere Religionen, 2003.

setzt werden, während der Eintrag „Bibel"[32] mehrere Zeilen mit einer historischen Einordnung und Erklärung der Kanonisierung umfasst. Der Begriff *Religion* wird in beiden Quellen synonym zu *Glaube* verwendet und – in Analogie zur Sprache – als grundlegende Konstituente menschlichen Daseins präsentiert. Religion zeichnet sich laut Sachbuch durch funktionalistische Ansätze hinsichtlich gesellschaftlicher Kohäsion, Orientierung im Alltag und normativer Ordnungsstrukturen aus:

> „Die meisten Menschen finden es schön, einen Glauben zu haben. Ihre Religion ist wie eine große Familie für sie. Sie fühlen sich darin geborgen, finden Trost und Rat und sie hilft ihnen, sich im Alltag zurechtzufinden. Der gemeinsame Glaube verbindet Menschen, manchmal sogar über Ländergrenzen und Kontinente hinweg. Religionen funktionieren ein bisschen so wie Verkehrsregeln. Sie sagen den Menschen, wie sie leben sollen, damit ihr Leben und das Zusammenleben mit anderen besser gelingt."[33]

Beide Quellen positionieren sich gegenüber nicht-religiösen Weltdeutungen und atheistischen Ansichten, ohne diese jedoch näher zu erläutern. Sie sprechen sich in einer ersten Unterscheidung zwischen religiösen und nicht-religiösen Positionen für religiös begründete Weltdeutungen aus und präsentieren den gemeinsamen Glauben als Positivum. Auf die Frage, ob es auch Menschen gebe, die an nichts glauben, antwortet die erwachsene Figur im Hörspiel: „Natürlich gibt es auch Menschen, die nicht glauben wollen oder können. Das bleibt jedem Menschen selbst überlassen. Die meisten Menschen finden es aber schön, einen Glauben zu haben, ihre Religion ist wie eine große Familie für sie."[34] Religiöse Pluralität bearbeiten beide Quellen entlang des Konzeptes der *Weltreligionen*[35]: „Die fünf größten Religionen mit den meisten Anhängern nennt man Weltreligionen, weil sie sich vom Ort ihrer Entstehung schon vor langer Zeit über die ganze Welt ausgebreitet haben. Dazu gehören das Christentum, der Islam, der Hinduismus, der Buddhismus und das Judentum."[36] Das Buch verweist im Text auf eine Vielzahl anderer Religionen und auf Vielfalt innerhalb religiöser Symbolsysteme. Auf der visuellen Ebene wird die Aussage insofern illustriert, als sieben Figuren vor einer Weltkugel abgebildet werden (Abb. 5).

---

[32] WEINHOLD, Unsere Religionen, 2003.
[33] Ebd.
[34] WEINHOLD, Unsere Religionen, Hörspiel, 2003, Track 2, 00:03:11.
[35] Die Religionswissenschaftlerin Tomoko Masuzawa problematisiert den Begriff *Weltreligionen* hinsichtlich der Einteilung religiöser Traditionen in Klassifikationssysteme, die den Westen vom Rest unterscheidet und dadurch eine einfache Sprache von *Ost* und *West* nahelegt, ohne die komplexen Wechselwirkungen religiöser Gemeinschaften zu berücksichtigen. Siehe dazu: TOMOKO MASUZAWA: The Invention of World Religions. Or, How European Universalism Was Preserved in the Language of Pluralism, Chicago 2005.
[36] WEINHOLD, Unsere Religionen, 2003.

Abb. 5: Visuelle Darstellung religiöser Pluralität. Angela Weinhold: Unsere Religionen (Wieso, Weshalb, Warum 23), Ravensburg 2003.

Die Figuren – überwiegend ältere Männer – werden in der Ausführung religiöser Praktiken gezeigt, Differenz wird über Hautfarbe, Kleidung und Kopfbedeckungen verdeutlicht. Durch Schilder mit der Beschriftung *Shintoismus, Baha'ismus, Taoismus, Parsismus, Sikhismus, Konfuzianismus, Jainismus* und dem pejorativen Konzept *Naturreligionen* werden die Figuren als diversen religiösen Gruppen zugehörig markiert. Religion wird zum einen zur Kategorie der Homogenisierung nach innen, zum anderen aber auch das konstitutive Merkmal in der Abgrenzung nach außen. Die Repräsentation religiöser Pluralität erfolgt in Sachbuch und Hörspiel durch die Aushandlung von Differenz und Zugehörigkeit hinsichtlich Weltanschauungen, historischer Entwicklungen, Traditionen, Ritualen und Praktiken, materieller Repräsentationen sowie normativer Positionen. Die changierenden Wechselwirkungen zwischen Differenz und Zugehörigkeit werden bereits zu Beginn des Sachbuches und des Hörspiels verhandelt. Die Öffnung hin zu religiöser Pluralität erfolgt durch die Markierung von Differenz: „Ja, es gibt auch Dinge, die uns unterscheiden. Alle Völker der Welt leben ganz verschieden und jedes Volk hat seine eigene Sprache und seine eigene Religion."[37] Die zu Beginn des Hörspiels erfolgte Grenzziehung zwischen katholischem und evangelischem Christentum auf Basis des Gottesdienstes wird insofern relativiert, als die erwachsene Figur äußert: „Wir waren gerade in der evangelischen Kirche, der Gottesdienst ist etwas anders als in der katholischen Kirche, aber so groß ist der Unterschied zwischen evangelisch und katholisch gar nicht, denn wir sind alle Christen, das ist unsere gemeinsa-

---

[37] WEINHOLD, Unsere Religionen, Hörspiel, 2003, Track 2, 00:04:24.

me Religion."³⁸ Diese Verschiebung zwischen Innen- und Außengrenze wird auch in der Abgrenzung von mono- zu polytheistischen Religionen deutlich: „Für Christen, Juden und Muslime gibt es nur einen Gott, für Hindus dagegen gibt es mehrere. [...] Allah heißt auf Arabisch Gott, es ist derselbe Gott, an den ihr und die Juden auch glaubt."³⁹ Vergleiche zwischen Religionen werden sowohl im Hörspiel als auch im Sachbuch vom Eigenen ausgehend auf das Fremde gezogen. So werden die Fenster der Synagoge mit Kirchenfenstern verglichen,⁴⁰ der Sabbat in Analogie zum christlichen Sonntag erklärt⁴¹ und die Wichtigkeit des muslimischen Opferfestes mit der des christlichen Weihnachtsfestes gleichgesetzt.⁴² Identität und Zugehörigkeit wird dabei durch die Verwendung der Pronomen *wir* und *ihr* deutlich: „Im Tempel beten wir auch. Das ist so was wie eure Kirche."⁴³ Das Eigene wird gleichermaßen als deutsch wie christlich repräsentiert, während sich das Fremde auf nicht-christliche Religionen und Länder wie Indien, Sri Lanka und die Türkei bezieht. Auch in Bezug auf Sprache wird diese Differenz im Hörspiel verstärkt; alle Figuren sprechen Deutsch, die als ‚anders' markierten Kinder verwenden jedoch einzelne Phrasen und Begriffe aus anderen Sprachen. Die Kinder, die das Eigene repräsentieren, reagieren auf die Verwendung ihnen fremder Sprachen mit Unwissenheit oder Belustigung:

> Aaron: „Shalom!"
> Maja: „Was hat er gesagt?"
> Robert: „Shalom, das heißt Frieden und ist ein jüdischer Gruß. Shalom!"
> Jonas, Maja: „Shalom."⁴⁴
> [...]
> Metin: „Hallo Robert, kommt doch rein. Salam alaikum."
> Jonas: „Simsalabim, ist das türkisch?"
> Metin: „Nicht Simsalabim, sondern salam alaikum, das ist Arabisch, es heißt ‚Friede sei mit euch', so begrüßen wir uns."
> Maja: „Salam alaikum Metin."
> Jonas: „Salam alaikum, auf Hebräisch heißt das doch so ähnlich. Was hat Aaron noch gesagt?"⁴⁵

Differenz wird nicht nur auf der Ebene der Sprache, sondern auch hinsichtlich der visuellen und textuellen Repräsentation von Körper, Gender und Kleidung markiert. Sowohl der „rote Fleck"⁴⁶ auf der Stirn des hinduistischen Mädchens,

---

[38] WEINHOLD, Unsere Religionen, Hörspiel, 2003, Track 2, 00:00:50.
[39] A. a. O., Track 8, 00:02:14.
[40] A. a. O., Track 6, 00:00:10.
[41] A. a. O., Track 6, 00:05:59.
[42] WEINHOLD, Unsere Religionen, 2003.
[43] WEINHOLD, Unsere Religionen, Hörspiel, 2003, Track 4, 00:01:43.
[44] A. a. O., Track 6, 00:01:22.
[45] A. A. O., Track 8, 00:00:16.
[46] A. a. O., Track 4, 00:01:08.

das orangefarbene Gewand des buddhistischen Mönchs, als auch die „lustige runde Kappe auf dem Kopf"[47] des jüdischen Jungen werden zu Merkmalen religiöser Differenz. Die binäre Unterscheidung zwischen Mann und Frau und damit verbundenen Rechten und Pflichten wird insbesondere hinsichtlich jüdischer und muslimischer Traditionen thematisiert. Im Sachbuch wird darauf verwiesen, dass es „in einigen islamischen Ländern [...] für Frauen Pflicht [sei], den Kopf und manchmal sogar den ganzen Körper zu verhüllen."[48] Positionen zur körperlichen Integrität durch Beschneidungen bei jüdischen und muslimischen Jungen werden im Hörspiel problematisiert:

> Aaron: „Bei uns ist das nur nach Jungen und Mädchen getrennt. Mädchen werden schon mit zwölf Jahren Bat-Mitzwa. Sie haben aber meistens kein so schönes Fest wie die Jungs, naja und die Mädchen müssen auch nicht beschnitten werden."
> Maja: „Beschnitten? Das hört sich ja schlimm an. Was wird denn da geschnitten?"
> Aaron: „Bei uns Jungen wird ein Stück Vorhaut von unserem Penis abgeschnitten, so hat es Gott Abraham damals empfohlen und für uns ist es heute immer noch ein Zeichen für unsere Verbundenheit mit Gott."
> Jonas: „Aua, aber das tut doch weh!"
> Aaron: „Ich kann mich schon gar nicht mehr daran erinnern, das ist schon so lange her, da war ich gerade erst auf der Welt."[49]

Die skeptische Haltung der christlichen Jungenfigur Jonas gegenüber Beschneidungen wird auch im Gespräch mit Metin, der muslimischen Figur deutlich. Abschließend resümiert Jonas: „Mhm, also die Geschenke finde ich ja auch ganz gut, aber den Rest..."[50] Durch das große Identifikationspotential der Rezipierenden mit der Figur werden implizit Wertungen vermittelt. Eine ähnliche skeptische Grundeinstellung hinsichtlich des Ramadans wird auch im Gespräch zwischen Metin und Robert durch die Verwendung einer suggestiven Frage deutlich:

> Metin: „[...] Ich finde es auch gut, dass man den Armen etwas abgeben muss, wenn man Geld verdient, das heißt Zakat."
> Robert: „Das finde ich auch gut. Aber wie gefällt dir denn der Ramadan?"[51]

Normative Implikationen spielen sowohl im Hörspiel als auch im Sachbuch eine wichtige Rolle. Die Frage nach dem ‚richtigen' Verhalten wird in der Darstellung aller religiösen Traditionen bearbeitet. Während hinsichtlich Judentum und Islam auf die Thora und den Koran verwiesen wird, werden Nächstenliebe im christlichen Kontext und die Fußspuren Buddhas in buddhistischen Zusammenhängen präsentiert. Eschatologische Vorstellungen werden insbe-

---

[47] WEINHOLD, Unsere Religionen, Hörspiel, 2003, Track 7, 00:00:03.
[48] WEINHOLD, Unsere Religionen, 2003.
[49] WEINHOLD, Unsere Religionen, Hörspiel, 2003, Track 7, 00:01:21.
[50] A. a. O., Track 9, 00:03:15.
[51] A. a. O., Track 9, 00:00:47.

sondere im Sachbuch verhandelt und mit richtigen Verhaltensweisen argumentiert. So wird auf einer Doppelseite – übertitelt mit *Was ist ein Hindu?* – das Konzept der Reinkarnation vorgestellt: „Man kann als Mensch oder Tier wiedergeboren werden. Hat man in seinem jetzigen Leben viel Böses getan, wird man vielleicht als Hund oder Schwein wiedergeboren. Hat man sich richtig verhalten, wird man es im kommenden Leben besser haben."[52] Welches Handeln richtig oder falsch ist, wird jedoch nicht konkretisiert. Unmissverständliche Anforderungen an das Verhalten werden hingegen hinsichtlich Judentum, Christentum, Buddhismus und Islam gestellt. Buddhistinnen und Buddhisten dürften beispielsweise „nicht töten, lügen, stehlen oder Drogen nehmen"[53], jüdische Gläubige müssten sich an Regeln betreffend des Betens, der Kleidung und des Essens halten, da „Juden glauben, dass Gott sie für ihre bösen Taten nach dem Tod bestrafen wird. Doch der unauflösbare Bund zwischen Israel und Gott lässt sie auf Vergebung ihrer Sünden hoffen. Juden glauben, dass sie von den Toten auferstehen werden."[54] Die Aussicht auf Auferstehung wird auch auf der Doppelseite zum Christentum gestellt. Hinsichtlich muslimischer Traditionen werden eschatologische Bezüge ebenfalls verdeutlicht: „Muslime glauben, dass sie nach ihrem Tod eines Tages wieder zum Leben auferweckt werden. Hat man ein gutes Leben geführt und Allahs Gesetze befolgt, kommt man ins Paradies. Wer seine Pflichten nicht erfüllt hat, kommt ins ewige Feuer."[55] Das ‚gute Leben' wird mit der Erfüllung der fünf Säulen des Islam, *Shahada*, *Salat*, *Zakat*, *Saum* und *Haddsch*, argumentiert.

In beiden Quellen wird Zugehörigkeit durch das gemeinsame Feiern markiert. Im Sachbuch werden Feste als Konstituente jeder religiösen Tradition, zum einen auf der visuellen, zum anderen auf der textuellen Ebene präsentiert. Im Hörspiel wird das Feiern hingegen interreligiös thematisiert. Alle Figuren bringen Gerichte und Dekoration aus ihnen bekannten Festen mit, die in einem eigenen Fest fusioniert werden. Das Hörspiel endet damit, dass alle Figuren „Frieden" rufen:

> Tom: „Friedensfest! Das feiern alle Religionen zusammen."
> Nandini: „Und bald feiert die ganze Welt mit."
> Maja: „Oh ja, und alle rufen ‚Frieden'."
> Alle: „Frieden, Shalom, Frieden, Peace, Shalom!"[56]

Religiös legitimierte Konflikte werden im Hörspiel nicht thematisiert; die Bezeichnung des Festes als Friedensfest impliziert jedoch, dass es religiös motivierte und argumentierte Konflikte gibt. Obwohl auf dem hinteren Deckel des

---

[52] WEINHOLD, Unsere Religionen, 2003.
[53] Ebd.
[54] Ebd.
[55] Ebd.
[56] WEINHOLD, Unsere Religionen, Hörspiel, 2003, Track 15, 00:02:27.

Sachbuches Fragen zu Kontroversen und divergierenden Positionen benannt werden – „Warum streiten wir uns, welcher Glaube der richtige ist?" –, werden sie nicht bearbeitet: Religiöse Pluralität wird demnach nicht als Aushandlung von Weltanschauungen und Werteordnungen, sondern im Sinne eines ‚Nebeneinanders' verschiedener religiöser Symbolsysteme dargestellt. Die Figuren im Hörspiel interagieren nur insofern als sie Praktiken, Traditionen und Weltanschauungen kennenlernen, zu verstehen versuchen und im Vergleich mit Bekanntem einordnen. Im Sachbuch wird die Trennung religiöser Symbolsysteme durch die Bearbeitung einzelner Traditionen auf je einer Doppelseite noch stärker vollzogen. Über Vergleiche mit Bekanntem – der christlichen Perspektive – wird sowohl das als eigen als auch das als fremd Repräsentierte erklärt, um Wissen über Religionen zu vermitteln. Während Buch und Hörspiel in der ersten Auflage aus dem Jahr 2003 durch den Titel *Unsere Religionen* eine inkludierende Konnotation aufweisen, implizieren Titel und Cover (vgl. Abb. 3) der zweiten Auflage aus dem Jahr 2014 – *Religionen der Welt* – eine Darstellung religiöser Symbolsysteme aus der Außenperspektive. Sowohl im Sachbuch als auch im Hörspiel wurden nur Titel und Cover überarbeitet, die Inhalte bleiben auf narrativer und ästhetischer Ebene unverändert. Durch die intermediale Bearbeitung der Quellen werden zwei Aspekte in der Konzeption der inhaltlichen Vermittlung deutlich: Zum einen wird in Sachbuch und Hörspiel eine zugleich christliche und deutsche Perspektive eingenommen; das Christentum – verstanden als relativ monolithische Einheit – wird zum Eigenen, Bekannten und Normalen. Zum anderen wird den christlichen, deutschen Figuren im Hörspiel das aktive Interesse am Fremden zugeordnet. Sie sind es, die ‚die Anderen' hinsichtlich ihrer Weltanschauungen, Traditionen und Praktiken kennenlernen möchten. Die Einsichtnahme bleibt jedoch nicht wertfrei, diverse Praktiken werden in Form suggestiver Äußerungen als problematisch evaluiert. Der Repräsentation religiöser Pluralität liegt demzufolge eine Sichtweise zugrunde, die eurozentrische Strukturen abbildet: Die Wertekonzepte, die dem Eigenen zugeschrieben werden, werden in einer vorausgesetzten Überlegenheit gegenüber anderen Wertvorstellungen präsentiert.[57]

6 Fazit: Zwischen Wissensvermittlung und Stereotypisierung

Die ästhetische und narrative Repräsentation religiöser Pluralität folgt im Sachbuch und Hörspiel *Unsere Religionen* dem Paradigma der Wissensvermittlung. Weltanschauungen, Praktiken und Traditionen werden vergleichend

---

[57] Vgl. HEINZ ANTOR: Eurozentrismus, in: Metzler Lexikon Literatur- und Kulturtheorie. Ansätze – Personen – Grundbegriffe, hg. von ANSGAR NÜNNING, Stuttgart / Weimar 2008, S. 183–184.

präsentiert, das zu Vergleichende wird dabei häufig aus der Perspektive eines durch ökumenische Verbundenheit konstruierten christlichen Symbolsystems verhandelt. Auf der Ebene der Produktion wird präsupponiert, dass die Rezipierenden mit diesen Repräsentationen vertraut sind. Die Repräsentation der Figuren ist insbesondere im Hörspiel stereotypisierend; um Komplexität zu reduzieren, werden die Figuren hinsichtlich ihrer religiösen Identität festgeschrieben. Diese Festschreibung verwehrt interdependente Identitätskonstruktionen, sodass religiöse Zugehörigkeit als entscheidendes Differenzmerkmal zwischen den Figuren erscheint. Religionen wird eine wichtige Rolle hinsichtlich Identitätsbildung, gesellschaftlicher Kohäsion, Orientierung im Alltag und Werteentstehung beigemessen. Die Repräsentation religiöser Pluralität manifestiert sich in der stereotypen Darstellung religiöser Symbolsysteme, die zum einen voneinander abgegrenzt werden, zum anderen auf Gemeinsamkeiten hin untersucht werden. Während das Sachbuch Religionen als relativ monolithische Entitäten, die nebeneinander existieren, präsentiert, fokussiert das Hörspiel auf interreligiöse Kommunikation, wobei die Dialogstruktur einseitig auf der Basis christlicher Zugehörigkeiten markiert ist.

Der Blick auf die mediale Bearbeitung religiöser Inhalte für ein junges Zielpublikum ist aus religionswissenschaftlicher Perspektive in zweierlei Hinsicht interessant: Zum einen folgen Kindermedien dem pädagogischen Anspruch, Wissen und Werte zu vermitteln. Wie Wissen über Religion vermittelt, die Organisation religiöser Pluralität imaginiert und Werte kommuniziert werden, ist wesentlich für die gesellschaftliche Kohäsion. Zum anderen können mediale Produktionen für Kinder auch ein Aushandlungsort sein, indem bestehende Strukturen nicht nur abgebildet und reproduziert, sondern auch reflektiert und transformiert werden. Die wissenschaftliche Verhandlung religiöser Themen in Medien für Kinder erfordert eine diskursive Auseinandersetzung mit Religionsbegriffen, Säkularisierungstheorien und einen weiten Blick auf Religion. Die religionswissenschaftliche Perspektive, die weder konfessionell gebunden ist noch pädagogischen Paradigmen unterliegt, vermag es, durch die Analyse der narrativen und ästhetischen Gestaltung, die Quellen theoretisch zu verorten und zu beleuchten, welche Bedeutung Religion in der Konstruktion religiöser Pluralität innerhalb der Gesellschaft zukommt.

Literaturverzeichnis

ANTOR, HEINZ: Eurozentrismus, in: Metzler Lexikon Literatur- und Kulturtheorie. Ansätze – Personen – Grundbegriffe, hg. von ANSGAR NÜNNING, Stuttgart / Weimar 2008, S. 183–184.

DAHINDEN, JANINE / JOËLLE MORET / KERSTIN DUEMMLER: Die Herstellung sozialer Differenz unter der Bedingung von Transnationalisierung. Religion, Islam und boundary work unter Jugendlichen, in: Jugend, Migration und Religion. Interdisziplinäre Perspektiven, hg. von BIRGIT ALLENBACH / URMILA GOEL / MERLE HUMMRICH / CORDULA WEISSKÖPPEL, Zürich 2011, S. 225–248.

FRITZ, NATALIE / ANNA-KATHARINA HÖPFLINGER / STEFANIE KNAUSS / MARIE-THERESE MÄDER / DARIA PEZZOLI-OLGIATI: Sichtbare Religion. Eine Einführung in die Religionswissenschaft, Berlin / Boston 2018.

GANSEN, PETER: Kindheitsforschung in kulturwissenschaftlicher Sicht, in: Lernen und Kultur. Kulturwissenschaftliche Perspektiven in den Bildungswissenschaften, hg. von OLAF HARTUNG / IVO STEINIGER / MATTHIAS C. FINK / PETER GANSEN / ROBERTO PRIORE, Wiesbaden 2010, S. 179–191.

GERNIG, KERSTIN: Einleitung. Zwischen Sympathie und Idiosynkrasie. Zur Wahrnehmung des anderen Körpers in kulturanthropologischer Perspektive, in: Fremde Körper. Zur Konstruktion des Anderen in europäischen Diskursen, hg. von KERSTIN GERNIG, Berlin 2001, S. 13–29.

GLOMB, STEFAN: Identität, persönliche, in: Metzler Lexikon Literatur- und Kulturtheorie. Ansätze – Personen – Grundbegriffe, hg. von ANSGAR NÜNNING, Stuttgart / Weimar 2008, S. 306–307.

HALL, STUART: Introduction, in: Representation, hg. von STUART HALL / JESSICA EVANS / SEAN NIXON, London / Thousand Oakes / New Delhi 2013, S. xvii–xxvi.

HJARVARD, STIG: The mediatisation of religion: Theorising religion, media and social change, in: Culture and Religion. An Interdisciplinary Journal, 2 (2011), S. 119–135.

HORATSCHEK, ANNEGRETH: Identität, kollektive, in: Metzler Lexikon Literatur- und Kulturtheorie. Ansätze – Personen – Grundbegriffe, hg. von ANSGAR NÜNNING, Stuttgart / Weimar 2008, S. 305.

KIPPENBERG, HANS / KOCKU VON STUCKRAD: Einführung in die Religionswissenschaft. Gegenstände und Begriffe, München 2003.

LAMONT, MICHÈLE: Cultivating differences. Symbolic boundaries and the making of inequality, Chicago 1992.

LANGENHORST, GEORG: „Was wenn Gott einer, keiner oder viele ist?" Religion in der aktuellen Kinder- und Jugendliteratur, in: Kinder-/Jugendliteratur und Medien in Forschung, Schule und Bibliothek 4 (2017), S. 3–9.

LÖVHEIM, MIA: Religious Socialization in a Media Age, in: Nordic Journal of Religion and Society, hg. von INGER FURSETH / PÅL REPSTAD, Trondheim 2012, S. 151–168.

MASUZAWA, TOMOKO: The Invention of World Religions. Or, How European Universalism Was Preserved in the Language of Pluralism, Chicago 2005.

O. A.: Ravensburger Autor/Illustrator: Angela Weinhold, https://www.ravensburger.de/produkte/kinderbuecher/wieso-weshalb-warum/religionen-der-welt-32895/authorDetail.form?authorId=2082 (zuletzt geprüft am 21.03.2019).

O. A.: Wieso? Weshalb? Warum? Die Nr. 1 im Kindersachbuch https://www.ravensburger.de/entdecken/ravensburger-marken/wieso-weshalb-warum/index.html (zuletzt geprüft am 21.03.2019).

POLKE, CHRISTIAN: Rechtspluralismus. Ein Weg zur Integration religiöser Pluralität? in: Integration religiöser Pluralität. Philosophische und theologische Beiträge zum Religionsverständnis in der Moderne, hg. von HANS-PETER GROSSHANS / MALTE DOMINIK KRÜGER, Leipzig 2010, S. 57–75.

SCHLIETER, JENS: Religion, Religionswissenschaft und Normativität, in: Religionswissenschaft, hg. von MICHAEL STAUSBERG, Berlin / Boston 2012, S. 227–240.

STOLZ, FRITZ: Religiöse Symbole in religionswissenschaftlicher Rekonstruktion, in: Religion und Rekonstruktion. Ausgewählte Aufsätze, hg. von DARIA PEZZOLI-OLGIATI, Göttingen 2004, S. 62–83.

STOLZ, JÖRG / MARTIN BAUMANN: Religiöse Vielfalt. Kulturelle, soziale und individuelle Formen, in: Eine Schweiz – viele Religionen. Risiken und Chancen des Zusammenlebens, hg. von JÖRG STOLZ / MARTIN BAUMANN, Bielefeld 2007, S. 21–38.
WEINHOLD, ANGELA: Religionen der Welt (Wieso, Weshalb, Warum 23), Ravensburg 2003.
WEINHOLD, ANGELA: Unsere Religionen (Wieso, Weshalb, Warum 23), Hörspiel, Hamburg 2003.
WINKLER, MARTINA: Kindheitsgeschichte. Eine Einführung, Göttingen 2017.
WITTEKIND, FOLKART: Religion im Kinder- und Jugendbuch, in: Kinder-/Jugendliteratur und Medien in Forschung, Schule und Bibliothek 1 (2009), S. 11–19.

Paratexte in den griechischen Handschriften der Bibel

Andrea Mele

1 Einleitung

Im Zusammenhang meiner Mitarbeit im Projekt „ParaTexBib"[1] richte ich mein Forschungsinteresse auf die Paratexte der griechischen Bibel. Wie wir sehen werden, beschränkt sich die Erforschung vieler Aspekte der Paratextualität antiker griechischer Handschriften nicht nur auf philologische oder historische Diskussionen, sondern bietet die Gelegenheit, die Fragen der Verwendung und Rezeption der Bibel interdisziplinär zu betrachten.

Dieser Artikel ist in zwei Teile aufgeteilt und hat ein doppeltes Ziel. Im ersten Teil möchte ich eine generelle Einleitung zu den Begriffen „Paratexte" und „Paratextualität" der griechischen Bibel geben. Durch die Analyse weniger Beispiele, die aus drei Handschriften entnommen sind, werde ich einige Charakterzüge der Paratextualität darstellen und kommentieren, mit einer besonderen Aufmerksamkeit auf die der Beziehung zwischen den sogenannten „side-contents" (die Paratexte) und den „core-contents" (die biblischen Texte) eines Manuskriptes.[2] Ausgehend von den Begriffen im ersten Teil konzentriere ich mich im zweiten Teil meines Artikels auf eine spezifische Gattung der Paratexte. Eine Gruppe von Handschriften (besonderes im Johannesevangelium) enthält Sätze, die auf Griechisch als ἑρμηνεῖαι (*hermeneiai*, ein Wort, das buchstäblich „Interpretationen" bedeutet) bezeichnet wurden. Entgegen ihres Namens handelt es sich dabei um einen Apparat, durch den der Leser das biblische Buch als ein besonderes Mittel, um die Zukunft vorherzusagen benutzen konnte. Schließlich unterstreiche ich in meinem Schlussteil, wie die Forschung der Paratextualität zu alten griechischen Handschriften, insbesondere das Phänomen der ἑρμηνεῖαι, zu einem besseren Verständnis kultureller Praxis führen kann, die seit Jahrhunderten in der Buchgeschichte der Bibel existieren. Die

---

[1] Vgl. MARTIN WALLRAFF / PATRICK ANDRIST: Paratexts of the Bible: A New Research Project on Greek Textual Transmission, in: Early Christianity 6 (2015), S. 237–243.

[2] Für eine Diskussion über diese Terminologie vgl. PATRICK ANDRIST: Toward a definition of paratexts and paratextuality: The case of ancient Greek manuscripts, in: Bible as Notepad. Tracing Annotations and Annotation Practices in Late Antique and Medieval Biblical Manuscripts, hg. von LIV INGEBORG LIED / MARILENA MANIACI, Berlin / Boston 2018, S. 130–149 (hier: 135–138). Diese Konzepte sind in diesem Artikel weiter behandelt worden.

Erforschung von Paratexten kann einige theologische Impulse hinsichtlich dessen geben, wie Phänomene der Bibelnutzung und des Bibelverständnisses bis in den Evangelikalismus des 19., 20. und 21. Jahrhunderts zu verstehen und zu interpretieren sind.

2 Der Begriff „Paratext" und methodologische Erklärungen

Was bedeutet es, wenn wir über eine „biblische Handschrift" reden? Obwohl die Antwort auf diese Frage einfach und vielleicht selbstverständlich erscheinen kann, sind einige vorbereitende Beobachtungen nötig. Eine biblische Handschrift ist nicht *sic et simpliciter* ein altes Buch, das partiell oder gänzlich einen Text der Bibel enthält, sondern es handelt sich um Handschriften, die so angelegt und produziert werden, dass sie das Heilige Wort enthalten: Eine „biblische Handschrift" existiert nur in Bezug auf eine allgemeine oder private Nutzung in Liturgie, Gebet oder Andacht. Sie ist also nie unabhängig vom konkreten praktischen liturgischen und religiösen Gebrauch. Es ist tatsächlich problematisch, alle Handschriften, die den biblischen Text enthalten, in diese Gattung einzuordnen. Wenn wir zum Beispiel an ein Amulett denken, könnten wir bemerken, dass es sich um einen Gegenstand handelt, der anlässlich vermuteter geistiger oder magischer Mächte hergestellt wurde. Obwohl ein solcher Gegenstand Teile des Textes der Bibel (wie z. B. einen Psalm) enthalten kann, hat sein ursprünglicher Besitzer das Amulett zum Zwecke des Schutzes getragen[3]. Es handelt sich bei den untersuchten Texten also nicht ausschließlich um Schriftstücke, sondern auch um Alltagsgegenstände, die Texte oder Textteile enthalten und für die sich der religiöse Gebrauch mit dem Text selbst verbindet. Da wir auf den folgenden Seiten sowohl „biblische Handschriften" im engeren Sinne als auch andere Arten von Gegenständen behandeln werden, ist es nützlich dieses Konzept zu beachten.

Der französische Strukturalist Gérard Genette hat über mehrere Jahre und durch verschiedene Forschungsphasen den Begriff der Paratextualität entwi-

---

[3] Vgl. BRICE C. JONES: New Testament Texts on Greek Amulets From Late Antiquity, London/New York 2016, S. 27: „Amulets (sometimes referred to as talismans) fall under the categories of ‚subliterary' or ‚paraliterary' since they differ from major literary genres (e.g. epic, drama, history, lyric), although they may draw on or be influenced by literary works. According to Theodore S. de Bruyn and Jitse H. F. Dijkstra, amulets are texts that were written to convey in and of themselves – as well as in association with incantations and other actions – supernatural power for protective, beneficial, or antagonistic effect, and that appear to have been or were meant to have been worn on one's body or fixed, displayed or deposited at some place". Über diesen Begriff und andere Literatur vgl. auch THEODORE DE BRUYN: Making Amulets Christian. Artefacts, Scribes, and Contexts (Oxford Early Christian Studies), Oxford 2017.

ckelt und theoretisch fundiert. In seinem Buch *Paratexts, Thresholds of Interpretation* schreibt er:

> A literary work consists, entirely or essentially, of a text, defined (very minimally) as a more or less long sequence of verbal statements that are more or less endowed with significance. But this text is rarely presented in an unadorned state, unreinforced and unaccompanied by a certain number of verbal or other productions, such as an author's name, a title, a preface, illustrations. And although we do not always know whether these productions are to be regarded as belonging to the text, in any case they surround it and extend it, precisely in order to present it, in the usual sense of this verb but also in the strongest sense: to make present, to ensure the text's presence in the world, its „reception" and consumption in the form (nowadays, at least) of a book.[4]

Mit anderen Worten ist der Paratext nach Genette ein Element, das mit dem Text in einer Beziehung steht. Der Paratext existiert zusammen mit dem Text und parallel zu diesem, aber er ist immer etwas anders als der Text selbst. Einerseits kann der Paratext selbst eine textuelle Produktion („a verbal statement") sein, andererseits ist er getrennt vom Haupttext des Buches („corecontents": in unserem Fall der Text der Bibel). Im Zusammenhang mit den Hauptinhalten können die Paratexte verdeutlichen, zu welchem Zweck das Buch produziert wurde. Es gibt verschiedene Fälle, in denen diese Unterscheidung stärker oder schwächer zu betonen ist, aber Genette versucht eine Definition des Paratextes nach seiner räumlichen Stellung (der Paratext umgibt und dehnt den Text), oder nach seiner Wechselwirkung mit dem Text (der Paratext verdeutlicht den Text) darzulegen.

Genette hat seine Theorie dabei auf der Basis einer modernen Sichtweise auf das gedruckte Buch entwickelt. Infolgedessen hat er für den Produktionsprozess der Paratexte eines Buches eine Mitverantwortlichkeit sowohl des Autors als auch des Herausgebers postuliert. Im modernen Druck wirken sowohl der Autor als auch der Editor mit, um das ganze Buch gemeinsam zu produzieren. Ein solches Konzept ist selbstredend historisch nichtzutreffend, wenn wir an die Produktion einer alten Handschrift denken. Häufig verhält es sich so, dass der Autor eines alten Werkes zu dem Zeitpunkt, als eine Handschrift seiner Werke kopiert wurde, seit Jahrhunderten verstorben war. Diese Handschrift war oft selbst bereits eine Überlieferung des Originalmanuskriptes. Wie kann man diese Schwierigkeiten überwinden? Welche Methodologie soll der Forschende benutzen, um Paratexte besser zu verstehen? Wenn wir die Paratextualität in alten Handschriften erforschen wollen, ist es nötig, die Beziehungen zwischen den verschiedenen Produktionsprojekten (die die „corecontents" gründen) und den Paratexten zu betrachten. Ich möchte unterstreichen, dass eine alte Handschrift nicht als ein individueller und monolithischer

---

[4] GÉRARD GENETTE: Paratexts. Thresholds of interpretation, übersetzt von JANE E. LEWIN, Cambridge 1997, S. 1.

Gegenstand erforscht werden sollte, sondern als ein vielschichtiges Objekt: Während ihrer Geschichte kann die Handschrift mehrere Eingriffe und Umänderungen erlitten haben. Deswegen schlage ich mit Patrick Andrist, Marilena Maniaci und Paul Canart vor, den Begriff der „Produktionseinheit[5]" zu benutzen: „a piece of content whose presence in the manuscript-book is thematically dependent on one or several other pieces of content in the same book, or the book itself"[6].

Es ist möglich, die Inhalte einer Handschrift in drei Gattungen einzuordnen: Nach ihrem Wesen können die Paratexte eine wörtliche („verbal paratexts", wie Titel, Vorworte, Anmerkungen usw.) oder eine nicht-wörtliche Produktion („non-verbal paratexts", wie Nummern, Zeichen, Abbildungen usw.) sein. Aufgrund ihrer diachronen Beziehung mit dem Produktionsprojekt der Handschrift können sie Teil der ursprünglichen Produktion oder spätere Hinzufügungen sein. Schließlich können die Paratexte vom Hauptinhalt des Buches oder vom Buch selbst abhängen[7].

3 Beispiele von Paratexten aus einigen Handschriften der griechischen Bibel

Um einen Überblick über die verschiedenen Arten von Paratexten zu geben, die wir in einer biblischen Handschrift finden können, stelle ich im Folgenden einige Beispiele aus drei Handschriften vor. Es handelt sich um den *Codex Vaticanus* (B/03, 4. Jahrhundert), den *Codex Sarravianus-Colbertinus* (G nach Rahlfs, 5. Jahrhundert) und P. Oxy 2.209 (P10, 4. Jahrhundert).

Verschiedene Kopisten haben zusammen an der Produktion des *Codex Vaticanus*[8] gearbeitet. Ein Schreiber hat den Inhalt von Seite 714 in zwei Spalten dargestellt: in der ersten Spalte befindet sich der komplette Psalm 151 und in

---

[5] Vgl. PATRICK ANDRIST / PAUL CANART / MARILENA MANIACI: La syntaxe du codex. Essai de codicologie structural (Bibliologia 34), Turnhout 2013, S. 59: „Une Unité de production [d. h. „Produktionseinheit"] se définit comme l'ensemble du codex ou des parties de codex qui sont le résultat d'un même acte de production. L'acte de production est l'ensemble des operations, délimitées dans le temps et dans l'espace, qui créent un ou plusieurs objets ou parties d'objet, dans notre cas un ou plusieurs codex ou parties de codex".

[6] Vgl. ANDRIST, Toward a definition, Berlin / Boston 2018, S. 146.

[7] Man kann dabei an Einzelteile wie Doxologie, Gebete, oder einfache Randanmerkungen denken. Manche solcher Elemente haben keine direkte Beziehung zu einem spezifischen Text der Bibel, sondern sind nur notiert, weil die Person, die sie geschrieben hat, sich der Heiligkeit dieses Buches bewusst war und diese im Paratext verdeutlichen wollte.

[8] Vaticano, Biblioteca Apostolica Vaticana, Vat. gr. 1209. Digitale Abbildung der Handschrift online verfügbar: https://digi.vatlib.it/view/MSS_Vat.gr.1209 (zuletzt geprüft am 09.08.2019).

der zweiten Spalte ist der Anfang des Buches der Sprichwörter (1,1–14) zu finden. Nach dem Ende des Psalms ist ein Paratext zu lesen: Es ist ein Glossarium, dessen Zweck es ist, manche Wörter zu erklären, die mit dem Buch der Sprichwörter assoziiert werden. Wahrscheinlich handelt es sich um einen Paratext, der nach der Kopie des Textes der Psalmen auf einem ursprünglich leeren Teil der Seite hinzugefügt wurde. Ein Anfangstitel (παροιμίαι, „Sprichwörter") führt den biblischen Text ein und drei Buchstaben (Alpha, Beta und Gamma) befinden sich am linken Rand der Spalte. Die Buchstaben wurden im Griechischen als Numerale benutzt und im Codex dienen sie der Sektionennummerierung. Das Buch der Sprichwörter ist daher im *Codex Vaticanus* durch zwei verschiedene Systeme aufgeteilt: beide sind nach der Kopie hinzugefügt. Ein älteres Zusammengefasst beinhaltet also die Seite 714 des *Codex Vaticanus* drei verschiedene Typen von Paratexten: zwei verbale Paratexte (das Glossarium und der Anfangstitel) und einen non-verbalen Paratext (die Sektionennummerierung). Alle sind in unterschiedlichen Zeitperioden der Geschichte der Handschrift hinzugefügt worden.

Ein zweites Beispiel für Paratextualität ist der sogenannte *Codex Sarravianus-Colbertinus*[9]. Es handelt sich dabei um eine Handschrift aus dem 5. Jahrhundert mit Teilen der Bücher des Pentateuchs, Josua und Richter. Heute ist der Codex in drei Teile aufgeteilt, die in Bibliotheken in Leiden, Paris und St. Petersburg untergebracht sind. Auf der ersten Seite der Pariser Teile lesen wir das Ende von Kapitel 38 im Buch Exodus, eine Passage, die die Gesamtkosten des Tabernakels aufführt. Der biblische Text folgt im *Codex Sarravianus-Colbertinus* nicht der Übersetzung der Septuaginta, sondern der Edition von Origenes (*Hexaplarische Rezension*): Die Paratexte bestätigen diesen Aspekt. Zwischen den Textzeilen und am Rand von Seite 1 der Pariser Teile befinden sich nämlich manche *asteriskoi* (※): diese Zeichen gehören zur ursprünglichen Buchproduktion. Im *Codex Sarravianus-Colbertinus* sind der Haupttext und der Paratext beide Teile der gleichen Produktionseinheit. Die *Asteriskoi* sind ein Beispiel für einen Typ der kritischen Zeichen, die Origenes entwickelt hat, um in seiner *Hexapla* die Zeilen zu markieren, in denen der Text von der Septuaginta abweicht und mit der hebräischen Bibel übereinstimmt.[10]

Ich schließe diese kurze Übersicht mit einem letzten Beispiel aus einem Papyrus, der im zweiten Viertel des 4. Jahrhunderts angefertigt wurde, P. Oxy

---

[9] Paris, Bibliothèque Nationale de France, Gr. 17. Digitale Abbildung online verfügbar: https://gallica.bnf.fr/ark:/12148/btv1b10515747h (zuletzt geprüft am 09.08.2019).

[10] Vgl. HENRI OMONT: Veteris Testamenti Graeci. Codex Sarravianus-Colbertinus, Leiden 1897, S. ix. Auf Folio 1r, ll. 15–16 z. B. lautet der Codex: καὶ ἀργυρίου ἀφαίρεμα : παρὰ τῶν ἐπεσκεμμένων – ἀνδρῶν : τῆς συναγωγῆς· ἑκατὸν τάλαντα· καὶ πέντε καὶ ἑβδομήκοντα καὶ χίλιοι καὶ ἑπτακόσιοι σίκλοι ※ ἐν τῷ σίκλῳ τῷ ἁγίῳ :| δραχμὴ μία τῇ κεφαλῇ τὸ ἥμισυ (Exod. 38,25–26).

2.209[11]. Im folgenden Abschnitt werde ich erklären, dass es sich hierbei um einen Grenzfall in meiner Forschung handelt, sowohl unter Gesichtspunkten der Typologie der Handschrift als auch der Paratextualität: Dieses Papyrusblatt ist nur auf einer Seite beschrieben und enthält die ersten sieben Verse des Briefs des Paulus an die Römer. Eine Anmerkung folgt dem biblischen Text. Die Anmerkung ist ein verbaler Paratext, der in diesem Fall nach der Kopie des Haupttextes hinzugefügt wurde. Annemarie Luijendijk identifizierte dies als einen seltenen Fall eines literarischen Papyrus, der zu einem Dokumentararchiv gehörte (einer Gruppe von Texten, die von seinen alten Benutzern absichtsvoll zusammengestellt wurden) und den einzigen Fall eines Papyrus des Neuen Testaments darstellt, dessen Besitzer uns heute bekannt ist[12]. Der Besitzer des Archivs und auch dieses Papyrus war Aurelius Leonides, ein gelehrter christlicher Flachshändler aus Oxyrhynchos (eine Stadt in Ägypten, etwa 160 Kilometer südwestlich des heutigen Kairo), der mit der örtlichen Kirche in Verbindung stand. Wir können in der kursiven Annotation unterhalb des biblischen Textes Folgendes lesen[13]:

Αὐρήλιος Παῦλο[ς..]νυνισιου τῶν παρὰ γενήματος | περὶ τῶν γηνημάτων [...]ου ἐπὶ τοῦ λογείας ..[.] των | χιτ

Genannt ist der Name Aurelius Paulus, gefolgt von unklaren und ungrammatischen Ausdrücken, die mit der Handelswelt gebunden sind: γενήματος/γηνημάτων („Erzeugungen") und λογείας („Sammlung"). Trotz seiner wenigen Worte und der schlampigen Grammatik ist dieser Paratext interessant, weil er die uns heute bekannten archäologischen und dokumentarischen Informationen bestätigt: Die Wörter γενήματος und λογείας passen gut zum sozialen Umfeld und zum täglichen Geschäft des Händlers Leonides. Wie bereits bemerkt ist diese Anmerkung eine spätere Hinzufügung, die wahrscheinlich nicht viel später nach der Kopie des biblischen Textes erstellt wurde. Der Zweck des kurzen Textes war vermutlich einfach, den Stift auf einem Papyrusblatt, das nicht mehr benutzt wurde, zu testen. Es ist wahrscheinlich, dass der Papyrus von Aurelius Leonides selbst oder von seinen Begleitern und Angestellten als Schreibübung kopiert wurde, um die Schreibpraxis der Abkürzung der *Nomina Sacra* zu lernen. In der kurzen Passage von Römer 1,1–7 gibt es sogar 18 Kontraktionen, die bei sieben verschiedenen *Nomina Sacra* vorkommen[14].

---

[11] Cambridge (MA), Harvard University, Houghton Library, MS Gr SM2218. Digitale Abbildung online verfügbar: http://ntvmr.uni-muenster.de/manuscript-workspace?docID=10010 (zuletzt geprüft am 09.08.2019).
[12] Vgl. ANNEMARIE LUIJENDIJK: A New Testament Papyrus and Its Documentary Context: An Early Christian Writing Exercise from the Archive of Leonides (P. Oxy. II 209/P10), in: Journal of Biblical Literature 129/3, (2010) S. 575–596 (hier: S. 581–582).
[13] Transkription nach LUIJENDIJK, A New Testament Papyrus, 2010, S. 577.
[14] Vgl. LUIJENDIJK, A New Testament Papyrus 2010, S. 593.

4 „ἑρμηνεῖαι": Paratexte als Wahrsagungsapparate

In den letzten Abschnitten habe ich allgemein in die verschiedenen Aspekte und Fälle von Paratexten, verbunden mit der aktuellen Forschung zur Paratextualität alter biblischer Handschriften eingeführt. Jetzt möchte ich bei einem besonderen Typ von Paratext verweilen. Es handelt sich um Wahrsagungsapparate bzw. um eine spezifische und gelegentliche Gattung von Apparat, die in unterschiedlichen Formen in manchen Manuskripten der Bibel vorkommt. Als „Wahrsagungsapparat" bezeichne ich eine Gruppe von Paratexten, die zusammen mit den biblischen Handschriften benutzt wurde, um die Zukunft vorherzusagen oder das Los für eine bestimmte Entscheidung zu werfen. Die Wahrsagungspraxis hat ihre Wurzeln in heidnischen Ritualen und war in der antiken Mittelmeerwelt verbreitet. Sie ist in vielen kulturellen Traditionen nachgewiesen und kann auf unterschiedliche Weise durchgeführt werden. Eine Möglichkeit bestand darin, heilige Bücher zu verwenden oder – unter anderen Umständen – andere Bücher, die speziell für das Sammeln von Orakeln oder auf Latein „*Sortes*" hergestellt wurden. Eine Gruppe von Papyri des Johannesevangeliums[15] präsentiert auf jeder Seite unterhalb des biblischen Textes eine kurze Erklärung, die durch das Wort „ἑρμηνεία" überschrieben ist, was auf Griechisch „Interpretation" bedeutet. Dieser Titel kann irreführend sein, da eine solche Art von Manuskript nicht für einen kommentierten Text der Bibel erstellt wurde, sondern als Hilfsmittel für die Bibliomantie[16] diente. Bibliomantie war eine Art der Wahrsagung: die Person, die die Lose werfen sollte, öffnete zufällig eine Seite des Buches und erhielt ihre Antwort auf die zuvor gestellte Frage oder Entscheidung durch das Lesen der ἑρμηνεῖαι.

Ein Beispiel ist Montserrat, Abadia Roca, P. Monts. Roca Inv. 83[17] (P80), ein Papyrusfragment aus dem 6. Jahrhundert. Es ist sehr beschädigt und enthält im Recto die verbleibenden zwei Zeilen von Johannes 3,34 (die Darstellung des Zeugnisses von Johannes dem Täufer über Jesus, vgl. Johannes 3,22–36), gefolgt von dem Titel „ἑρμηνεῖαι" und eine dreizeilige Orakel-Aussage. Derselbe

---

[15] Vgl. JEFF W. CHILDERS: Divining gospel: Classifying manuscripts of John used in sortilege, in: Bible as Notepad. Tracing Annotations and Annotation Practices in Late Antique and Medieval Biblical Manuscripts, hg. von LIV INGEBORG LIED / MARILENA MANIACI, Berlin / Boston 2018, S. 66–84.

[16] Vgl. KEVIN WILKINSON: Hermeneiai in Manuscripts of John's Gospel: an Aid to Bibliomancy, in: My Lots are in Thy Hands: Sortilege and its Practitioners in Late Antiquity, hg. von ANNEMARIE LUIJENDIJK / WILLIAM E. KLINGSHIRN, Leiden / Boston 2018, S. 101–123.

[17] Digitale Abbildung online verfügbar: http://ntvmr.uni-muenster.de/manuscript-workspace?docID=10080 (zuletzt geprüft am 09.08.2019).

Schreiber produzierte alle Texte des Papyrus[18]. Der Weissagungsapparat dieses Papyrus beinhaltet Folgendes auf dem Recto[19]:

> ἑρμηνεία | ἀληθῆ ἐστιν τὰ [λελαλημένα] | παρ' αὐτοῦ σ[ὺ ἀκούων αὐτὰ] | ὠφεληθήσῃ ⳨Eine wörtliche Übersetzung wäre etwa: „Interpretation: die Sache, die von ihm gesagt ist, ist wahr; wenn du diese Dinge anhörst, findest du Hilfe". Und auf dem Verso liest man πίστευσον ὦ ἄνθ]ρωπε μὴ καὶ | ἐπὶ σε μένῃ ἡ ὀργή] ⳨ „Glaub du, oh Mann, dass der Zorn nicht bei dir bleibt".

Es ist interessant, die lexikalische Entsprechung zwischen der Terminologie des Orakels (ἀληθῆ ἐστιν; λελαλημένα) und einigen im Text von Johannes 3,33–34 enthaltenen Wörtern festzustellen, die dem „ἑρμηνεία" direkt vorangehen. Meines Erachtens kann der Papyrus Montserrat ein Stadium in der Geschichte der Manuskripte der *Sortes* bezeugen, wo die „ἑρμηνεῖαι", die den Passagen des Evangeliums folgen, ausgehend vom biblischen Text als Interpretation im Orakelsinn konzipiert wurden. Es erscheint klar, dass in diesem Fall eine thematische und theologische Verbindung zwischen dem „Core-text" und dem Paratext besteht[20]: Der Orakelspruch beruht auf den Begriffen von Wahrheit und Glaube, die wir in dieser Passage des Johannesevangeliums lesen. Da jedoch nicht genügend Material vorhanden ist, um diese Argumentation zu stützen, muss dies eine bloße Hypothese bleiben.

Eine völlig andere Situation ergibt sich aus der Analyse einiger Seiten des *Codex Bezae*, einer zweisprachigen (griechisch-lateinischen) Pergamenthandschrift des Neuen Testaments, die zwischen dem Ende des 4. und dem Beginn des 5. Jahrhunderts in einem westlichen Gebiet erstellt wurde (vielleicht Frankreich oder Süditalien)[21]. Der Kodex durchlief im Laufe seiner Geschichte viele Überarbeitungen: Später wurden Anmerkungen und Apparate hinzugefügt, etwa im 6. und 7. Jahrhundert, und im 9. Jahrhundert wurden einige verlorene Blätter wiederhergestellt. Eine dieser Überarbeitungen war die Hinzufügung von 71 *Sortes* (schnell und unsauber geschrieben), die zwischen dem Ende des 6. und der Mitte des 7. Jahrhunderts unter den Text des Markusevangeliums geschrieben wurden. Wir finden sie auf f. 285v-321r. Jede Seite enthält nur eine einzige prägnante Aussage, die durch das Wort ἑρμηνεία eingeleitet wird, dem ein Zeichen vorangestellt ist, das entweder als Abkürzung für πρὸς, als προσερμηνεία oder als Monogramm des Kreuzes (Staurogramm: ⳨ἑρμηνεία) interpretiert werden kann. Ich präsentiere hier nur die ersten vier Orakelaussagen des *Codex Bezae*, die in den Folios 285v, 286v, 287r und 287v enthalten

---

[18] Man kann das vermuten, weil die Hand, die den biblischen Text und „ἑρμηνεῖαι" geschrieben hat, die gleiche zu sein scheint.
[19] Transkription (mit Akzentuierung) nach WILKINSON, Hermeneiai, 2018, S. 107.
[20] Ebd.
[21] Für eine Diskussion über die Herkunft des Codex vgl. DAVID C. PARKER: Codex Bezae. An Early Christian Manuscript and its Text, Cambridge / New York 1992, S. 261–278.

sind[22]. Folio 285v enthält Markus 1,1–13, im unteren Rand gefolgt von προσερ-
μηνεια | αφες μι (μὴ) φιλονικησις (φιλονικήσῃς)[23]. Der Schreiber übersprang
die nächste Seite (f. 285r), vielleicht, weil sie die lateinische Übersetzung des
Evangeliums enthält, und fuhr mit der zweiten „ἑρμηνεία" auf der nächsten
Seite fort (Folio 286v). Nach Markus 1,13–25 lesen wir hier προσερμηνεια | το
γινομενον τελειουται. Auf Folio 287r ist die lateinische Übersetzung von Mar-
kus 1,13–25 zu finden, gefolgt von προσερμηνεια | ουκ επιτυχανις (ἐπιτυγχάνῃς)
του παρυματος (πράγματος) und der griechische Text von Markus 1,26–38 mit
προσερμηνεια | τελειουμενον παργαμα (πρᾶγμα). Es gibt keinen Zusammen-
hang zwischen den „ἑρμηνεῖαι" und dem biblischen Text. Vielmehr wurden die
Paratexte gezielt im biblischen Buch als heiligem Buch platziert, um ihre
Aussagekraft und Gültigkeit als Orakel zu verstärken. Die Wirksamkeit der
Wahrsagerei wurde durch die Kraft eines Objekts garantiert, das den Text des
Neuen Testaments enthielt.

Der *Codex Sangermanensis 1*[24] bezeugt die große Verbreitung der Wahrsagungspraxis, die unter Verwendung des heiligen Buches auch außerhalb der
griechischen Welt durchgeführt wurde. Das Manuskript ist 822 n. Chr. datiert
und enthält Teile des Alten und Neuen Testaments. Folio 125r enthält in zwei
Spalten das Ende des Lukasevangeliums und den Beginn des Johannesevangeliums. Neben der Spalte des Textes des Johannesevangeliums enthält diese
Seite vier Fälle von *Sortes*, denen eine Zahl vorangestellt ist. Es gibt keinen
Titel, der dem griechischen Wort ἑρμηνεία oder προσερμηνεία entspricht.
Trotz einiger geringfügiger formaler Unterschiede sind die Ähnlichkeiten zwischen dem lateinischen System des *Codex Sangermanensis 1* und dem griechi-
schen des *Codex Bezae* offensichtlich:

Codex Bezae (6.–7. Jahrhundert)	*Codex Sangermanensis 1* (9. Jahrhundert)
προσερμηνεια	αφες μι (μὴ) φιλονικησις (φιλονικήσῃς) „Lass es gut sein / sei nicht streitlustig"	i. *Cessa ei (ne) certaueris* „Hör auf, kämpfe nicht"
προσερμηνεια	το γινομενον τελειουται „Die Angelegenheit ist vollbracht"	ii. *Quod fit complebitur* „Was getan wird, wird vollbracht sein"
προσερμηνεια	ουκ επιτυχανις (ἐπιτυγχάνῃς) του παρυματος (πράγματος) „Möglicherweise erreichst du die Sache nicht"	iii. *Non adipsis (adipisceris) causa (causam)* „Du wirst die Sache nicht erreichen"
προσερμηνεια	τελειουμενον παργαμα (πρᾶγμα). „Die Angelegenheit ist vollbracht"	iiii. *Perficitur causa* „Die Angelegenheit ist vollbracht"

---

[22] Auf der nächsten Seite findet man die deutsche Übersetzung dieser ἑρμηνεῖαι.
[23] Transkription des griechischen Textes dieser ἑρμηνεῖαι ohne *Spiritus* und Akzente nach der Lesung der Handschrift. In Klammern wird ggf. die Standardform des Wortes ange-geben.
[24] Paris, Bibliothèque Nationale de France, latin 11553. Digitale Abbildung online verfügbar: https://gallica.bnf.fr/ark:/12148/btv1b9065958t (zuletzt geprüft am 09.08.2019).

Ein einfacher Vergleich zwischen den ersten vier Orakeln beider Kodizes lässt einen gemeinsamen Ursprung eines solchen Systems der Wahrsagerei annehmen. Das lateinische System ist jedoch keine direkte Übersetzung des griechischen, selbst wenn die Überlappung der beiden auffällig ist. Darüber hinaus wurden die Orakel im *Codex Bezae* von ihrem ursprünglichen Kontext, dem Johannesevangelium, getrennt. Es ist möglich, dass die Person, die die „ἑρμηνεῖαι" im *Codex Bezae* hinzugefügt hat, eine Vorlage verwendet hat, bei der die *Sortes* noch in Form einer Liste vorlagen.

Die Verwendung biblischer Bücher zu Zwecken der Weissagung kann nicht nur durch das Konsultieren von Artefakten mit paratextuellen Elementen erfolgen, wie wir im vorherigen Abschnitt gesehen haben, sondern auch durch das zufällige Öffnen der Bibel und das Lesen der ersten Zeilen auf der Seite, auf die das Auge des Anfragenden fiel. Dies ist eine andere Methode von Bibliomantie, die, wenn sie die Bibel einschließt, durch den lateinischen Begriff *Sortes Biblicae* beschrieben wird. Der Unterschied zu den Beispielen des biblischen „ἑρμηνεῖαι" ist offensichtlich, da es sich im letzten Fall um einen Paratext handelt, der unterhalb des heiligen Textes geschrieben ist, und die Besetzung der Lose durch das Lesen der Paratexte erfolgt und nicht durch den Text der Bibel. In beiden Fällen nutzten die Menschen jedoch ein heiliges Buch, um wahrzusagen oder Lose zu werfen. Eine solche Praxis der Wahrsagerei war weit verbreitet und hat sich im Laufe der Jahrhunderte erhalten.

Ein 2011 erschienener Artikel von Laura Bartlett widmet sich genau der Erforschung der Wiederbelebung von „*Sortes biblicae*" im Evangelikalismus von 1730 bis 1900[25]. Die Autorin präsentiert und kommentiert in ihrer Studie einige Berichte und Zeugnisse von Evangelikalen, die zu verschiedenen Zwecken die Methode des Losewerfens oder Wahrsagens anwenden: von der Beantwortung einer theologischen Frage über die Sicherung des Heils bis hin zur Orientierung darüber, welche Passage zu predigen ist; um einen Weg zu finden, Ermutigung von Gott in einer bestimmten Situation oder Aktion zu erhalten, oder einfach um mehr Wissen oder Informationen über eine bestimmte Frage zu erlangen. Auf der anderen Seite jedoch sahen die meisten Forscher die Öffnung des Heiligen Buches nicht als wirksam für die Weissagung an. Tatsächlich ist nach Sprüche 16,33 Gott derjenige, der das Ergebnis von Losen bestimmt, da Gott seinen Willen gründlich bekannt gibt, was einigen Evangelikalen vielleicht eine starke Grundlage für die Verteidigung der Wahrsage-Praxis gegeben hat. Sowohl die alten als auch die modernen Praktiken der orakelhaften Losung wurden im Lauf der Geschichte von Christen mehrmals kritisiert. So ist sich ein großer Anteil von konservativen Evangelikalen darin einig, dass der Gebrauch der Bibel zur orakelhaften Losung unorthodox ist und die Nutzer von „*Sortes biblicae*" eine falsche Ansicht von Gott oder sogar einen Missbrauch der Bibel de-

---

[25] Vgl. LAURA BARTLETT: Consulting the Oracle: Sortes Biblicae in Evangelicalism to 1900, in: Scottish Bulletin of Evangelical Theology 29/2 (2011) S. 205–218.

monstrieren²⁶. Auf die gleiche Weise hat auch der Altkirchliche Rat keine Gelegenheit versäumt, Weissagungen zu verurteilen und Christen davon abzuhalten, sich daran zu beteiligen. Aus dem Kanon 16 der Synode von Vannes (462-468 n. Chr.) ist besonders ersichtlich, wie die Kirche die sogenannten „*Sortes Sanctorum*"²⁷ direkt verurteilte:

> Und vielleicht sollte nicht das als fallen gelassen betrachtet werden, was den Glauben an die katholische Kirche sehr stark gefährdet, dass ziemlich viele Kleriker sich mit Auguren beschäftigen und unter dem Namen einer ausgedachten Religion, die sie „Sanctorum sortes" nennen, sich offen zur Kenntnis der Weissagung bekennen oder, indem sie sich mit allen möglichen Schriften befassen, zukünftige Ereignisse voraussagen. Jeder Kleriker, der entdeckt worden ist, dies entweder in Betracht gezogen oder gelehrt zu haben, sollte als von der Kirche entfremdet betrachtet werden²⁸.

Die Geschichte hat uns viele Spuren verschiedener Werkzeuge hinterlassen, mit denen die Lose mit Hilfe der Bibel geworfen wurden, sei es durch die Verwendung von „*Sortes biblicae*" im modernen Evangelikalismus oder durch die Paratextualität, die auf einigen Seiten biblischer Manuskripte geschrieben steht. Trotz der Unterschiede zwischen den Systemen haben alle diese Praktiken den gleichen Hintergrund und den gleichen Geist. Dies legt nahe, wie wichtig es einigen Christen war, die Weissagung zu praktizieren. Eine Praxis, die, wie wir sie bei unserer Analyse von Manuskripten und Paratexten beobachteten, und wie Bartlett in ihrer Studie darauf hinweist, sehr weit verbreitet war und zu so vielen verschiedenen kulturellen Traditionen und Riten der „Volksfrömmigkeit" gehörte, die der orthodoxen Lehre widersprach und dann als Aberglaube verurteilt wurde.

---

[26] Vgl. BARTLETT: Consulting, 2018, S. 217.

[27] Die „*Sortes Sanctorum*" sind eine sehr spezifische und weit verbreitete Art von divinatorischen Texten, die in zahlreichen Handschriften enthalten sind. Die „*Sortes Sanctorum*" haben keine Beziehung zur Bibel, sondern waren wahrscheinlich ein heidnischer Weissagungstext, der an einem bestimmten Punkt seiner Geschichte christianisiert wurde. Über eine Definition und Geschichte des Begriffs vgl. WILLIAM E. KLINGSHIRN: Defining the *Sortes Sanctorum*: Gibbon, Du Cange, and Early Christian Lot Divination, in: Journal of Early Christian Studies 10/1 (2002), S. 77–130.

[28] Der lateinische Text lautet „*Ac ne id fortasse uideatur omissum quod maxime fidem catholicae religionis infestat, quod aliquanti clerici student auguriis et sub nomine confictae religionis quas sanctorum sortes uocant, diuinationis scientiam profitentur aut quarumcumque scripturarum inspectione futura promittunt, hoc quicumque clericus detectus fuerit uel consulere uel docere ab ecclesia habeatur extraneus*". Ich danke Elisabeth Perschthaler für die deutsche Übersetzung des lateinischen Textes. Vgl. auch KLINGSHIRN, Defining, 2002, S. 84–86.

5 Schlussbemerkung: Relevanz für die Praktische Theologie

Zusammenfassend vermitteln die Phänomene der *„Sortes Biblicae"* und der paratextuellen „ἑρμηνεῖαι", von denen ich in den vorhergehenden Absätzen einen Überblick gegeben habe, ein wertvolles Zeugnis über den Gebrauch der Bibel unter historischen und kulturellen Gesichtspunkten dar. Das Buch als Artefakt, erforscht aus einer philologischen Perspektive zusammen mit den enthaltenen Texten und Paratexten, bietet interessante Vorschläge zum Vergleich mit einigen relevanten Themen der Praktischen Theologie. Bei unserer Untersuchung haben wir beobachtet, wie im Laufe der Jahrhunderte „ἑρμηνεῖαι" in alten Manuskripten und die Praxis der *„Sortes Biblicae"* (beide sind Zeugnisse einer besonderen Rezeption der Bibel), das Bedürfnis der Menschen nach einem Zugang zum Wort Gottes und zum Heiligen Buch widerspiegeln. Das Ziel war, Antworten auf ihre Probleme im täglichen Leben zu erhalten[29]. Natürlich muss dieser Gebrauch in den Kontext und in die Perspektive der spätantiken und mittelalterlichen Religiosität gestellt werden. Aber trotz der Verurteilung, die eine solche Praxis von den Autoritäten der Kirche erhalten hat (oder nicht), geben uns Paratexte einen Beweis dafür, wie das Heilige Buch zu diesem Zweck verwendet wurde. Des Weiteren ist uns aufgefallen, dass auch manchmal Bücher verfasst wurden, um orakelhafte Aussagen im Zusammenhang mit dem heiligen Text zu enthalten. So wurden sie als Wahrsagungswerkzeuge verwendet. In solchen Fällen ist es das Vorhandensein des biblischen Textes, das dem Paratext Autorität und Recht gibt und die Paratexte selbst sind eine wertvolle Informationsquelle über den praktischen Gebrauch, den die Leser von der Bibel machten. Unter dem Gesichtspunkt der Geschichte des Buches kann man zum Beispiel auch an eine jüngere Veröffentlichung von Sonja Beckmayer denken. Die Autorin erforscht, wie die Bibel als materielles Objekt oder Artefakt heute von Menschen genutzt wird und bezieht sich dabei auf den kulturwissenschaftlichen „material turn". Aus ihren Ergebnissen ge-

---

[29] Trotz der offensichtlichen kulturellen, historischen und theologischen Unterschiede zur antiken Wahrsagerei in Bezug auf dieses Thema kann man über die Relevanz der modernen Losungen in der praktischen Theologie nachdenken (vgl. https://www.losungen.de/die-losungen, zuletzt geprüft am 09.08.2019). In seiner Forschung beschreibt Peter Zimmerling die Erfolgsgeschichte der Losungen im evangelischen Bereich. Die Herrnhuter Brüdergemeinde hat die Praxis der Losungen bereits lange praktiziert und sie ist den Orakeln ein Stück weit ähnlich. Die Losungen werden für jeden Tag gezogen und Menschen nutzen sie für ihre persönliche Frömmigkeit täglich zur Ermutigung oder Stärkung des Glaubens, als Wort für den Tag. Zum Beispiel bestätigt Peter Zimmerling, dass auch für den großen Theologen Dietrich Bonhoeffer „Losungwort und Lehrtext […] zur Entscheidunghilfe in schwierigen Lebenssituationen [wurden]" (vgl. PETER ZIMMERLING: Die Losungen: Eine Erfolgsgeschichte durch die Jahrhunderte, Stuttgart 2014, S. 112).

winnt sie theologisch einen Zugang zu einem besseren Verständnis über die Verwendung und Bedeutung der Bibel als Buch[30].

Ich strebe hier keine theologische Bewertung der gesammelten Daten an, sondern ich hoffe, dass diese wenigen Bemerkungen dazu führen können, über die Möglichkeit (und Relevanz) eines interdisziplinären (philologischen, historischen und theologischen) Herangehens über die Fragen nachzudenken, die einige Aspekte der Untersuchung von Paratexten aufwerfen. Meines Erachtens ist die Analyse von Paratexten in alten Manuskripten entscheidend für ein besseres Verständnis sowohl von der Verwendung des Buches in der Antike als auch von seiner Rezeption in der Moderne.

Literaturverzeichnis

ANDRIST, PATRICK: Toward a definition of paratexts and paratextuality: The case of ancient Greek manuscripts, in: Bible as Notepad. Tracing Annotations and Annotation Practices in Late Antique and Medieval Biblical Manuscripts, hg. von LIV INGEBORG LIED / MARILENA MANIACI, Berlin / Boston 2018, S. 130–149.

ANDRIST, PATRICK / CANART, PAUL / MANIACI, MARILENA, La syntaxe du codex. Essai de codicologie structurale (Bibliologia 34), Turnhout 2013, S. 59.

BARTLETT, LAURA: Consulting the Oracle: Sortes Biblicae in Evangelicalism to 1900, in: Scottish Bulletin of Evangelical Theology, 29/2 (2011), S. 205–218.

BECKMAYER, SONJA: Die Bibel als Buch. Eine artefaktorientierte Untersuchung zu Gebrauch und Bedeutung der Bibel als Gegenstand (Praktische Theologie heute 154), Stuttgart 2018.

DE BRUYN, THEODORE: Making Amulets Christian. Artefacts, Scribes, and Contexts (Oxford Early Christian Studies), Oxford 2017.

CHILDERS, JEFF W.: Divining gospel: Classifying manuscripts of John used in sortilege, in: Bible as Notepad. Tracing Annotations and Annotation Practices in Late Antique and Medieval Biblical Manuscripts, hg. von LIV INGEBORG LIED / MARILENA MANIACI, Berlin / Boston 2018, S. 66–84.

GENETTE, GÉRARD: Paratexts. Thresholds of Interpretation, übersetzt von JANE E. LEWIN, Cambridge, 1997.

JONES, BRICE C.: New Testament Texts on Greek Amulets from Late Antiquity, London / New York 2016, S. 27.

KLINGSHIRN, WILLIAM E.: Defining the Sortes Sanctorum: Gibbon, Du Cange, and Early Christian Lot Divination, in: Journal of Early Christian Studies, 10/1 (2002), S. 77–130.

LUIJENDIJK, ANNEMARIE: A New Testament Papyrus and Its Documentary Context: An Early Christian Writing Exercise from the Archive of Leonides (P. Oxy. II 209/P10), in: Journal of Biblical Literature 129/3 (2010), S. 575–596.

OMONT, HENRI: Veteris Testamenti Graeci. Codex Sarravianus-Colbertinus, Leiden 1897, S. ix.

PARKER, DAVID C.: Codex Bezae: An Early Christian Manuscript and its Text, Cambridge / New York 1992, S. 261–278.

---

[30] Vgl. SONJA BECKMAYER: Die Bibel als Buch. Eine artefaktorientierte Untersuchung zu Gebrauch und Bedeutung der Bibel als Gegenstand (Praktische Theologie heute 154), Stuttgart 2018.

WALLRAFF, MARTIN / ANDRIST, PATRICK: Paratexts of the Bible: A New Research Project on Greek Textual Transmission, in: Early Christianity 6 (2015), S. 237–243.

WILKINSON, KEVIN: Hermeneiai in Manuscripts of John's Gospel: an Aid to Bibliomancy, in: My Lots are in Thy Hands: Sortilege and its Practitioners in Late Antiquity, hg. von ANNEMARIE LUIJENDIJK / WILLIAM E. KLINGSHIRN, Leiden / Boston 2018, S. 101–123.

ZIMMERLING, PETER: Die Losungen: Eine Erfolgsgeschichte durch die Jahrhunderte, Stuttgart 2014, S. 112.

Risiken und Nebenwirkungen des akademischen Lebens

Ein Essay mit „vielen" Fußnoten

Anna-Katharina Höpflinger
mit Fotos von Yves Müller

1864 explodierte in Stockholm ein Laborschuppen und tötete fünf Menschen. In diesem Labor hatte der Chemiker Alfred Nobel, der später den Nobelpreis stiften sollte, das gelagert, was er als Sprengstoff der Zukunft ansah und aus dem er das Dynamit entwickelte: Nitroglyzerin.

Es war ein Wissenschaftsunfall.

Dieses Beispiel zeigt in aller Grausamkeit auf: Wissenschaft birgt Risiken. Nun werden Sie als werte*r Leser*in einwenden, dass solche Unfälle in der Chemie, auch in der Medizin und sicher bei Experimenten mit Radium, man denke an die Physikerin Marie Curie, kaum verwunderten. Neue Stoffe, innovative Experimente können gefährlich sein, wie man ja wisse. Aber das treffe doch nicht auf die geisteswissenschaftliche Forschung zu. Besonders Theolog*innen hätten bekanntlich ein schönes, erfülltes, fast schon behütetes Leben im Rahmen des akademischen Umfeldes: Der Forschungsgegenstand sei ja eigentlich nur ein Buch, es gebe eine inspirierende Menge an Sekundärliteratur, die Büros seien beheizt und für den Brandschutz werde redlich gesorgt.

Abb. 1: In der Religionsforschung gibt es eine inspirierende Menge an Literatur.
Foto: © Yves Müller.

In der Tat weiß zumindest ich[1] spontan von keinen Religionsforscher*innen, die von einem Buch erschlagen[2] oder in der bibliothekseigenen Kompaktusanlage erdrückt wurden.[3] Auch die Selbstmordrate unter Religionsforschenden oder allgemeiner Geistes- und Sozialwissenschaftler*innen scheint nicht höher zu sein als in anderen Berufen. Nur Feldforschungen bergen ein gewisses Risiko, wie zum Beispiel der Anthropologe Nigel Barley in seinem Buch „Traumatische Tropen" schillernd beschreibt.[4] Aber auf solche Abenteuer muss man sich

---

[1] Das mag daran liegen, dass ich nicht alles weiß. Oder dass ich in einem behüteten akademischen Umfeld arbeite. Oder dass alle Morde und Tötungen durch herabfallende Bücher in theologischen Fakultäten unter den Teppich des Schweigens gekehrt werden.

[2] Dies geschieht mit dem Gelehrten im Totentanz von Johann R. Schellenberg. Dort ist zu sehen, wie Freund Hein ein Büchergestell umwirft, wobei der Gelehrte unter den fallenden Büchern begraben wird: JOHANN R. SCHELLENBERG / JOHANN K. A. MUSÄUS: Freund Heins Erscheinungen in Holbeins Manier, Winterthur 1785. Genaueres zu diesem „Winterthurer Totentanz" bei FRANZ EGGER: Schellenbergs Totentanz, in: 10. Rundbrief der Totentanz-Vereinigung Schweiz, Oktober 2017, https://www.totentanz-schweiz.ch/sites/default/files/rundbrief/2017_10%20Rundbrief10.pdf (zuletzt geprüft am 26.04.2019).

[3] So etwas kommt nur im Krimi vor. Im Roman des Religionswissenschaftlers Fritz Stolz ist es ein Neutestamentler, der in der Kompaktusanlage ermordet wird; ich denke allerdings nicht, dass die Todesart mit dem Fach zusammenhängt. Siehe FRITZ STOLZ: Kirchgasse 9. Ein theologischer Kriminalroman, Zürich: Pano 1999.

[4] NIGEL BARLEY: Traumatische Tropen. Notizen aus meiner Lehmhütte, Stuttgart 1990. Auch Malinowski konnte schon ein Lied von den Risiken der Feldforschung singen: BRONISLAW MALINOWKSI: Ein Tagebuch im strikten Sinn des Wortes. Neuguinea 1914–1918, hg. von FRITZ KRAMER, Frankfurt a. M. 1985.

bekanntlich als religionsforschende Person nicht einlassen, wenn man nicht will.

Sollten wir also allen Abiturient*innen dringend empfehlen, ihr Leben der Religionsforschung zu widmen statt der Chemie?

Das sollten wir in der Tat, vor allem weil Religionsforschung faszinierend und relevant ist. Aber dennoch verhält es sich nicht ganz so einfach bezüglich der Sicherheit in den Geisteswissenschaften, wie die obigen Gedanken vielleicht vermuten ließen. Denn auch ein geisteswissenschaftliches Leben birgt Risiken und Nebenwirkungen, nur nähern sich diese im Schatten an und stülpen sich dann blitzschnell über einen wie die Außerirdischen im Film ALIEN (Regie: Ridley Scott / UK/USA 1979).

Welche Risiken und Nebenwirkungen sind dies? Darüber möchte ich im vorliegenden Essay (und den Fußnoten) ein wenig sinnieren, jedoch mit der Betonung, dass die folgenden Reflexionen rein subjektiv sind. Sie sollen zum Nachdenken anregen und keine Wahrheiten abbilden. Getätigt werden sie von einer Person (nämlich von mir), die ihr Studium der Religionswissenschaft 2002 abschloss und seither ohne Unterbruch in der Akademie tätig ist. Oder anders formuliert: Ich bin bis anhin zu nichts anderem als der Wissenschaft zu gebrauchen.

Risiko 1: Das Aushalten des Paradoxons der öffentlichen Wahrnehmung

Öffentliche Medien wie Zeitungen, Zeitschriften, Werbungen, TV-Serien, Filme etc. konstruieren und transportieren Stereotypen, die nichts (oder sogar noch weniger) mit der Realität zu tun haben.[5] Dennoch sind solche Stereotypen aufschlussreich: Einerseits zeigen sie, dass etwas öffentlich verhandelt wird und somit scheinbar relevant ist. Andererseits prägen Stereotypen Selbstwahrnehmungen von Menschen und lösen gleichzeitig verschiedene Strategien des Umgangs mit solchen Stereotypen aus.[6] Es lohnt sich also einen Blick auf das Wissenschaftler*innenbild der Öffentlichkeit zu werfen, um zu sehen, auf welche öffentliche Imagination wir zu reagieren haben (und sowieso unbewusst reagieren) und was das für unsere Selbstdarstellung bedeutet.

---

[5] Siehe dazu STUART HALL: Das Spektakel des „Anderen", in: Ideologie, Identität, Repräsentation. Ausgewählte Schriften 4, hg. von JUHA KOIVISTO / ANDREAS MERKENS, Hamburg 2004, S. 108–166.

[6] Dies hat die Religionswissenschaftlerin Jacqueline Grigo in ihrer Dissertation am Beispiel von stereotypen Vorstellungen, die mit religiöser Kleidung zusammenhängen, wunderbar dargelegt: JACQUELINE GRIGO: Religiöse Kleidung. Vestimentäre Praxis zwischen Identität und Differenz, Bielefeld 2015.

Bereits bei einem oberflächlichen Blick auf die Imagination des Wissenschaftlers und der Wissenschaftlerin zeigt sich, dass dieses öffentliche Bild sehr ambivalent ist. Einerseits scheint das akademische Leben so prestigeträchtig zu sein, dass junge Menschen von ihren Erziehungsberechtigten ins Gymnasium und ins Studium geprügelt (symbolisch natürlich) werden. Nur eine akademische Karriere scheint in einem spätkapitalistisch-neoliberalen Setting gut genug zu sein für einen aufstrebenden jungen Menschen. Wählt man dann tatsächlich diesen Weg, wird einem das auch sozial gespiegelt: Jedes Mal, wenn ich jemandem erzähle, dass ich in München an der Uni angestellt bin, ernte ich ehrliche Bewunderung und manchmal etwas Neid. Bisweilen umgehe ich das Problem, indem ich auf die Frage, was ich denn beruflich tue, wahrheitsgemäß antworte, dass ich mit Computer und Bleistift arbeite. Aber meistens hilft es wenig und nach kurzer Zeit ist durchgesickert, dass ich Wissenschaftlerin bin. Dann gelte ich sofort wieder als intelligent, ein Stereotyp, das nicht besonders hilfreich ist, um ein normales Gespräch über das Wetter oder das Ziehen von Tomaten zu führen. Wissenschaftler*innen gelten also zum einen als eine Art Superman oder Wonderwoman, die das erreicht haben, was sich alle für ihre Kinder wünschen und die – so die Meinung – jede Schwierigkeit mit einigen klugen Worten umschiffen können.

Andererseits zeigen Romane oder Filme das Stereotyp des total verwirrten Wissenschaftlers (meistens männlich). Dieser trägt einen schmutzigen Kittel oder altmodische Kleidung und hat eine bemerkenswerte Frisur. Ein solcher Typus ist zum Beispiel Dr. Emmett Brown in der *Back to the Future*-Filmtrilogie.[7] Emmett Brown ist dargestellt als geniale, aber auch etwas wahnsinnige Figur. Die seit dem Mittelalter tradierte Entsprechung davon ist der gelehrte Affe oder der gelehrte Narr.[8] Das Stereotyp des Wissenschaftlers (männlich) als hochintelligent, aber verwirrt und manchmal verrückt ist so mächtig, dass zumindest ich selbst mich manchmal dabei ertappe, Handlungen damit zu erklären, obwohl sie allen Menschen passieren: Ich bin in den falschen Zug eingestiegen, weil ich halt eine zerstreute Wissenschaftlerin bin. Oder: Ich habe das Passwort für die Plattform, die ich nie besuche, vergessen, weil ich einfach verwirrt und etwas „affig"[9] bin.

Wissenschaftlerin zu sein ist also eine gute Entschuldigung für kleine Peinlichkeiten des täglichen Lebens. Das ist aber noch nicht das eigentliche Risiko dieses Punktes. Heikler ist es, über dieses Paradox des imaginierten Wissen-

---

[7] Für alle, die es interessiert (oder auch nicht): BACK TO THE FUTURE (Regie: Robert Zemeckis / USA 1985); BACK TO THE FUTURE II (Regie: Robert Zemeckis/ USA 1989); BACK TO THE FUTURE III (Regie: Robert Zemeckis/ USA 1990).

[8] Siehe dazu ALEXANDER KOŠENINA: Der gelehrte Narr. Gelehrtensatire seit der Aufklärung, Göttingen 2003, 31–54.

[9] Damit möchte ich keineswegs die Spezies der Affen beleidigen, sondern auf das oben genannte Stereotyp des gelehrten Affen als Spiegel des Wissenschaftlers, der Wissenschaftlerin anspielen.

schaftlers zu lange nachzudenken. Wenn man heute als eine Superintelligenz und morgen als verwirrte(r) Idiot(in) behandelt wird, hat das Implikationen für das eigene Handeln. Es endet zwar in den meisten Fällen nicht in Schizophrenie, aber in der Frage, ob man nicht doch vielleicht ein bisschen abnormal sei. Ein Gegenmittel gibt es hierfür nicht. Sich dieser Frage zu stellen, gehört zum Beruf.

Risiko 2: Die Elfenbeintürme der Wissenschaftsburg

Als sich in Robert Musils Roman „Die Verwirrungen des Zöglings Törleß" von 1906 der jugendliche Protagonist mit den Schriften Immanuel Kants beschäftigen will, passiert Folgendes:

> „Vor lauter Klammern und Fußnoten verstand er kein Wort, und wenn er gewissenhaft mit den Augen den Sätzen folgte, war ihm, als drehe eine alte knöcherne Hand ihm das Gehirn in Schraubenwindungen aus dem Kopfe. Als er nach etwa einer halber Stunde erschöpft aufhörte, war er nur bis zur zweiten Seite gelangt, und Schweiß stand auf seiner Stirne."[10]

In diesem Beispiel wird also nicht der Inhalt der wissenschaftlichen Schrift, sondern bereits die Form des geschriebenen Textes zur Folter. Wissenschaftler*in zu werden, beinhaltet nicht nur das Erlernen einer bestimmten Art des Denkens und Reflektierens, nicht nur ein Zurechtfinden im Wald der Methoden und Theorien, sondern auch das Sich-Einverleiben formaler, textlicher, sprachlicher, performativer, vestimentärer etc. Regeln. Dass Wissenschaft auf Komplexität statt Simplifizierungen setzt, finde ich gut. Dass es schwierig ist, komplexe Zusammenhänge einfach zu erklären, ist ebenfalls verständlich. Aber das Risiko der Akademie besteht darin, sich selbst im Elfenbeinturm der Wissenschaftsburg einzumauern und dadurch ein bisschen weltfremd zu werden.[11] Sie kennen sicher Gespräche im folgenden Stil: Setting: eine Party. Ihr freundliches Gegenüber arbeitet als Personalmanagerin in der Privatwirtschaft und fragt: „Was machen denn Sie?" – „Ich arbeite an der Uni." – „Und was machen Sie da?" – „Ich lehre und forsche." – „Das klingt spannend. Was forschen Sie

---

[10] ROBERT MUSIL: Die Verwirrungen des Zöglings Törleß (1906), in: DERS.: Gesammelte Werke, Bd. 2, hg. von ADOLF FRISÉ, Reinbek bei Hamburg 1983, S. 7–140, hier: S. 80. Interpretationen dieses Romans sind nicht einfach, ich will das obige Zitat deshalb hier aus dem Kontext des Werkes herausgelöst verwenden, um auf einen Aspekt von Wissenschaft zu verweisen.

[11] Siehe zum Elfenbeinturm der Religionswissenschaft: DARIA PEZZOLI-OLGIATI: „Spieglein, Spieglein an der Wand", Rekonstruktionen und Projektionen von Menschen- und Weltbildern in der Religionswissenschaft, in: Handbuch Gender und Religion, hg. von ANNA-KATHARINA HÖPFLINGER / ANN JEFFERS / DARIA PEZZOLI-OLGIATI, Göttingen 2008, S. 41–60, hier: S. 42f.

denn?" – „Mich interessieren autoritative Strukturen im altorientalischen Kontext des Ersten Testaments mit einem Fokus auf Gilgameschs selbstreflexive Autarkie im Vergleich zu der Homogenität von Machtprozessen in den ugaritischen Heldenepen, aber ohne Berücksichtigung des ganzen Baal-Zyklus, das ginge nämlich etwas zu weit."[12] – „Äh – öh – ja. Die Häppchen da vorne sind wirklich gut. Haben Sie die schon probiert?" Weniger nette Personen fragen dann meistens: „Und was kann man damit anfangen?" Oder: „Wird das mit Steuergeldern bezahlt?"

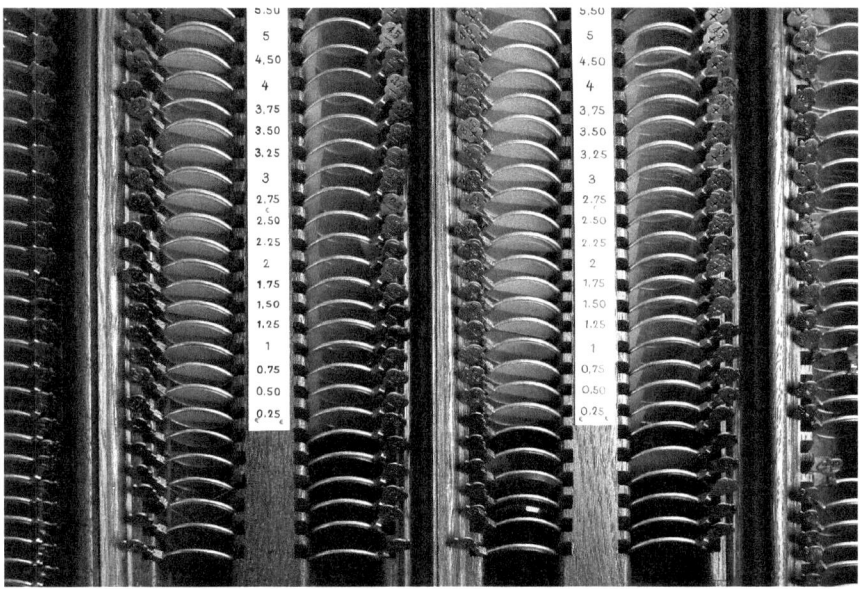

Abb. 2: Welches theoretisch-methodische Brillenglas wählen Sie heute? Foto: © Yves Müller.

Dieses Einmauern ist zunächst nicht weiter schlimm. In der Wissenschaftsburg hat es einige schöne Gärten und eine beachtliche Auswahl an theoretisch-methodischen Brillen.[13] Die Versorgung an neuem Wissen ist ebenfalls nicht in Gefahr, und in akademischen Gemäuern ist es auch ziemlich gemütlich (manchmal gibt es Wandteppiche).[14] Problematisch sind aber die weiterführenden Implikationen dieses Einschließens. Um diese Risiken den wissenschaftlichen Regeln entsprechend unter den Teppich zu kehren, werde ich sie in die Anmerkungen verbannen, die sowieso niemand liest – denn „nichts verleiht

---

[12] Dieses Thema ist frei erfunden. Sie können es variieren mit einem Themenfeld Ihrer Wahl.
[13] Zur Brille als Metapher fürs Forschen siehe DARIA PEZZOLI-OLGIATI: „Spieglein, Spieglein an der Wand" 2008, 41–42.
[14] Und wenn einen sogar Leute aus anderen Fächern nicht verstehen, verzichtet man eben auf interdisziplinären Austausch.

einem Text eine so charakteristische Aura von Wissenschaftlichkeit wie Fußnoten"¹⁵ – und mich hier im Haupttext dem nächsten Punkt zuwenden.¹⁶

Risiko 3: Das Verzetteln ohne Heu zu wenden

Ist es Ihnen schon einmal passiert, dass Sie bei einer Alltagstätigkeit, z. B. beim Abwasch oder dem Staubsaugen, eine zündende Idee für einen Aufsatz, bei dem sich ein Schreibstau breit gemacht hatte, hatten? Machen Sie dann jeweils den Abwasch fertig oder rennen Sie, die Schürze noch umgebunden, zum Computer? Mir geschieht so etwas dauernd. Das hat zur Folge, dass jeweils nur die Hälfte der Küche blitzblank ist. Meine Familie nennt das dann „typisch Wissenschaftlerin" – und leider verstärken solche Handlungen die öffentlichen Stereotypen der verwirrten Gelehrten.

---

15 KOŠENINA, Der gelehrte Narr, 2003, S. 267. Er fährt auf derselben Seite fort: „Ob sie Schein oder Sein indizieren, bleibt indes fraglich. Dennoch bilden sie maßgeblich den Personalausweis in der Gelehrtenrepublik".

16 Sich selbst einzumauern bedeutet, dass Bücher, hinter denen drei, vier oder auch sechs Jahre harter Arbeit und zahllose durchwachte Nächte stecken, in 200er Auflagen gedruckt werden, von denen die meisten auf Nimmerwiedersehen in den Tiefen nationaler Bibliotheksarchive verschwinden. Wollen wir wirklich Wissen generieren für Archive (bzw. die Schublade bzw. den Müll von morgen)? Daran anschließend wundert es nicht, wenn plötzlich Fragen nach der Relevanz der eigenen Arbeit und des eigenen Faches aufblitzen: Nützt Geisteswissenschaft der Gesellschaft überhaupt etwas? Was ist die Relevanz der Religionsforschung?
Wenn man sich der Relevanz der eigenen Forschung selbst nicht einmal sicher ist, dann wird es wirklich heikel: Wie soll man Drittmittel einwerben, ohne selbst von der Relevanz der eigenen Forschung überzeugt zu sein? Wie Verlage überzeugen? Oder die Lesenden?
Die Antwort auf diese Fragen ist meines Erachtens denkbar einfach: Natürlich nützen geisteswissenschaftliche Forschungen der Gesellschaft. Das Problem ist nicht der Inhalt dieser Forschungen, sondern tatsächlich die Form. Aber um diese Gefahr zu bannen, muss man die eigenen Gedanken, Reflexionen, Resultate so aufbereiten, dass die Gesellschaft sie nachvollziehen kann (oder banal: versteht) und sie auch interessant präsentieren. Dissertationen, die als Filme statt als Bücher realisiert werden, haben beispielsweise ein großes Potential, auch außerhalb des fachinternen Diskurses wahrgenommen zu werden. Aber auch wenn Sie, aus welchen Gründen auch immer, lieber nicht an der gängigen schriftlichen Form der Resultatsbekanntgabe rütteln wollen: Zumindest einige englischsprachige Wissenschaftler*innen zeigen, dass man komplexe Zusammenhänge durchaus spannend verpacken kann. Eine meines Erachtens brillante Studie in dieser Hinsicht (und auch in anderen Aspekten) ist das Buch von Paul Koudounaris über römisch-katholische Katakombenheilige – wahrlich nicht ein Thema, das die Massen bewegt. Dennoch wurde sein Buch bei Taylor and Hudson herausgegeben und unterdessen bereits in Deutsche und Französische übersetzt: PAUL KOUDOUNARIS: Heavenly Bodies. Cult Treasures & Spectacular Saints from the Catacombs, London 2011. Vielleicht sollten Skills, die in diese Richtung zielen, also komplexe Sachverhalte verständlich zu erklären und darzustellen, Teil der Ausbildung des Nachwuchses werden?

Auch diese Nebenwirkung der Wissenschaft ist altbekannt: Man ist in zu viele Projekte involviert, verzettelt sich, stiftet Chaos. Am Ende ist der brillante (oder auch nur halb brillante) Aufsatz zwar irgendwie fertig geschrieben und man kann ihn viel zu spät abgeben, aber sonst wirbelt alles drunter und drüber. Will man diese Unordnung aufräumen, kommt leider bereits der nächste gute Einfall, was das Problem verstärkt, nicht löst. Ein endloses Chaos also.

Dieses Verzetteln, ohne dabei Heu zu wenden oder etwas plausibel zu Machendes zu erreichen, ist ein Problem, das sich bei Geisteswissenschaftler*innen besonders ausgeprägt zeigt. Die Naturwissenschaften haben hier einen kleinen Vorteil in dem Sinn, dass es bisweilen leichter ist, einen konkreten Nutzen der Forschung vorzuschieben. Der Literaturwissenschaftler Alexander Košenina beschreibt dieses Problem folgendermaßen: „Der Geisteswissenschaftler vollbringt keine rechten Taten, handelt mit keinen handfesten Gegenständen, existiert nur in Bibliotheken oder auf Symposien und kann sich allein in Rede oder Schrift zur Geltung bringen. Sein geistiges Wirken bleibt letztlich abstrakt".[17]

Abb. 3: Das Wirken des Geisteswissenschaftlers bleibt abstrakt. Foto: © Yves Müller.

Ist Geisteswissenschaft in diesem Sinn also Selbstzweck?

Ist das Pochen auf klare Fragestellungen, deutliche Methoden und abgrenzbare Theorien vielleicht ein (hilfloser) Versuch, sich eine Position ähnlich einer naturwissenschaftlichen Versuchsanordnung zu geben? Darüber muss

---

[17] KOŠENINA, Der gelehrte Narr, 2003, S. 25.

ich noch etwas nachdenken, aber zuerst wende ich mich dem anderen Aufsatz zu, der fertig geschrieben werden will.

Risiko 4: Das Grab des Pessimismus

Das akademische Leben ist mit vielen Hürden verbunden. Die Wissenschaft verspricht kein rosiges Leben, sondern ist von Askese und Selbstdisziplinierungen geprägt. Man kämpft sich durch die „Laufbahn" der Akademie wie ein Sprinter über die 100 Meter im ultimativen Konkurrenzkampf, tropft vor allem als Frau durch die *leaky pipeline*[18] und übt sich in übermenschlicher „Exzellenz". Man wird weder reich noch berühmt, außer man ist nebenberuflich Influencer*in. Lehraufträge sind, zumindest in Deutschland, eine Ehre, aber bezahlen kann man damit die Miete nicht. Die Bücher, die man schreibt und für die man einen hohen Druckkostenzuschuss bezahlen muss, liest, wie wir oben festgestellt haben, niemand. Und die Zukunftsperspektive reicht bis zur nächsten Wand: Im Mittelbau gibt es immer weniger unbefristete Stellen; man begnügt sich also mit einigen Jährchen, die man ganz nach calvinistischem Ideal optimal zu nutzen hat (Abb. 4). Entsprechend wird erwartet, dass man rund um die Uhr für die Wissenschaft tätig ist und sinnlose und zeitaufwändige Hobbies wie Modellbau, Pferdetraining oder Wandern aufgibt – weshalb man übrigens auch zu wenig Zeit hat, um nebenher Influencer*in zu sein. Hinzu kommt, dass Wissenschaft (und damit aufgrund eines etwas unlogischen Kurzschlusses auch Wissenschaftler*innen) per definitionem kritisch ist,[19] weshalb man dauernd Kritik ausgesetzt ist. Zum Beispiel durch Rezensionen, Gutachten, Evaluationen und double-blind-und-deshalb-besonders-objektive peer-reviews. Manchmal gestaltet sich auch die Zusammenarbeit mit Kolleg*innen als harzig, vielleicht, weil man ein spezieller Mensch sein muss, um in dieser schwierigen Akademie zu bleiben (wobei ich mich einschließe). Erst, wenn man Professor*in ist, hat man „es" geschafft. Nur was ist dieses sagenumwobene „es"? Was hat man dann geschafft?

---

[18] Die Definition der leaky pipeline ist gemäß dem Gender-Glossar der Universität Paderborn folgende: „Mit dem Begriff der ‚Leaky Pipeline' wird der in der Wissenschaft absinkende Frauenanteil auf den verschiedenen Qualifizierungsebenen und Karrierestufen bezeichnet, der in vielen Fachbereichen trotz zunehmend höherer Bildungsabschlüsse von Mädchen und Frauen, Frauenförderplänen, Gleichstellungspolitiken, Gender Mainstreaming-Maßnahmen und gezielter Angebote im MINT-Bereich sowie von Mentoring-Programmen immer noch zu verzeichnen ist und auf eine fortbestehende strukturelle Ungleichheit von Männern und Frauen hinweist." Siehe: https://www.uni-paderborn.de/universitaet/genderportal/gender-glossar/leaky-pipeline/ (zuletzt geprüft am 05.05.2019).

[19] Ganz gemäß dem Aphorismus des Mathematikers Georg Christoph Lichtenberg: „Zweifle an allem wenigstens einmal, und wäre es auch der Satz *zwei mal zwei ist vier*."

Abb. 4: Wissenschaft ist hektisch, bietet wenig Perspektive und verleitet zum Trinken. Oder doch nicht? Foto: © Yves Müller.

An der akademischen Welt ist unbestreitbar vieles nicht ideal; aber in anderen Feldern unserer Gesellschaft auch nicht. Sollen wir also aufgrund dieser manchmal schwierigen Verhältnisse in totalen Pessimismus verfallen? Und noch schlimmer: Diesen Pessimismus an die Studierenden weitergeben und somit eine neue Generation von Pessimist*innen „heranzüchten"?

Nein?

Nun, was gäbe es dann für Auswege aus dieser finsteren Höhle der Schwarzmalerei? Sollten wir der Akademie lieber den Rücken kehren? In Eigenregie Hühner züchten?

Zumindest ich wurde nicht gezwungen, in der Akademie zu bleiben. Ich bin in der Wissenschaft, weil ich da sein will. Die Wissenschaft hat nämlich auch viele gute Seiten: Sie ermöglicht Freiheit im Denken, Lehren, Forschen, auch Gestalten des Alltags. Ich kann meine eigenen Projekte verfolgen und führe viele intellektuell anregende Gespräche mit verschiedenen Menschen. Man lernt, Distanz zu sich und der Umwelt einzunehmen und eigene Blickwinkel zu reflektieren. Und man erfährt immer wieder Neues. Die Arbeit mit den Studierenden macht Spaß. Und die Zusammenarbeit mit Kolleg*innen, die im Laufe der Jahre zu guten Freund*innen werden, auch.

Für mich wiegen die positiven Seiten der Akademie die negativen auf, aber dennoch dürfen Letztere nicht unter den Tisch gekehrt werden. Die Möglichkeiten, die ich sehe, um mit der schwierigen Seite der Akademie umzugehen, ohne in totalen Pessimismus zu verfallen, sind deshalb folgende zwei:

Erstes Heilmittel: Die Tatsache, dass eine akademische Karriere sowieso nicht planbar ist und stark von wissenschaftlichen Moden, öffentlichen Diskursen, Akademie-politischen Entscheiden und einfach dem Zufall abhängt, wird nicht besonders rege betont. Sich diese Tatsache einzugestehen, kann aber befreiend wirken: Wenn eine Karriere nicht planbar ist, kann man auch die Themen wählen, die einen selbst interessieren und – noch besser – faszinieren.[20] Dann lohnen sich die befristeten Jahre an der Universität wenigstens. Die Strategie wäre also, wissenschaftlich (nicht moralisch) zu machen, was man will, und mit den Leuten zusammenzuarbeiten, die man mag, statt das zu erforschen, von dem man denkt, dass es vielleicht dem Rennen in der akademischen Laufbahn nützen könnte.

Zweites Heilmittel: Eine andere Strategie ist es, sich Akademie-politisch zu engagieren und die universitären Anstellungsverhältnisse aktiv zu verändern. Wieso soll es keine Teilzeitprofessuren geben? Was spricht gegen unbefristete Mittelbaustellen mit einem Fokus auf Lehre? Etc. Wenn Sie nun einwenden, dass das sowieso nichts bringen wird, sind Sie bereits zu sehr dem Pessimismus verfallen und sollten sich schleunigst davon heilen. Denn vergessen Sie nicht: Steter Tropfen höhlt den Stein.

Risiko 5: Das Stilllegen des revolutionären Potentials durch reaktionäre Werte und sinnlose Ritualisierungen

Wissenschaftliches Denken und Handeln bietet revolutionäres Potential: Die 1968er Studierendenrevolten belegen dies; aber auch in anderen Jahren war die Universität berüchtigt als Geburtsort subversiver und gesellschaftskritischer Ideen. Die Uni also als Herd für Aufmüpfigkeit und Rebellion?

Heute haben die Studierenden allerdings keine Muße mehr für zeitraubende Revolutionen, sondern sie widmen sich pflichtbewusst dem Verfassen von Hausarbeiten für die Schublade und dem Ausmalen von Multiple Choice-Prüfungen. Das kann für gewisse Dozierende arbeitsintensiv sein, wie aus einer Studie der *HOPE* (*Helping Overdeveloped People*) hervorgeht: „Einige Hochschulprofessoren beklagen den Fleiss heutiger Studierender: Früher – so ein älterer Professor für literarische Dekonstruktion – hätten die Studierenden tagelang demonstriert, weitab von der Universität. Heute würden sie fleissig studieren und ihn permanent mit intelligenten Abschlussarbeiten belästigen."[21]

---

[20] Und ja, ich bekenne mich hiermit dazu, dass ich Involvierungsresistenz bezüglich der eigenen Forschungsthemen als problematisch empfinde.

[21] Hierbei handelt es sich um ein Zitat aus satirischen Texten über Zürich, die der Soziologe François Höpflinger 1999 für den Tagesanzeiger, Zürich, geschrieben hat. FRANÇOIS HÖPF-

Was ist unterdessen passiert?

Eine Reihe von Studien zeigt auf, dass in den frühen 2000er Jahren ein bahnbrechendes Novum eingeführt wurde, das die akademische Aufmüpfigkeit erfolgreich zu bekämpfen vermochte:[22] das sogenannte Bologna-System[23]. Dieses Studiensystem basiert auf einem guten Vorhaben, leider aber mit einigen problematischen Implikationen. Es ökonomisiert Wissen anhand einer Marktstrategie, die auch große Warenketten erfolgreich betreiben („sammeln Sie unsere Punkte – heute im Aktionspaket"). Die damit verbundenen Risiken sind nicht nur die mangelnde Zeit für Revolutionen, sondern eine Verknöcherung des gesamten Systems, die nicht nur Studierende betrifft: Welche Werte stehen hinter einer Verpunktisierung und Standardisierung des Denkens? Wie sinnvoll ist die andauernde Prüferei, um Menschen zu innovativen, selbstdenkenden Wissenschaftler*innen zu formen? Ist exzellent, wer am meisten Noten, Labels, Punkte, peer-reviews und externe Gelder gesammelt hat? Geht die akademische Freiheit verloren durch eine stärkere Verschulung und Regulierung? Stehen überhaupt noch Wissenschaft oder Denken im Zentrum oder eher eine Ritualisierung der immerwährenden Evaluierung, die jegliche Innovation im Keim erstickt?

Was man dagegen machen kann? Das weiß ich leider auch nicht. Aber man könnte Drittmittel für eine Studie über mögliche Auswege einwerben.

LINGER: Fremde sehen die Stadt Zürich – Zürcher Stadtsatiren, Zürich 1999: http://www.hoepflinger.com/fhtop/fhinsel1E.html (zuletzt geprüft am 05.05.2019).

[22] Z. B. LENA BECKER: Bildung im Zeichen der Ökonomisierung. Der Bologna-Prozess und seine Auswirkungen auf die Erziehungswissenschaft, Darmstadt 2012; ROLF SETHE: Vom Lizenziats- zum Bologna-System. Auswirkungen auf das Prüfungsgeschehen, in: Prüfen in der Rechtswissenschaft: Schriften zur rechtswissenschaftlichen Didaktik, Bd. 4, hg. von JUDITH BROCKMANN / ARNE PILNIOK, Baden-Baden 2013; ANKE HANFT / ISABEL MÜSKENS (Hg.): Bologna und die Folgen für die Hochschulen (Hochschulwesen – Wissenschaft und Praxis), Bielefeld 2005.

[23] Bolognese ist etwas anderes, aber Synonyme wären: Bologna-Prozess, Punktesystem, Kreditpunktesystem, Neues Zweistufiges Studienmodell, völliger Quatsch.

Abb. 5: Seien Sie fleißig und sammeln Sie Punkte, Noten, peer-reviews und Smileys. Foto: ©Yves Müller.

Risiko 6: Das Einschließen im einsamen Kämmerlein bei Kerzenschein

Die Geisteswissenschaft ist geprägt von prominenten Denker*innen, die wichtige Monographien veröffentlichen. Es sind Einzelkämpfer*innen, die sich mit Methodenmacheten und Konzeptschaufeln durch das undurchsichtige Gestrüpp der chaotischen Empirie schlagen. Doch wieso? „Nur durch weitgehenden Abschluss von der Welt ist die nötige Konzentration und Kontemplation des Kopfmenschen erreichbar".[24] Besonders gut denkt man da, wo man völlig alleine ist. Zum Beispiel auf dem stillen Örtchen.[25]

An sich ist ein kontemplativer Rückzug nichts Schlimmes. Er kann zu aufschlussreichen und innovativen (zu Innovation unten mehr) Gedanken führen. Das Risiko besteht nicht einmal in der damit möglicherweise verbundenen Vereinsamung, z. B. wenn man sich zum Verfassen einer Dissertation vier Jahre lang in einem Büro einschließt. Sondern ein Risiko ergibt sich erst dann, wenn dieser Einzelkampf zu einer wissenschaftlichen Regel erhoben wird. Qualifika-

---

[24] KOŠENINA: Der gelehrte Narr, 2003, S. 74.
[25] Hierzu gibt es einen schönen Kupferstich von Jeremias Wolff um 1700 mit den Titel „Studiosus in loco secreto". Darauf sieht man einen Gelehrten, der auf dem Abort sitzt und schreibt.

tionsarbeiten sind Einzelarbeiten, Professuren im Jobsharing noch immer die Ausnahme und auch Forschungsgruppen finden sich in der Geisteswissenschaft meiner Meinung nach viel zu wenige. Wenn man erfolgreich zu fünft eine Monographie schreibt, wird man als außerirdische Lebensform abgestempelt und muss mehr über den Entstehungsprozess als über den Inhalt des Buches berichten.[26] Das Risiko der Akademie ist also Vereinsamung als Programm. Diese ist manchmal mit einer Art Paranoia verbunden: Man will sich nicht in die Karten schauen lassen; Lehre ist alleine zu halten; Bücher sind als Einzelmonographien zu schreiben. Denn andere könnten die eigenen Ideen, Titel oder Texte stehlen oder der eigene Name könnte nicht zuoberst auf dem Sammelband genannt werden. Als Prävention davon hilft rege Teamarbeit. Ob es ein Heilmittel dagegen gibt, bin ich mir noch nicht sicher. Hierzu müsste die Forschung intensiviert werden; wobei unklar bleibt, ob paranoid-einsame Wissenschaftler*innen einen Fragebogen wahrheitsgemäß ausfüllen oder mit Interviewenden reden würden.

Abb. 6: Studieren Sie noch oder vereinsamen Sie bereits? Foto: ©Yves Müller.

---

[26] Wir haben den Versuch unternommen: NATALIE FRITZ/ ANNA-KATHARINA HÖPFLINGER/ STEFANIE KNAUSS/ MARIE-THERESE MÄDER/ DARIA PEZZOLI-OLGIATI: Sichtbare Religion. Eine Einführung in die Religionswissenschaft, Berlin 2018.

Risiko 7: Das Fesseln in ewigen Apologien

Studien müssen heute, damit sie die begehrten Drittmittel einwerben und deshalb wichtig sind, mindestens interdisziplinär, innovativ, exzellent und relevant sein. Was bedeuten diese Adjektive?
Beginnen wir vorne:

Interdisziplinär:
Wenn man Risiko 6 gar nicht erst hervorbrechen lassen und nicht alleine auf dem Klo denken will, sollte man in Teamwork diskutieren und arbeiten. Idealerweise mit Personen, die einen anderen disziplinären Hintergrund haben, so dass sich durch die Debatten neue Schubladen öffnen (quietschende) und Denkarten ergeben. Interdisziplinarität ist enorm bereichernd. Das Problem ist nur, dass interdisziplinäres Arbeiten auch ziemlich anstrengend ist. Man muss offen sein für die Terminologie einer anderen Disziplin, Kompromisse eingehen, sich vielleicht zur Verständigung in neue Konzepte einlesen oder zumindest bereit sein, sich andere Blickwinkel in zeitraubenden Sitzungen erklären zu lassen. Ein gemeinsam angelegtes Glossar ist ebenfalls sehr hilfreich. Das alles führt allerdings unweigerlich dazu, dass man die sich sorgfältig einverleibten Begrifflichkeiten und Konventionen der eigenen Disziplin zu hinterfragen beginnt – was nicht von allen gewünscht wird.

Innovativ:

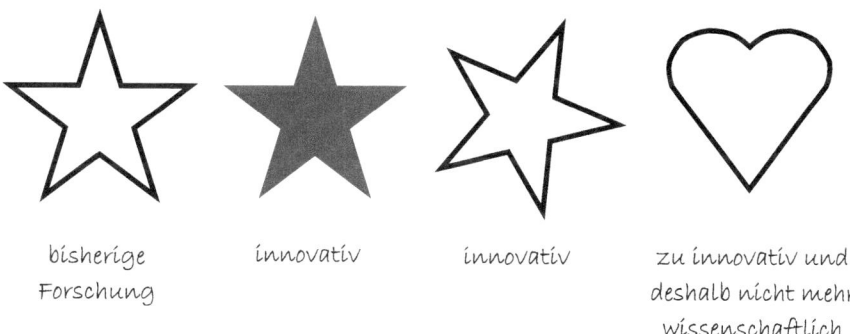

bisherige Forschung | innovativ | innovativ | zu innovativ und deshalb nicht mehr wissenschaftlich

Exzellent:
Exzellenz ist nicht nur ein Ehrentitel, sondern auch eine Bezeichnung für ... wofür eigentlich? Für ein Konzept von Spitzenleistungen? Für die Spitzenleistung selbst? Für Ideen? Für Resultate? Nur, was sind die Messkriterien für solche Spitzenleistungen? Wer setzt sie fest? Nicht einmal das allwissende wikipedia.org weiß es. Der Artikel zu „Exzellenz (Wissenschaft)" fehlt nämlich noch.[27] Ich werde den Verdacht nicht los, dass Exzellenz ein Machtbegriff ist. Er

---

[27] https://de.wikipedia.org/wiki/Exzellenz (letzter Zugriff 23.5.2019).

dient dazu, Ungleichheit zwischen den Forschungen – und leider auch den Forschenden – zu kreieren und Konkurrenz herzustellen. Deshalb behaupte ich jetzt einfach mal, das vorliegende Buch sei exzellent. Schaden wird es wohl nicht.

Relevant:
Die Sache mit der Relevanz ist ebenfalls heikel. Nicht in der Definition, denn relevant ist, was der Gesellschaft nützt. Der Nutzen wird dabei durch eine Vergrößerung bestimmt: von Wissen, Macht, Geld, Wohlstand, Wohlergehen, Gesundheit etc. Problematisch ist die Sache mit der Relevanz aber dennoch. Denn sobald man betonen muss, dass etwas relevant ist, zeigt dies logischerweise an, dass es nicht relevant ist. Wirkliche Relevanz muss man nicht benennen, geschweige denn betonen, denn alle wissen, wenn etwas relevant ist.

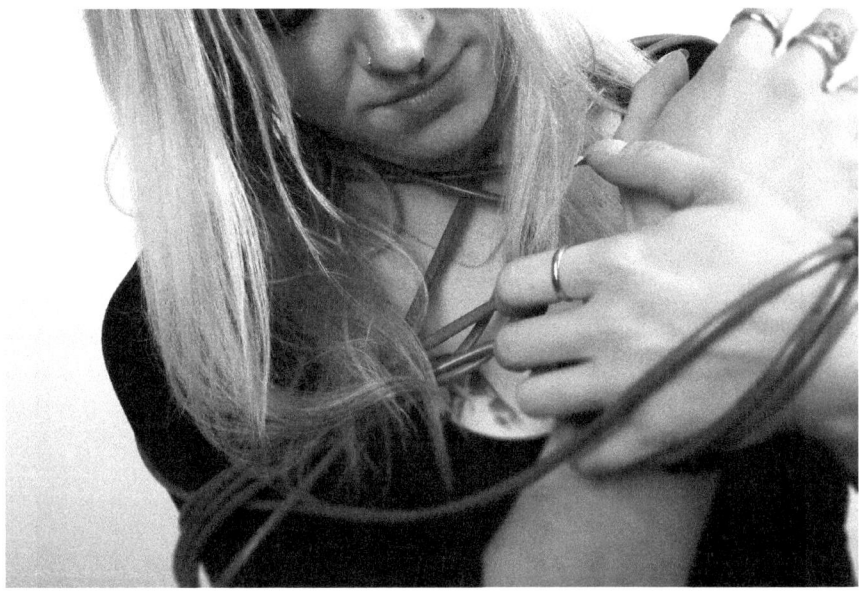

Abb. 7: Forschende fesseln sich manchmal (aus Zerstreutheit) in Kabeln; manchmal aber auch in Apologien. Foto: © Yves Müller.

Die vier besagten Adjektive kann man also bestimmen. Sie bergen verschiedene Risiken in sich. Was sie aber alle gemeinsam haben, ist, dass es sich dabei um apologetische Aussagen handelt. Sie dienen dazu, der Öffentlichkeit, die uns Wissenschaftler*innen für vertrottelte Genies oder geniale Trottel hält, zu erklären, dass das, was wir machen, extrem wichtig ist. Verstehen Sie mich nicht falsch: Ich halte es in der Tat für wichtig, was wir machen; sonst würde ich es nicht tun. Eine offene geisteswissenschaftliche Reflexion, die auf Komplexität und Pluralität pocht, ist für die Gesellschaft ein Gewinn, weil sie Mehrschichtigkeit betont, Stereotypen hinterfragt und das Reflektieren fördert.[28] Aber wieso müssen wir die Wichtigkeit der Wissenschaft in ominöse Codes wie Exzellenz oder Relevanz gießen? Diese Begriffe sind semantisch zu eng gedacht; sie wollen nämlich einzelne Studien erklären, aber die Wissenschaft wird relevant durch ihre Bandbreite an Fragen, durch die Mischung an tiefgehenden Case Studies und breit angelegten Überblicken, durch historische und synchrone Perspektiven etc. Gute Studien zeigen nicht Wahrheiten auf, sondern regen die Lesenden zum Denken (und Weiterdenken) an. Das macht sie wichtig.

Ein Fazit ohne Wenn und Aber

Wie meine Ausführungen gezeigt haben, ist das akademische Leben an einer theologischen Fakultät zum Glück nicht so gefährlich wie in einer Scheune gelagertes Nitroglyzerin, aber...

...

...

Statt mein „Aber" hier in vielen weiteren Fußnoten auszuführen, lasse ich Ihnen lieber Platz für Ihre eigenen Gedanken, Kritiken und Anmerkungen. Selbstverständlich dürfen Sie auch eine Giraffe zeichnen.

---

[28] Es überrascht deshalb nicht, dass die freie Wissenschaft in Diktaturen eingeschränkt wird.

Literatur

BARLEY, NIGEL: Traumatische Tropen. Notizen aus meiner Lehmhütte. Stuttgart 1990.

BECKER, LENA: Bildung im Zeichen der Ökonomisierung. Der Bologna-Prozess und seine Auswirkungen auf die Erziehungswissenschaft, Darmstadt 2012.

EGGER, FRANZ: Schellenbergs Totentanz, in: 10. Rundbrief der Totentanz-Vereinigung Schweiz, Oktober 2017, https://www.totentanz-schweiz.ch/sites/default/files/rundbrief/2017_10 %20Rundbrief10.pdf (zuletzt geprüft am 26.04.2019).

Fritz, Natalie / Höpflinger, Anna-Katharina / Knauss, Stefanie / Mäder, Marie-Therese / Pezzoli-Olgiati, Daria: Sichtbare Religion. Eine Einführung in die Religionswissenschaft, Berlin 2018.

Art. „Leaky Pipeline". Gender Glossar der Universität Paderborn: https://www.uni-paderborn.de/universitaet/genderportal/gender-glossar/leaky-pipeline/ (zuletzt geprüft am 05.05.2019).

RIGO, JACQUELINE: Religiöse Kleidung. Vestimentäre Praxis zwischen Identität und Differenz, Bielefeld 2015.

HALL, STUART: Das Spektakel des „Anderen", in: Ideologie, Identität, Repräsentation. Ausgewählte Schriften 4, hg. von JUHA KOIVISTO / ANDREAS MERKENS. Hamburg 2004. S. 108–166.

HANFT, ANKE / MÜSKENS, ISABEL (Hg.): Bologna und die Folgen für die Hochschulen (Hochschulwesen – Wissenschaft und Praxis), Bielefeld 2005.

HÖPFLINGER, FRANÇOIS: Fremde sehen die Stadt Zürich – Zürcher Stadtsatiren, Zürich 1999: http://www.hoepflinger.com/fhtop/fhinsel1E.html (zuletzt geprüft am 05.05.2019).

KOŠENINA, ALEXANDER: Der gelehrte Narr. Gelehrtensatire seit der Aufklärung, Göttingen 2003.

KOUDOUNARIS, PAUL: Heavenly Bodies. Cult Treasures & Spectacular Saints from the Catacombs, London 2011.

MALINOWKSI, BRONISLAW: Ein Tagebuch im strikten Sinn des Wortes. Neuguinea 1914 – 1918, hg. von FRITZ KRAMER, Frankfurt a. M. 1985.

MUSIL, ROBERT: Die Verwirrungen des Zöglings Törleß (1906), jetzt in: DERS.: Gesammelte Werke, Bd. 2, hg. von ADOLF FRISÉ, Reinbek bei Hamburg 1983, S. 7–140.

PEZZOLI-OLGIATI, DARIA: „Spieglein, Spieglein an der Wand", Rekonstruktionen und Projektionen von Menschen- und Weltbildern in der Religionswissenschaft, in: Handbuch Gender und Religion, hg. von ANNA-KATHARINA HÖPFLINGER / ANN JEFFERS / DARIA PEZZOLI-OLGIATI, Göttingen 2008, S. 41–60.

SCHELLENBERG, JOHANN R. / MUSÄUS, JOHANN K. A.: Freund Heins Erscheinungen in Holbeins Manier. Winterthur 1785.

SETHE, ROLF: VOM LIZENZIATS- ZUM BOLOGNA-SYSTEM. AUSWIRKUNGEN AUF DAS PRÜFUNGSGESCHEHEN. IN: PRÜFEN IN DER RECHTSWISSENSCHAFT: SCHRIFTEN ZUR RECHTSWISSENSCHAFTLICHEN DIDAKTIK, BD. 4, HG. VON JUDITH BROCKMANN / ARNE PILNIOK, BADEN-BADEN 2013.

STOLZ, FRITZ: Kirchgasse 9. Ein theologischer Kriminalroman, Zürich 1999.

Begriffsklärung „Exzellenz", Wikipedia: https://de.wikipedia.org/wiki/Exzellenz (zuletzt geprüft am 23.05.2019).

Mut und Demut

Eine kleine Tugendlehre für die theologische Wissenschaft

Annette Haußmann / Niklas Schleicher

Wissenschaftsorganisation und Arbeitsformen in der Wissenschaft werden selten zum Thema theologischer Reflexion gemacht. Zwar arbeiten Wissenschaftler*innen beständig in verschiedenen Team-Konstellationen bzw. in der Spannung von unterschiedlichen Arbeitsformen, befassen sich aber meist nur im kollegialen Austausch hinter den Kulissen mit den Bedingungen und Formen wissenschaftlichen Zusammenarbeitens. Dies möchte der folgende Artikel nun ändern, indem wir anhand aktueller Beispiele die wissenschaftliche Zusammenarbeit und Arbeitsformen im interdisziplinär-enzyklopädischen Diskurs aus der Perspektive von Ethik und Praktischer Theologie reflektieren. Um diese Perspektiven transparent zu machen und die kollegiale Arbeitsform auch auf der schriftlichen Ebene darzustellen, wurde die Form eines Dialogs gewählt, der produktionsästhetisch aus einem Emailverkehr hervorging, der dem mündlichen Vortrag vorgelagert war. Dabei bleibt die Sprecherposition bewusst erhalten, so dass die unterschiedlichen Meinungen sichtbar sind und zugleich wird auf vereinheitlichende Tendenzen in der Schriftform verzichtet. Im gehaltenen Vortrag im Rahmen der „Jungen Akademie" erwies sich gerade diese Vorgehensweise als produktiv für die weiterführende Diskussion im Plenum. Und so hoffen wir, dass auch dieser geschriebene Dialog die relevante Debatte weiterführen kann, wie wissenschaftliches Arbeiten praktisch, kollegial und interdisziplinär erfolgen kann.

Niklas Schleicher:

Wir streben also einen Versuch an, einen Beitrag von vornerein als Dialog anzulegen. „Über Mut und Demut. Eine kleine Tugendlehre für theologische Wissenschaft" soll das Thema des Artikels sein. Ich finde den Titel immer noch spannend und hoffe, dass die Menschen, die ihn gelesen haben, das Augenzwinkern gesehen haben. Ich meine Demut und dann „Tugendlehre" ist ja auch ein bisschen Selbstwiderspruch.

Was aber meinten und meinen wir mit diesem Thema? Beim Überlegen, wie ich den Aufschlag mache, dachte ich darüber nach, was wir eigentlich sagen wollen damit, was unsere Grundintention war. Wenn ich mich richtig entsinne, war es wieder mal grundsätzliche Wut über verschiedene, in gewisser Weise auch gegenläufige Phänomene, die uns dazu brachte zu sagen: Man müsste doch mal. Ich versuche diese Intentionen kurz zu skizzieren und bleibe dabei in der wenig gefährlichen Ich-Form.

Einerseits ist es doch so, dass Theologie und theologische Wissenschaft mich ganz oft einfach schrecklich langweilen. Dies liegt vielleicht daran, dass ich schwer zufrieden zu stellen bin. Oder es liegt daran, dass manches und vieles auch oft furchtbar langweilig ist. Die achtunddreißigste Studie zu Luthers Tischreden, die siebte Untersuchung zum Hifil im Tritojesaja, die hundertste Studie zu Karl Barths Beiträgen zur Bioethik und so weiter und so fort. Das mögen alles wichtige und entscheidende Sachen sein, und auch relevant, aber eben auch: Langweilig! Man kann möglicherweise solche Themen weniger langweilig präsentieren, aber man muss das vielleicht auch wollen. Das reine Verharren in den einzelnen Binnendiskursen ist dafür zu wenig. Stellt mir, einem Ethiker mit begrenztem Horizont dar, warum eure Projekte spannend sind, oder noch besser: Versucht, gemeinsam mit mir etwas aus den Projekten zu machen, vielleicht gibt es ja Anknüpfungspunkte, die keiner von uns sieht. Oder riskiert was mit den Projekten: Sichert nicht alles nach allen Seiten hin ab, wagt mal eine größere These, eine umfassendere Betrachtung. Paul Tillich und Emanuel Hirsch hatten 1917 einen Briefwechsel begonnen und tauschten dort theologische Gedanken aus. Auf einen Brief von knapp drei Seiten entfaltet Hirsch Gedanken zur Religion als Ganze, den Geist, und den Menschen, also Themen, die locker 1000 Seiten einnehmen könnten. Tillich antwortet darauf:

> „Dein Brief ist das Tiefste, was seit Schellings ‚positiver Philosophie' ein Theologe geschrieben hat! Wie zwerghaft erscheinen zwischen solchen Höhen die dazwischenliegenden Geschlechter der systematischen Theologen, Troeltsch nicht ausgenommen!"[1]

Allerdings erscheint der reine Hochmut auch nicht das zu sein, was mir vorschwebt, der zweite Teil des Titels heißt ja nicht umsonst: Demut. Was, jedenfalls mir, auch immer recht bitter aufstößt, ist diese Idee, dass der einzelne Theologe alleine derjenige ist, der das Wesen der Dinge durchschaut hat. Dies zeigt sich, wenn beispielsweise Wortbeiträge in Diskussionen Co-Referate werden, ohne dass man irgendeinen Wert auf die Aussagen der anderen Diskutanten legt. Dies zeigt sich auch daran, dass nur die Brillanz der eigenen Person Darstellung findet, und es nicht um die Sache zu gehen scheint. Oder dass die Sache nur ein Sprungbrett dafür wird, dass man selbst in Positionen mit Einfluss kommt. Eine eigene Meinung und ein Standpunkt ist dabei freilich wichtig, aber ein grundsätzliches Einsehen der eigenen Subjektivität und dem Verhaftet-Sein in einer ganz konkreten Perspektive sollte selbstverständlich sein.

---

[1] HANS-WALTER SCHÜTTE (Hg.), Emanuel Hirsch – Paul Tillich. Briefwechsel (1917–1918), Berlin und Schleswig-Holstein 1973, S. 21.

Ich bin nicht per se schlauer als meine Kollegin oder als der Studierende im Seminar. Diese Einsicht sollte auch eine Auswirkung auf meine Arbeit haben.

Vielleicht mal soweit: Mut und Demut. Mut, zu anderen, außergewöhnlichen Positionen und zu interdisziplinären Arbeiten und Demut als Wissen um die eigene Begrenztheit. Ich glaube nicht, dass das schon der Weisheit letzter Schluss ist. Aber es ist ein Anfang. Was meinst du?

Annette Haußmann:

Danke für deinen Auftakt zu unserer Serie und unserem Experiment, über die Phänomene und gleichzeitig über Auswege aus den skizzierten Dilemmata nachzudenken – denn als solche empfinde ich sie wirklich! Ich knüpfe deshalb an deiner zweiten Beobachtung an und versuche, sie ein wenig psychologisch zu unterfüttern. Vielleicht hilft das, den Motiven auf die Spur zu kommen, die zu den von dir beschriebenen Verhaltensphänomenen führen.

Ich teile deine Beobachtungen zur Langeweile beim Lesen theologischer Überlegungen, die mir besonders dann auffällt, wenn ich aus meiner Leselethargie durch Sätze aufgeweckt werde, wie etwa ein Beispiel aus dem theologischen Altersdiskurs:

> „Wenn es aber so ist, dass Theologie in einem frontalen Angriff gegen das Paradigma des produktiven Alterns aufgrund ihrer Assoziation mit defizitären Altersbildern wenig Entscheidendes beitragen kann, legt es sich nahe, die Grunddeutungslinie der Dramatisierung des Alters als radikalisierte existenzielle Situation zumindest eine Zeit lang auf sich beruhen zu lassen und nach anderen möglicherweise zwar oberflächlicheren, aber greifbaren Aspekten in der Lebenssituation der Älteren zu fragen."[2]

Ist das schon Mut? Besser also in den stummen Wartestand treten, wenn man im Diskurs nichts beizutragen hat, außer das Erwartbare zu benennen, womit man nur Langeweile auslösen kann? Woher kommt eigentlich diese Tendenz von Theologen, das Erwartbare und Vorhersehbare zu sagen? Fühlen wir uns wohler auf gewohntem Terrain und scheint es daher weniger gefährlich im Diskurs, eingeübte Argumentationsformen zu bespielen, die vielleicht gar nicht

---

[2] GERHARD WEGNER: Die Entdeckung der Generativität des Alters. Die Theologie im gerontologischen Diskurs, in: Alternde Gesellschaft (Jahrbuch sozialer Protestantismus), hg. von TRAUGOTT JÄHNICHEN u. a., Gütersloh 2013, S. 135–166, hier: 161.

mehr auffallen oder hinterfragt werden?[3] Oder langweilen nur wir uns, weil wir bestimmte Phrasen als Theologe und Theologin schon oft gehört haben und sie gar erwarten, während diese Phrasen in anderen Kontexten möglicherweise notwendig sind?[4] Ein wenig verhält es sich doch so: die Genese einer Langeweile produzierenden Theologie fängt ja schon im Studium an. Wir lernen vom ersten Semester an, zu reproduzieren, Gedanken anderer zu verstehen, zu reformulieren und zu analysieren. Der zweite Teil der Kunst, die Kritik am Rezipierten, ist oft nur ein Appendix daran. Ich erinnere mich an ein Hauptseminar, in dem der Standardsatz war: „Das haben wir noch nicht genügend verstanden, das müssen wir nochmal genauer anschauen." Und es folgte langwieriges Rezitieren des Textes. Selbes spiegelt sich in den Seminararbeiten, die über 15 Seiten zusammenfassen und in welchen sich die kritische Auseinandersetzung im kurzen einseitigen Fazit erschöpft. Sicher setzt echte Kritik voraus, dass erst das Verstandene und Durchdrungene überhaupt Gegenstand eigener Kritik und Positionalität werden kann. Aber dazwischen geht das Originäre des eigenen Denkens doch verloren, oder nicht?

Was dieses Re-Produzieren von Erwartbarem aber allemal mitbringt, ist eine gewisse Sicherheit. Wenn man also das x-te Mal die Theorie von Schleiermacher, Barth und Konsorten wiedergeben kann und das zu einem freundlichen Lächeln und einem „genau so!" des Dozierenden führt, dann ruft das zwangsläufig Zufriedenheit, Sicherheit, und die Überzeugung hervor, nun wirklich theologisch „richtig" zu liegen. Erstes Motiv für uns also: wissenschaftliche Sicherheit haben. Und das geht in der Qualifikationsphase ja so weiter. Etwa wenn man die Meinung der Doktormutter repliziert oder nach vielen Theorien lediglich eine Umgruppierung einzelner Aspekte derselben die Forschungsleistung erkennen lässt. Man könnte jetzt weiter monologisieren, und das Phänomen vertiefen, erklären, als systembedingt und gewissermaßen notwendig erscheinen lassen – beispielsweise mit dem momentan (wieder)

---

[3] Gut lassen sich solche Argumentationsformen auch im historischen Vergleich beobachten. Im Bereich der Publizistik etwa, wenn der Argwohn gegenüber neuen technischen Entwicklungen sich an nahezu allen neuen Medien vom Radio über Fernsehen bis zur Digitalisierung abarbeitet, diese als mit dem Menschsein per se als unvereinbar gedacht werden und solche Medienkritik in gewissen protestantischen Kreisen beinahe zum guten Ton zu gehören scheint. (vgl. ANNETTE HAUẞMANN: Verantwortung zwischen Verkündigung, Anwaltschaft und Eigeninteresse. Die Debatte um die ‚Neuen Medien' zwischen 1978 und 1984, in: Aus Verantwortung. Der Protestantismus in den Arenen des Politischen, hg. von CHRISTIAN ALBRECHT und RAINER ANSELM, Tübingen 2019, S. 289–311.

[4] Ich meine Phrasen wie „Der Mensch ist endlich und verletzlich", „Die Kirche muss sich für die Schwachen einsetzen" oder „Hier müssen wir Luthers Rechtfertigungslehre bedenken." Diese Phrasen sind alle sicherlich gut, angemessen und „richtig", verpuffen aber in Relevanzlosigkeit sowohl in Predigten als auch in anderen theologischen Texten. Dass dies auch im nichtakademischen Kontext polemisch aufgegriffen wird, zeigt z. B. die polemischen Anmerkungen zur Kanzelrhetorik von Erik Flügge, vgl. ERIK FLÜGGE: Der Jargon der Betroffenheit. Wie die Kirche an ihrer Sprache verreckt, München 2016.

allseits beliebten Michel Foucault und seinen Thesen zu Wissen, Macht und Diskursen.[5] Aber davon will ich lieber absehen und mich auf deine Anregungen konzentrieren.

Besonders hat mich der Hinweis auf den Briefwechsel zwischen Hirsch und Tillich zum Nachdenken gebracht. Mut braucht es zweifellos, aufrüttelnde Theologie, relevante Theologie zu produzieren: *gegenseitige Ermutigung*. Der Mut zum Schreiben, Denken und Sagen kommt offenbar auch bei Größen wie Tillich und Hirsch nicht lediglich aus dem eigenen Größenwahn des Narzissten, sondern aus der Ermutigung durch Freunde, wissenschaftliche Kollegen sowie einer gegenseitigen Ehrlichkeit und der Zumutung einer Konfrontation mit den eigenen (bisweilen noch unausgereiften) Gedanken. Das Weiterdenken an den Gedanken des anderen, das Ermutigen durch Zuspruch und Bestätigung der innovativen Ideen, die letztlich erst durch kreatives interaktives Dialogisieren konstruktiv entstehen? Könnte das ein Weg sein, wie wir aus der Langeweile zwischen Erwartbarem, der unterordnenden Demut des Wiederholenden uns ein Stück weiter zum theologischen Mut bewegen? Wenn wir uns gegenseitig ermutigen, als Wissenschaftler*innen weiter zu denken, gemeinsam? Die Kunst der Ermutigung scheint mir in der aktuellen Wissenschaftspraxis ein wenig verloren gegangen zu sein. Denn wissenschaftliche Debatten, Diskussionsrunden im Seminar, der Austausch in Forschergruppen besteht doch oft darin: Selbstpräsentation im Co-Referat ohne Anknüpfung an die Statements anderer, da gebe ich deiner Beobachtung vollkommen recht. Aber Zustimmung zu Aussagen anderer und ein Weiterdenken daran, ein: „Guter Gedanke von dir!" oder „gib mir mal deinen Artikel zu lesen", gemeinsames Schreiben? Wo kommt das in unserer Wissenschaftskultur vor, besonders in der Theologie?[6] Meine Vision (oder bleibt es naive Utopie?): *gemeinsam* forschen und denken. Oder bin ich zu pessimistisch?

---

[5] Z. B. MICHEL FOUCAULT: Die Ordnung des Diskurses: Inauguralvorlesung am Collège de France, 2. Dezember 1970, München 1974; DERS: Der Wille zum Wissen, Sexualität und Wahrheit Bd. 1, Frankfurt a. M. 1983. Dazu referiert haben andere schöner und besser und ich würde deren Gedanken nur verkürzt wiederholen können und damit meine These gewissermaßen zirkulär selbst belegen, was doch auch wieder öde wäre.

[6] In anderen Wissenschaften ist es übrigens durchaus nicht nur üblich, sondern gängig und notwendig, Paper gemeinsam zu schreiben und zu veröffentlichen. Und die Kränkung für insbesondere Naturwissenschaftler*innen besteht dann mitunter darin, dass die Reihenfolge der Autoren alphabetisch erfolgt und nicht nach Aufwand und Mühe des Schreibens und Forschens. Es ist die andere Konsequenz aus einer kollektiven Forschungslogik und gewissermaßen ihre dunklere Kehrseite.

Niklas Schleicher:

Ich habe lange gebraucht, um dir zu antworten. Nicht nur, weil ich in den letzten Tagen mit Familienarbeit, oder, neudeutsch, *Care-Arbeit* beschäftigt war. Nein, auch, weil es mir etwas schwer fällt. Jetzt schreibe ich dir, weil ich im Zug nach München sitze und, man muss sagen leider, mehr Zeit habe: Es gibt einen Personenschaden (welch dummer Euphemismus.) Die verzögerte Antwort liegt freilich nicht daran, dass ich deine Gedanken falsch finde, im Gegenteil: Ich stimme dir fast ohne Einschränkung zu. Das könnte die Lösung sein. Mehr Selbstdenken im Studium und darüber hinaus und mehr Ermutigung unter Kollegen und Kolleginnen. Das ist es. Denn selbst die beiden systematischen Fächer, also Systematische Theologie und Praktische Theologie verlieren sich im Studium, aber auch darüber hinaus, in historischer Rekonstruktion. Diese, das muss hier auch festgehalten werden, ist freilich von entscheidender Bedeutung! Niemand sollte mit den Altvorderen ins Gericht gehen, ohne wenigstens versucht zu haben, zu verstehen, was Sie uns sagen wollen. (Was anderes ist freilich, wenn ein Verstehen trotz Versuchen nicht möglich ist. Dann ist genau das die Kritik). Aber: Kritik ist notwendig.

Und gegenseitiges Ermutigen in der gemeinsamen Forschung. Weiterdenken. Gedanken gemeinsam zu einem besseren Ergebnis zu führen. Um hier auch nochmal die Geschichte zu berufen: Die dialektische Theologie war auch deshalb so erfolgreich, weil sich Barth, Gogarten, Thurneysen und andere gemeinsam eine „Kampfgemeinschaft" und in ihrem gemeinsamen Organ „Zwischen den Zeiten"[7] sich gegenseitig weitergetrieben hatten. Oder: Pannenberg und Rendtorffs Aufbruch mit „Offenbarung als Geschichte"[8]. Junge Heidelberger Privatdozenten sehen in der jungen Bundesrepublik, dass die Vergessenheit der Geschichtsphilosophie durch die Dialektische Theologie nicht weiterführt. Also entwickeln Sie aus ihrer jeweiligen Fachperspektive im Austausch miteinander einen neuen Zugang, der freilich nicht neu ist, sondern, und hier zurück zum Brief Tillichs, natürlich auf den ewigen Troeltsch zurückgeht.

Kritik und Ermutigung als der Weg aus theologischer Langeweile und Lethargie. Ja. Ja, aber irgendetwas fehlt, meiner Meinung nach wahrscheinlich der entscheidende Punkt. Ich hole dazu nochmal etwas aus, zumal das wunderbar beide Punkte, also Kritik und Ermutigung zusammenführt. Angenommen ich nehme in einem Seminar Schleiermachers Begriff der *Religion als schlechthinnige Abhängigkeit*[9] durch, und eine Teilnehmerin möchte den Begriff kritisie-

---

[7] „Zwischen den Zeiten" ist dabei der Titel eines Aufsatzes von Friedrich Gogarten. Am besten zugänglich ist die frühe, dialektische Theologie immer noch in: JÜRGEN MOLTMANN (Hg.): Anfänge der dialektischen Theologie (2 Bände), München 1962.
[8] WOLFGANG PANNENBERG u. a.: Offenbarung als Geschichte, Göttingen ²1963.
[9] FRIEDRICH DANIEL ERNST SCHLEIERMACHER: Der christliche Glaube (2. Auflage 1830/31), Berlin 2008, S. 32–40.

ren. Was ist ihr Ausgangspunkt der Kritik: Zum einen könnte sie sagen, dass die Vorstellung in sich unverständlich ist oder sich mit Schleiermachers sonstigem Denken beißt. Da bleibt die Kritik gewissermaßen immanent. Oder: Die Teilnehmerin setzt den Begriff mit ihrem sonstigen Verständnis ins Verhältnis, legt dar, wo er ihrem Grundverständnis von Religion (oder Theologie) widerspricht und versucht ihn von daher zu entzaubern. Sie braucht also in gewisser Weise eine, freilich immer vorläufige, Vorstellung von der Sache. Sie muss sich kurz die Frage gestellt haben: Was ist Theologie? Meiner Meinung nach ist das übrigens nichts, das erst Studierenden ab einem gewissen Semester zusteht: Jeder der das Studium beginnt, tut dies mit einem wie auch immer gearteten Vorverständnis. Dieses Vorverständnis ist wichtig und kann, in einem ersten Schritt, als Ausgangspunkt für Kritik dienen, sich an den Seminardiskussionen weiterentwickeln und zu einer eigenen Stellungnahme zur Sache führen.

Dies lässt sich ebenfalls auf die interkollegiale Diskussion deines zweiten Teils beziehen, auch wenn hier freilich noch eine zweite Ebene hineinspielt. Neben einem Begriff von den einzelnen Disziplinen hat man dort im besten Falle eine Vorstellung vom Zusammenhang der theologischen Disziplinen untereinander. Man hat eine Idee, wie die Forschungen zur Seelsorge an Demenzkranken mit seiner Vorstellung von Gottesebenbildlichkeit zusammenhängen, hat vielleicht Vorstellungen, wie Diakonie usw. sich entwickelt hat und welche Ideen der altorientalischen Umwelt dort reinspielen. Kurz: Betroffen ist hier nichts anderes als die sogenannte enzyklopädische Frage. Die Frage des inneren Bezugs der theologischen Fächer zueinander.

Dies führt allerdings zu einem Problem, den sich sowohl Hirsch und Tillich, als auch die Dialektiker und letztendlich auch die Pannenberg/Rendtorff-Truppe bewusst waren, von dem ich aber das Gefühl habe, dass wir es zunehmend verloren haben: Der innere Bezug zueinander benötigt, meiner Meinung nach, einen Bezugspunkt, eine, wie auch immer geartete Mitte der Theologie. Diese, so mein etwas unversöhnlicher Schluss, haben wir verloren. Oder? Vielleicht brauchen wir Sie aber auch gar nicht? Wie hier weiter? Was meinst du?

Annette Haußmann:

Diese Beobachtungen, und dazu der der Beitrag von Anna-Katharina Höpflinger bringen mich zum Nachdenken.[10] Damit vermischt haben sich meine eigenen Erfahrungen aus der Wissenschaft, dem Macht- und Einflusssystem von Wissen, das sowohl von der Idee eines höheren Gutes (Idealismus, Ziele, Gott?) als auch von einzelner Menschen gestaltet wird. Und in diesem Spannungsfeld tun

---

[10] ANNA-KATHARINA HÖPFLINGER: Risiken und Nebenwirkungen des akademischen Lebens. Ein Essay mit „vielen" Fußnoten; in diesem Band, S. 191–208.

wir unsere Arbeit mit bestem Wissen und Gewissen und sind darin sowohl aktiv Gestaltende, als auch passiv Erduldende. Ich komme auf beides zurück.

Wir hatten also den Gedanken, dass gegenseitige Ermutigung und Austausch wichtig ist, und du hast angefügt, dass dazu doch irgendwie die Idee eines gemeinsamen thematischen Arbeitsfeldes kommen muss, in dem wir kooperieren und uns ergänzen. Dies könnte das Zerfallen in Einzelspezialwissenschaftsfelder innerhalb der Theologie – und damit das Forschen und Theologisieren in langweiliger Irrelevanz von speziellen Spezialfragen – verhindern. Dem stimme ich sehr zu! Die enzyklopädische Frage also. Hier frage ich zurück: Was ist es, das unser theologisches Denken, Lehren und Forschen inhaltlich und formal zusammenhält? Die funktionale Formalbestimmung wäre die Antwort auf die Aufgabe von Theologie als Ausbildung von Pfarrer*innen und Lehrer*innen – dafür arbeiten wir hier an der Universität, v. a. in der Lehre.[11] Die inhaltliche Bestimmung von Theologie wäre im Anschluss daran: Theologische Kompetenz bzw. Reflexion über Gott, Religion und Kirche und die auf diesem Hintergrund erworbene Bildung einer theologischen Existenz, die nicht nur das Handwerk des Predigens versteht, sondern die Fähigkeit erworben hat, Themen zu durchdringen und zu reflektieren und daraus möglicherweise Ansatzpunkte für Wahrnehmung oder Gestaltung aktueller Problemstellungen kirchlicher Praxis zu gewinnen.[12] Oder drittens eine dem übergeordnete Idee davon, was Wissenschaft allgemein ausmacht, und was uns motiviert: etwa gemeinsames Nachdenken, ideologische Vorstellungen einer besseren Welt,

---

[11] Diese Bestimmung des Ganzen der Theologie hat als Rekurs auf Schleiermachers enzyklopädische Ordnung und des Gerichtetseins von Theologie auf Kirchenleitung eine Menge Resonanz gefunden. Weil sachgerechte Kirchenleitung eine umfassende theologische Bildung und Reflexion von Religion bedarf, ist das Theologiestudium folglich notwendig zur Ausbildung. Vgl. VOLKER DREHSEN: Praktische Theologie, in:, Handbuch der Praktischen Theologie, BIRGIT WEYEL und WILHELM GRÄB (Hg.), Gütersloh 2007, S. 179. Jedoch erschöpft sie sich nicht in einer Berufsorientierung, vgl. WILHELM GRÄB: Praktische Theologie als empirisch gehaltvolle Deutung gelebter Religion. Thesen zu den theologiebegrifflichen Bedingungen der empirischen Religionsforschung in der Praktischen Theologie, in: BIRGIT WEYEL, HANS-GÜNTER HEIMBROCK und WILHELM GRÄB (Hg.), Praktische Theologie und empirische Religionsforschung (Veröffentlichungen der Wissenschaftlichen Gesellschaft für Theologie 39), Leipzig 2013, 143–156, Hier: 143. Vgl. zur Vernetzung von Praxis und Theorie auch EILERT HERMS, Theorie für die Praxis – Beiträge zur Theologie, München 1982. Demnach ist Theologie die spezifisch auf den Pfarrberuf gerichtete Reflexion christlichen Lebens, welche zu einer reflektierten und zielgerichteten Gestaltung der Professionspraxis anregt.

[12] Vgl. hierzu CHRISTIAN ALBRECHT: Gebildete Souveränität. Pastoraltheologische Argumente für die neue Einübung eines alten Zieles theologischer Ausbildung, in: Zeitschrift für Theologie und Kirche, 114 (2017), Nr. 3, S. 315–329.

oder schlichter die Zugehörigkeit zur Berufsgruppe der Wissenschaftler*innen?[13]

Du hast den inhaltlichen Faden aufgegriffen, den ich weiterspinne und versuche, Mut und Demut dazu zu denken. Die Vielfalt und Weite der Theologie als Wissenschaft ist uferlos. Die Explosion des Wissens und der Disziplinen führt zu einer nicht mehr zu überschauenden Flut an Forschungsfeldern, Fragestellungen und Fachexpertisen. In diesem Ozean haben wir nicht nur täglich zu schwimmen, ohne unterzugehen, sondern es wird uns zugetraut, auch andere schwimmtauglich zu machen. Noch vor 100 Jahren war es vermutlich einfacher zu sagen, welches Wissen eine Theologin für die pastorale Praxis und den Wissenschaftsdiskurs unbedingt mitbringen muss, heute ist das aufgrund von Spezialisierung und Ausdifferenzierung der einzelnen Fächer weitaus schwieriger, wenn nicht unmöglich geworden.[14] Dazu wird in der Qualifizierungsphase eine Spezialisierung gefordert, die es erschwert, nebenbei noch grundständige Weiterentwicklung sowohl im Gesamten der Theologie als auch im eigenen Spezialfach zu betreiben. Und dann sind ja da noch die benachbarten Disziplinen der Theologie, die es ebenfalls zu berücksichtigen gilt. Geschweige denn noch nebenbei den politischen und gesamtgesellschaftlichen Diskurs in pluralen Öffentlichkeiten zu verfolgen. Kurzum: Die Zeit des Universalgelehrtentums ist vorbei.

Ich wage also zu sagen: wir brauchen viele theologische Experten, um die Breite des Faches zu auszuschöpfen und beizubehalten – und ist es da nicht praktisch, dass wir viele sind!? Und dennoch brauchen wir eine Idee vom Ganzen, der Mitte der Theologie, wie du sie nennst. Aber wir sollten weiter darüber nachdenken, was diese Mitte auszeichnet, wie genau wir sie beschreiben können. Denn ich meine, dass es das reine Wissen nicht sein kann.

Zurück zu Mut und Demut:

Als *Repräsentanten* des Ganzen der Theologie brauchen wir Mut, um uns als solche zu verstehen und so auch aufzutreten. Als Theologiestudierende, Pfarrerinnen und Lehrer, Krankenhausseelsorgerinnen und Kirchenvorstände, Nach-

---

[13] Vgl hier den Beitrag von ANNA-KATHARINA HÖPFLINGER, die die Lust am Forschen und Neugier aber zugleich auch Wissenschaft als Beruf mit alltäglichen Aufgaben und Herausforderungen herausstellt. Vgl. HÖPFLINGER in diesem Band.

[14] Einen solchen Kanon konnte ich nicht ausfindig machen, aber eine Spur kann entdecken, wer sich beispielsweise den frühen Kulturprotestantismus ansieht. Dort wird deutlich, dass erst dort die Aufnahme von Nachbarwissenschaften in den Kanon der Theologie erfolgte und frühe Vertreter in der Praktischen Theologie wie Friedrich Niebergall oder Paul Drews die Berücksichtigung von empirischen Wissenschaften etwa der Religionssoziologie (Kirchensoziologie) oder der Religionspsychologie forderten. Ähnliches kann man wohl von der Wissenschaftssystematik sagen, dessen Überbleibsel bis heute das Rigorosum ist, das dazu diente, die theologische Kompetenz solcher Studierenden auszuweisen, die statt mit einem Examen mit der Promotion abschlossen – und wir aus diesem Grund bis heute an manchen Fakultäten die Examensleistung quasi doppelt erbringen müssen.

wuchswissenschaftler und Forscherinnen. Ein Bewusstsein vom Ganzen der Theologie brauchen wir als Basis, um in der Öffentlichkeit aufzutreten oder im interdisziplinären Diskurs unsere theologische Perspektive einzubringen und überzeugt abseits der erwartbaren Floskelei zu vertreten.

Als *Teil* eines Ganzen der Theologie brauchen wir ebenso die Erkenntnis, dass es da noch andere Experten gibt, die sich besser in ihrem Teilbereich auskennen als ich. Alttestamentlerinnen und Religionswissenschaftler, Systematikerinnen und Religionspädagogen. Sie verstehen sich auf Themen, die ich noch nicht einmal sanft gestreift habe. Ich ziehe den Hut vor ihrer Fachkenntnis und hoffe, etwas zu finden, an dem ich für meine Forschungsarbeit weiterdenken kann. Das ist auch anstrengend, denn es erfordert, dass ich meine Begrenztheit offenlege und dir sage, dass ich mit dem Werk von Emanuel Hirsch noch nicht sehr viel zu tun hatte und seine Überlegungen damit nicht gut mit meiner Erforschung der Religiosität im Alter, poimenischen Ansätzen oder publizistischen Entwicklungen der 1980er Jahre zusammenbringen kann. Und es erfordert ebenso von mir, dass ich mich in eine z. T. fremde Sprach- und Ideenwelt eindenke, rudimentäre Methodenkenntnis erwerbe und mir fremde Argumentationsmuster nachvollziehen zu versuche. Aber vielleicht tut sich ein „common ground"[15] auf, der uns im gemeinsamen Denken weiterbringt? Oder wir verbleiben im anerkennenden Fremdverstehen, das das uns Fremde am anderen auch in seinem Wissensbestand und Denken würdigend wahrnimmt.[16]

Ich glaube nicht, dass das banal ist. Und eine Theorie des Psychoanalytikers Alfred Adler scheint mir zum tieferen Verständnis hilfreich.[17] Er postuliert, dass durch die Begegnung des Ich mit der Welt von Kindheit an ein Gefühl

---

[15] Die Idee des „common ground", auch „common grounding", stammt aus der Kommunikationspsychologie und beschreibt die Idee, dass Kommunikationsteilnehmer eine gemeinsame geteilte Wissensbasis brauchen, um sich gewinnbringend austauschen zu können. Als Voraussetzungen müssen nicht nur gemeinsame Wissensinhalte vorhanden sein, sondern auch Vergleichbarkeit von Wissensstrukturen. Das Vorhandensein der Basis kann erschlossen werden über Gruppenmitgliedschaft, den bisherigen Verlauf des Gesprächs und eine gemeinsame Lebenswirklichkeit. Die Autoren gehen auch davon aus, dass man während der Kommunikation sowohl verbal als auch nonverbal Signale sendet, die das Gegenüber dieses gemeinsamen Kommunikationsgrundes versichern (Kopfnicken bis Zustimmung). Interessant wäre zu untersuchen, ob Theolog*innen bereits durch die Zugehörigkeit zur Gruppe der Theologen diese gemeinsame Gesprächsbasis haben, oder ob man sich expliziter über Wissen und Vorannahmen verständigen müsste? Vgl. HERBERT. H. CLARK und EDWARD F. SCHAEFER: Contributing to Discourse. In: Cognitive Science 13 (1989), S. 259–294 und HERBERT. H. CLARK u. SUSAN E. BRENNAN: Grounding in communication. In L. B. RESNICK, J. M. LEVINE und S. D. TEASLEY (Hg.), Perspectives on socially shared cognition, Washington 1991, S. 127–149.

[16] Vgl. dazu KRISTIN MERLE: Kulturwelten. Zum Problem des Fremdverstehens in der Seelsorge (Studien zu Religion und Kultur/ Studies of Religion and Culture, Bd. 3), Berlin/Münster 2013.

[17] ALFRED ADLER: Praxis und Theorie der Individualpsychologie. Vortragssammlung, München/Wiesbaden 1920.

der Unterlegenheit entsteht, denn das Ich erkennt seine Begrenztheit erst im Kontakt mit anderen Menschen. Dieser „Minderwertigkeitskomplex"[18], wie ihn Adler genannt hat, besteht nach Ansicht des Analytikers bei jedem Menschen – und nicht etwa wie der Psychiater Pierre Janet annahm nur bei psychisch Kranken[19]. Das Individuum hat nun zwei Möglichkeiten zum Umgang damit: Erstens das Streben nach Überlegenheit (Adler nannte das Narzissmus oder auch Überlegenheitskomplex), wobei sich das Individuum so erhöht, dass es sich über andere stellt, auf diese herabsieht und sie abwertet, sich selbst hingegen als vollkommen und perfekt ansieht. Adler nannte das den Versuch, „gottähnliche Herrschaft" über die Umgebung zu erlangen.[20] Oder zweitens das Streben nach Gemeinschaft, indem der Einzelne seine Minderwertigkeitsgefühle dadurch überwindet, dass er sich als Teil einer Gemeinschaft betrachtet.[21] Aus heutiger psychologischer Theorieperspektive aus dem verhaltenstherapeutischen Spektrum könnte man auch sagen, hier konkurrieren zwei psychische Grundbedürfnisse miteinander: Selbstwerterhöhung bzw. -erhaltung und Bindung.[22] Alfred Adler sah im Streben nach Gemeinschaft den einzigen sinnvollen und nachhaltigen Weg zur Überwindung von Minderwertigkeitsgefühlen, da Narzissmus gestörte Bindungen hervorbringe und Macht und Kontrolle über andere anstrebe.[23] Mut nach Adler in seiner gesunden Form ist also der Austausch mit anderen zum Umgang mit der eigenen Begrenztheit bei gleichzeitigem Selbstbewusstsein als Teil einer Gemeinschaft.

Es gibt jedoch auch das umgekehrte Problem eines zu übertriebenen Demutsverhaltens. Das Phänomen des „Impostor-Syndroms" oder „Betrüger-

---

[18] Adler bezog Minderwertigkeit zunächst auf Organe, und weitete seine Theorie dann auf psychische Minderwertigkeitsgefühle aus.
[19] Vgl. OLIVER BRACHFELD: Minderwertigkeitsgefühle beim Einzelnen und in der Gemeinschaft, Stuttgart 1953, S. 69–75.
[20] ALFRED ADLER: Individualpsychologische Behandlung der Neurosen, in: DERS.: Praxis und Theorie der Individualpsychologie, Köln ⁴2012 (1920), S. 44.
[21] Das Gemeinschaftsgefühl ist der Weg zur richtigen Entwicklung: „[I]ch betone, daß das Individuum in seiner richtigen Entwicklung nur dann weiterkommt, wenn es als Teil des Ganzen lebt und strebt." ALFRED ADLER: Der Sinn des Lebens, Köln 2008 (1933), S. 198. Adler ist sich durchaus des utopischen bzw. metaphysischen Gehalts seiner Theorie gewahr. Er schreibt: „Gemeinschaftsgefühl besagt vor allem ein Streben nach einer Gemeinschaftsform, die für ewig gedacht werden muß, wie sie etwa gedacht werden könnte, wenn die Menschheit das Ziel der Vollkommenheit erreicht hat. Es handelt sich niemals um eine gegenwärtige Gemeinschaft oder Gesellschaft, auch nicht um politische oder religiöse Formen sondern das Ziel, das zur Vollkommenheit am besten geeignet ist, müßte ein Ziel sein, das die ideale Gemeinschaft der ganzen Menschheit bedeutet, die letzte Erfüllung der Evolution." A. a. O., S. 193. Adler betrachtet religiöse Ideen eher als kritisch, während er sich einer Evolutionstheorie näher fühlt, die von einer Weiterentwicklung der Menschheit zum Positiven ausgeht.
[22] Nach Klaus Grawes Konsistenztheorie, vgl. KLAUS GRAWE: Psychologische Therapie. Göttingen 1998.
[23] Vgl. ALFRED ADLER: Individualpsychologische Behandlung der Neurosen, S. 44f.

Syndroms" beschreibt, dass manche Menschen unfähig sind, ihre eigens erzielten Erfolge als Resultat eigener Anstrengungen anzusehen. Sie fühlen sich als Betrüger, weil sie sich zu Unrecht gefördert, geschätzt und angesehen erleben und sind der Meinung, dass hier ein Irrtum ihrer Leistungsbewertung vorliegen müsse. Gerade hochkarätige Wissenschaftler, meist sind es *Wissenschaftlerinnen*, fühlen sich unterlegen und behaupten trotz exzellenter Ergebnisse, Bewertungen und Forschungstätigkeiten, wenig(er) wert zu sein. Das ist also die Kehrseite des wissenschaftlichen Mutes: überzogene Demut und fehlende Selbstachtung. Ein Grund, warum gerade Frauen es in der Wissenschaft zwischen all den lauten, selbstbewussten und mitunter selbstdarstellerischen Individuen schwer haben?[24]

Einen Umgang mit meiner eigenen Begrenztheit, du siehst ich lasse den Gemeinschaftsgedanken nicht los, suche ich im Austausch mit anderen und muss dafür mein begrenztes Wissen, meine subjektive Perspektive zugleich anbieten und der Kritik ausliefern – bin insofern also passiv ausgelieferte wie auch aktive Akteurin.

Was also denkst du über die Mitte der Theologie? Wo sollen wir sie suchen? Sind wir Wissenschaftler*innen Idealisten oder Realisten oder beides? Das Projekt diese Mitte wiederzufinden scheint mir in jedem Falle lohnend.

Niklas Schleicher:

Ohne lange Vorrede direkt in die Mitte der Überlegungen: Deine Gedanken sind interessant, bringen sie doch ganz präzise ein Problem vor Augen, um das es uns gehen muss. Ich hole dazu etwas aus. Mut und Demut stand am Anfang unserer Überlegungen, dann haben wir das Feld ziemlich schnell dahingehend erweitert, wie gemeinsames Forschen möglich ist. Ich schlug vor, dass es eine gemeinsame Sache geben muss, die die theologische Wissenschaft verbindet, du machst darauf aufmerksam, dass das Feld unübersichtlich und vielfältig ist, und man da auf die Expertise der anderen angewiesen ist. Hier stehen wir vor einem Dilemma, dass sich ungefähr so skizzieren lässt: Benötige ich ein Wissen des Gemeinsamen vor dem Gespräch mit anderen oder wird das Gemeinsame erst konstituiert im Austausch mit anderen. Die Frage ist alles andere als nebensächlich oder Spiegelfechterei.

Die Sache vor der Gemeinschaft: Das ist wahrscheinlich das gängige. In der Theologiegeschichte gibt es dazu unterschiedliche Formen, die man alle herbe-

---

[24] Laut Studien fühlen sich bis zu 70% der Frauen in Hochleistungspositionen in Wirtschaft und Wissenschaft als Betrügerinnen. Das Phänomen wurde zuerst beschrieben von Pauline R. Clance und Suzanne Imes. Vgl. PAULINE R. CLANCE und SUZANNE IMES: The Imposter Phenomenon in High Achieving Women: Dynamics and Therapeutic Intervention, in: Psychotherapy Theory, Research and Practice 15 (1978) 3, S. 241–249.

ten könnte. Vielleicht nur drei Bekannte, auch um zu zeigen: Eigentlich ist das die Form, die theologiegeschichtlich wirksam war. Zunächst zu Luther, wie könnte es anders sein? Das bestimmende des Glaubens und damit auch der Theologie soll immer die Schrift sein. Sie ist die Richtschnur des religiösen Lebens und von daher abgeleitet auch für die theologische Wissenschaft. Nun sieht Luther aber deutlich, dass die Schrift keineswegs eindeutig ist, also versucht er die Schrift auf eine Mitte hin auszurichten, in den bekannten Worten: „Was Christum treibet". Dies wäre also die erste Möglichkeit, die Sache der Theologie zu bestimmen: Ausgerichtet am in der Bibel bezeugten auferstandenen Gekreuzigten[25].

Dann Schleiermacher, der präzise sieht, dass sich damit kaum die Dinge begründen lassen, die man im Theologiestudium zu lernen hat. Also wird die Frage anders gedreht: Das religiöse Bedürfnis der Menschen wird angenommen und dann überlegt, welche Fähigkeiten der Pfarrer braucht, um mit der Religiosität des Menschen umzugehen: Das Theologiestudium befähigt also zur Kirchenleitung und die Fächer werden dementsprechend gegliedert. Schleiermacher ist übrigens am ehesten die Form, die man unter der Zuordnung Gemeinschaft und dann Sache subsumieren kann. Allerdings: Die Sache ist bestimmt von einer anderen Gemeinschaft als der der Forschenden, also auch vorgeordnet[26].

Und schließlich Barth: Diesem erscheint diese funktionale, am Bedürfnis des Menschen ausgerichtete Bestimmung der Theologie falsch, denn: Ist das nicht eine reine Bedürfnis-Erfüllung und kann dieses Bedürfnis nicht auch falsch sein, bzw. der Sache widersprechen? Also rückt er ins Zentrum der Theologie die Offenbarung Gottes in seinem Wort. Richtige Theologie ist diejenige, die mit dieser souveränen Offenbarung Gottes ernst macht, nichts anderes neben ihr gelten lässt und gar nicht versucht, anderes als Erkenntnisquelle Gottes gelten zu lassen[27].

Kurz: Alle diese Großen haben einen Begriff der Sache der Theologie, des Wesens, als Strukturprinzip und ordnen von daher die theologische Wissenschaft. Dabei ist natürlich klar, dass unterschiedliche Teilfächer unterschiedlich stark gewichtet werden und so die enzyklopädische Frage anders gewichtet wird.

Der zweite Weg wäre ein anderer. Da ich hierfür keine Referenzgröße gefunden habe, ist dies eher skizzenhaft. Vielleicht präzisiert das in einem ganz

---

[25] Luthers Ausspruch „Was Christum treibet" ist aus der Vorrede zum Jakobus-Brief und Judas Brief in seiner Übersetzung des NT von 1522. Vgl.: Martin Luther: Die Schriftauslegung (Luther Deutsch, Band 5), hg. von Kurt Aland, Göttingen ²1963, S. 62–65.

[26] Vgl. FRIEDRICH DANIEL ERNST SCHLEIERMACHER: Kurze Darstellung des theologischen Studiums zum Behuf einleitender Vorlesungen (1811/1830), Berlin / New York 2002.

[27] Dazu natürlich immer noch eindrücklich: KARL BARTH: Das Wort Gottes als Aufgabe der Theologie, in: JÜRGEN MOLTMANN (Hg.): Anfänge der dialektischen Theologie, Band 1, München 1962, S. 197–218.

anderen Weg nochmal das, was ich schon gesagt hatte. Denn was wäre, wenn wir nur die Vorstellung mitnehmen, dass es um eine gemeinsame Sache gehen soll, aber das, was das Gemeinsame ist, immer wieder neu aushandeln? Klar, verbunden sind wir irgendwie in der Vorstellung, mit unserer Wissenschaft in Verbindung mit der christlichen Religion zu stehen. Das bleibt unbenommen. Aber was wäre, wenn wir mal annehmen, dass das eigentlich reicht und die Wahrheit in einem gewissen Sinne eben genau das ist, was der Situation und dem konkreten Erfordernis angemessen ist. Im Pragmatismus gibt es einen Satz, der ungefähr so geht:

> „Der Besitz der Wahrheit ist eben kein Selbstzweck. Sondern lediglich ein Hilfsmittel zur Befriedigung anderer vitaler Bedürfnisse. Wenn ich mich im Wald verlaufe und nichts zu essen habe, und dann etwas entdecke, was wie ein Kuhpfad aussieht, so ist es von allerhöchster Wichtigkeit, dass ich mir an seinem Ende eine menschliche Ansiedlung vorstelle. Denn wenn ich dies tue, und dem Pfad folge, werde ich mich retten. Der wahre Gedanke ist also nützlich, weil sein Gegenstand, das Gebäude, nützlich ist."[28]

Nutzen meint in diesem Sinne: Was uns konkret weiter bringt, was eine Frage beantwortet, oder: Was ein Problem löst. Das bedeutet aber, dass man Theologie auch als Arbeit an konkreten Problemen versteht. Sollte eine Idee kein Problem lösen, dann kann man sie auch verwerfen oder bis zu dem Zeitpunkt aufheben, wo man sie vielleicht braucht – dies ist übrigens einer der besten Gedanken von James, den auch Ludwig Wittgenstein[29] oder Paul Feyerabend[30] aufnehmen.

Bezieht man dies auf Mut und Demut zurück, dann kann ich vielleicht noch einige Muster skizzieren, die greifen könnten. Mut könnte bedeuten, dass man sich dazu aufrafft, Diskussionen um Sachverhalte, die keine Teleologie haben, die kein Problem lösen wollen, zu beenden, zu sagen, dass dies nichts nutzt und vielleicht damit den Mut aufbringen zu kapitulieren, weil es nicht weiterführt.

Demut könnte man dann so spielen, dass, auch wenn ich es entweder anders mache oder gar nicht tue, trotzdem das Zielbewusstsein oder die Intention des anderen anerkenne. Wenn er oder sie also darlegt, wo er oder sie hinwill, oder mit welchem Problem religiöser Lehre oder Lebens er oder sie handelt, dann kann ich anerkennen, dass es ihm auch um die Sache geht. Dann muss ich

---

[28] WILLIAM JAMES: Pragmatismus. Ein neuer Name für einige alte Denkweisen, Hamburg 2012, S. 124f.
[29] Hier ist vielleicht an manche Äußerungen in den Philosophischen Untersuchungen zu denken.
[30] Bei Feyerabend findet man den Gedanken eher so nebenher, soweit ich das richtig sehe. Aber in „Wider dem Methodenzwang" arbeitet er mit ähnlichen Figuren, vgl. PAUL FEYERABEND: Wider dem Methodenzwang, Frankfurt 1986.

vielleicht nicht unbedingt schon gleich zeigen, dass ich es mindestens genauso gut weiß, sondern kann auch zuhören und mit ihm weiterdenken (oder ihn auch für mich weiterdenken lassen. Möglicherweise müssen wir das Konzept der Stellvertretung im wissenschaftlichen Kontext nochmal durchdenken, aber das ist eine andere Geschichte).

Was ich damit sagen will: Möglicherweise kommen wir weiter, wenn wir dem anderen einen Vertrauensvorschuss entgegenbringen: Ihm geht es um die Sache. Gleichzeitig fordern wir aber auch ein, dass dieser Vorschuss auch eingelöst wird: Geht es ihm um die Sache? Vielleicht können wir für die Bestimmung der Sache wirklich vom Pragmatismus lernen: Es geht weniger um die reine Wahrheitserkenntnis, sondern um ein Wissen, dass uns befähigt, konkrete Fragen zu beantworten oder sie auch zum Verschwinden zu bringen. Möglicherweise kann die Theologie so von einer therapeutischen Funktion her beschrieben werden. Bevor ich jetzt aber anfange, die Ideen vom späten Wittgenstein und von Cora Diamond[31] auf die Theologie zu beziehen, gebe ich an dich ab. Was meinst du: Könnten wir mit dem Pragmatismus was anfangen?

Annette Haußmann:

Ich bin großer Fan des Pragmatismus. Weil er die Herausforderungen von Alltag und Wissenschaft durch eine andere Brille zu sehen vermag, und so vielleicht auch die psychischen Begleiterscheinungen (oder könnte man sagen „Nebenwirkungen") reduzieren könnte: weniger Pathos und Kampf, dafür angemessenere problemzentrierte Haltung. Weniger Person, mehr Sache, wie du schon sagtest.

Doch dazu gleich, erst einmal noch zum Thema ‚vor' und ‚nach' der Gemeinschaft: Ja, es braucht eine das Gemeinsame konstruierende Basis, sowohl inhaltlicher Art (Vorwissen und Sachkenntnis braucht es, denn wir sind alle wissenschaftlich ausgebildete Theologen), formaler Art (Voraussetzung wäre eine Haltung des echten Interesses am anderen und seiner Meinung) und schließlich systemischer Art (das kulturelle und soziale Umfeld und ein Vorverständnis der Wissenschafts- und Kommunikationskultur berücksichtigen, indem eine gemeinsame Sprache und Denkkultur entwickelt würde). Schon diese drei Voraussetzungen wären sicher für die theologische Wissenschaft einmal zu prüfen.

Das zweite wäre die gemeinsame inhaltliche Wissenskonstruktion: In der Predigtlehre gibt es in der Aufnahme der Rezeptionsästhetik ein ähnliches Modell, das davon ausgeht, dass ein Text nicht nur geschrieben und verstanden

---

[31] Für die erste Begegnung mit Cora Diamond empfiehlt sich der sehr gute Auswahlband: CORA DIAMOND: Menschen, Tiere und Begriffe. Aufsätze zur Moralphilosophie, Frankfurt 2012.

wird, sondern im Prozess des gegenseitigen Verstehens ein Drittes entsteht, Wirklichkeit und Verstehen erst konstruiert wird und es immer eine Vielfalt an Deutungs- und Auslegungsmöglichkeiten gibt.[32] (Wenn dem nicht so wäre, wären wir als Wissenschaft auch wohl längst abgeschafft.) Diese Form des Konstruktivismus und der Rezeptionsästhetik einmal für die gesamte Theologie auszuloten, wäre sicherlich ein lohnendes Unterfangen. Denn auch was Religion und ein religiöses Thema ist, wird immer wieder gemeinsam ausgehandelt[33], deshalb müssen wir immer neu und immer wieder über religiöse Grundlagen sprechen, Deutungsgehalte ausdifferenzieren und auch überlegen, was Theologie und ihre Mitte sein kann, denn das steht nicht von vornherein fest. Was ethische Grundlagen der moralischen Entscheidung sein können, wird im Dialog der verschiedenen Interessen ausgelotet. Eine interessante Parallele wieder aus der Psychologie und Kommunikationstheorie: Wenn zwei Menschen eine Lösung für ein gemeinsames Problem suchen, dann, so die gängige Lösung, finden sie in der Mitte einen Kompromiss, bei dem beide einen Teil ihrer Vorstellungen aufgeben. Das Harvard-Prinzip sieht vor, dass ein Mehr entsteht, wenn zwei (oder mehrere) eine Lösung suchen: sie könnten mehr gewinnen als nur die Durchsetzung der Hälfte im Kompromiss, wenn sie sich auf ihre Interessen verständigen. Das setzt voraus, dass man diese zunächst offen auf den Tisch legt. Und weitere Voraussetzung: Ich sehe von der Person ab und konzentriere mich auf das sachliche Problem. Hier sind wir dem Pragmatismus schon sehr nahe: In der Theologie wollen wir ein konkretes Problem lösen, das im ersten Schritt wahrgenommen und definiert werden muss (schon hier sind die Sichtweisen vermutlich sehr disparat): Was genau macht ein Problem zu einem theologischen?

---

[32] Umberto Eco ist der Gewährsmann für die Begründung der Rezeptionsästhetik. Gerhard Marcel Martin hat diese Theorie aufgreifend eine Predigtlehre der „Predigt als Kunstwerk" entworfen, die der Logik folgt, dass immer mehrere Verstehensweisen einer Aussage denkbar und gewünscht sind, und der Hörer seine individuelle Predigt gestaltet und formt, indem er bestimmte Dinge hört und andere ausblendet. Er gestaltet so das Predigtgeschehen aktiv mit. Aufgabe des Predigers ist es, mehrere Denkanstöße und hermeneutische Linien einzuzeichnen, denen der Hörer alternativ folgen kann. Vgl. GERHARD MARCEL MARTIN: Offene Kunstwerke schaffen, in: LARS CHARBONNIER u. a.: Homiletik. Aktuelle Konzepte und ihre Umsetzung, Göttingen 2012, S. 102–118.

[33] Vgl. die Untersuchungen der Kirchenmitgliedschaftsstudie: „Religion ist *wesentlich kommunikativ* verfasst. Was als Religion identifiziert wird, steht nicht einfach fest, sondern wird allererst und immer aufs Neue in sozialen Praktiken identifiziert, emblematisiert – oder auch nicht, und dann bleibt sie implizit." Mit Referenz auf die Religionstheorie von Thomas Luckmann, vgl. JAN HERMELINK und BIRGIT WEYEL: Vernetzte Vielfalt: Eine Einführung in den theoretischen Ansatz, die methodischen Grundentscheidungen und zentrale Ergebnisse der V. KMU, in: Vernetzte Vielfalt. Kirche angesichts von Individualisierung und Säkularisierung, hg. v. Heinrich BEDFORD-STROHM und VOLKER JUNG, Gütersloh 2015, S. 21., Hervorhebung im Original.

Die Idee der Mitte der Theologie nicht inhaltlich, sondern funktional zu bestimmen, wäre die Konsequenz.

Vermutlich müsste es eine Mischung sein: ein funktional-inhaltliches Strukturprinzip der theologischen Wissenschaft. Wir verständigen uns immer neu über Inhalte und diskutieren, uns verbindet aber ein wie auch immer geartetes theologisches Interesse. Mir begegnet die Frage nach dem Fach wiederkehrend in der Praktischen Theologie. Weil die Praktische Theologie so ausdifferenziert ist und sich den verschiedensten Fragestellungen in der Forschung widmet, müssen wir immer wieder klären, was der jeweilige Fachbezug des individuellen Projektes ist. Ob Kirchenlied, Predigtbeobachtung, französische Philosophie, religionspsychologische Theorien oder oder oder. Was alle praktisch-theologische Forschung eint ist schlicht, dass sie in einem praktisch-theologischen Kontext entstehen und diskutiert werden. Was all unser theologisches Forschen eint, ist die Bezogenheit auf die Theologie als Ganzes. Und das könnte doch noch ein wenig besser durch Fachvernetzung und Dialog spürbar werden, ohne darin beliebig zu sein.

Zurück also zum therapeutischen Potenzial der Theologie. Therapeutisch meintest du, wenn ich dich richtig verstanden habe, als Heilung bzw. Lösung eines bestimmten im Denken oder in der Praxis auftretenden Problems. Schleiermacher hatte Theologie ja genau so verstanden. Sie zielt auf die Hilfestellungen zum Problem der Kirchenleitung bzw. der kirchenleitenden Praxis. Wir lehren Homiletik, weil Pfarrer*innen später das Evangelium verkünden sollen. Wir lehren Anthropologie, weil Pfarrerinnen und Lehrer mit Menschen und ihren Sorgen und Nöten zu tun haben (platt gesagt). Ist damit die Relation von Demut und Mut schon erschöpft? Begrenzen, wo es nicht zur Lösung beiträgt (Mut) und Hören auf das Interesse des anderen, das ja berechtigte Probleme angeht (Demut)? Was eigentlich ist mit dem Demut vor der Sache, dem Höheren, dem Transzendenten? Nicht, dass ich eine transzendente Ebene in der Wissenschaft vermute, aber Frage an dich: ist es nicht gerade das Faszinierende an der Theologie, dass wir es im Gegenstand des Forschens und Denkens mit einem wie auch immer zu bestimmenden Andersartigen, einem Heiligen, einem *faszinosum tremendum* zu tun haben, das uns zur Demut vor anderen uralten Gedankensträngen und Menschheitserkenntnissen und gerade dem Heiligen nötigt?

Noch eine Ergänzung zum Problemlösen: der Aspekt der Kreativität. Wenn nur ein Hirn denkt, kommt keine gute Lösung heraus, oder eine schlechte. Wenn mehrere Hirne denken, können potenziell mehr kreative Lösungen produziert und in einer guten Interaktion zu weiterführenden Ideen, Alternativen und Verbesserungen werden. Bedingung für gemeinsames kreatives Problemlösen ist, dass jeder und jede sein Wissen einbringt und seine eigenen Ideen nicht zu abgeschlossen sind. Offenheit für Veränderung bedeutet Bewegung, deren Ausgangspunkt die Ambivalenz ist denn es ist davon auszugehen, dass „abgeschlossene Ideen uns kaum mehr lebhaft bewegen können."³⁴ Wichtig an der Sache mit der kreativen Wissenschaft ist eine Erkenntnis aus der Kreativitäts- und Intelligenzforschung, die ich noch ans Ende hänge: Wissen und Kreativität korrelieren in hohem Maße dahingehend, dass mehr Wissen zu kreativeren Lösungen führt und nicht etwa ein frischer, naiver Blick auf die Dinge.³⁵ Daraus lässt sich ableiten, dass wir durch mehr Lesen und Wissen nicht etwa unflexibler und eingeschränkter werden, sondern vielmehr aus dem Vollen schöpfen können und wirklich Neues gemeinsam entdecken können. Diese Sichtweise motiviert mich zum Forschen, sowohl das individuelle Lesen als auch das Gespräch im Anschluss sind für kreatives Weiterdenken nötig. Ein interessanter Punkt im Übrigen auch für die Lehre!

Nachtrag per Whatsapp:

[18:34, 5.7.2018] Annette Haußmann: Als Nachtrag zu Demut ganz spontan eine Idee. Müsste unser Austausch nicht eigentlich noch mehr dialogisch sein? Sprich: ich stelle an deine Andeutungen direkte Rückfragen und du an meine? Oder ist gerade das andeuten ein Anzeichen dafür, dass wir auf gemeinsames Grundwissen zurückgreifen – sei es Luther oder Predigtlehre? Oder aber gehen wir davon aus, dass der jeweils andere weiß, wovon wir reden, weil wir wissen, dass wir theologisch ausgebildet sind? Oder reden wir in Wirklichkeit gerade dadurch aneinander vorbei, weil wir nur annehmen und vermuten, dass wir uns verstehen?

[18:39, 5.7.2018] Niklas Schleicher: Oh je, jetzt bringst du noch mein neuestes liebstes Steckenpferd rein: Theorie des common-sense von Moore³⁶, großartig aufgenommen von Wittgenstein in „Über Gewissheit"³⁷.

---

[34] EUGEN BLEULER: Die Ambivalenz. Festgabe zur Einweihung der Neubauten der Universität Zürich 18. IV, (Festgabe der medizinischen Fakultät), Zürich 1914, S. 95–106, hier: 102. Bleuler verdeutlichte die Bedeutung der Ambivalenz am Beispiel der Dichtkunst.

[35] Dazu seien sechs Annahmen aus der Kreativitätsforschung zum Zusammenhang von Wissen und Kreativität genannt. Erstens fördert Wissen die Erkenntnis von Problemen, da durch Vorwissen verstehbar und erkennbar wird, worin das Problem liegt. Zweitens verhindert Vorwissen, dass alte Ideen zur Problemlösung herangezogen werden und wirklich neue Lösungen werden entwickelt. Wissen sorgt für wirklich neue Ideen und verhindert die Rückkehr zum Althergebrachten. Viertens ist Wissen ein Qualitätsgarant für die Verwirklichung und Verbreitung neuer Ideen. Fünftens führt Wissen zur Erkenntnis von Gelegenheiten und Möglichkeiten für die Ideengenerierung. Und sechstens kann alle Energie auf die Problemlösung konzentriert werden, weil für Nebensächliches keine Energie verschwendet wird. TODD I. LUBART: Creativity. In: ROBERT J. STERNBERG (Hg.): Handbook of Perception and Cognition: Thinking and Problem Solving, New York 1994, S. 289–332.

[36] GEORGE E. MOORE: Eine Verteidigung des Common-Sense. Fünf Aufsätze, Frankfurt 1969, S. 113–151.

[37] LUDWIG WITTGENSTEIN: Über Gewissheit, Frankfurt ¹³2015.

[18:45, 5.7.2018] Annette Haußmann: Was ich eben schrieb ist übrigens auch grounded theory. Da kommen wir ganz weit rum in der Theorie ☺

[18:56, 5.7.2018] Annette Haußmann: Die relevante Frage im Nachgang zur Ethik und Demut: Demonstrieren wir mit den Andeutungen unser Wissen und unsere theologische und fachliche Kompetenz (wie ich das dem theol. Diskurs vom Seminar bis zur Tagung oft vorwerfe) oder haben wir echtes Erkenntnisinteresse und spielen uns die Anregungen dazu zu? DAS scheint mir der relevante Unterschied zwischen Mut und Demut an der Stelle.

[18:58, 5.7.2018] Niklas Schleicher: Ist das eine Generalkritik am Dialog? So würde ich es nicht verstehen wollen ☺

[18:58, 5.7.2018] Niklas Schleicher: Aber ja, das wäre der zentrale Unterschied.

[18:58, 5.7.2018] Annette Haußmann: Nein eine Metaebene und echte Frage! Ich hoffe, dass es letzteres ist.

[18:59, 5.7.2018] Niklas Schleicher: Ich finde aber, dass wir das bis jetzt jedenfalls insofern gut machen, weil wir völlig ergebnisoffen rumstolpern.

[18:59, 5.7.2018] Niklas Schleicher: Und irgendwie ist es jedenfalls für mich ein Erkenntnisgewinn.

[19:00, 5.7.2018] Annette Haußmann: Ja!!!

[19:02, 5.7.2018] Niklas Schleicher: Was wir gerade tun, ist doch irgendwie die kreative Neukombination von Bekanntem: Pragmatismus.